气 排 球

李 莹 编 著

中国人民大学出版社
· 北京 ·

前　言

排球运动为大众所喜爱，却因为它的高度技巧性和器材的特点而让人却步。人们渴盼有一种便于大众参与的排球运动问世，于是许多国家的人们开始从球的性能、场地大小、球网高低、比赛规则上进行相应的变革，全球性的娱乐排球应运而生。气排球运动的发明创造便是其中之一。气排球可以说是我国土生土长的运动项目。1984 年，呼和浩特铁路局集宁分局的离退休人员为了丰富晚年生活，受春节联欢晚会上吹气球游艺活动的启发，首先用气球进行隔网对打游戏，随后改用儿童玩具塑料球代替气球，并逐步在呼和浩特铁路局内开展这项活动。后来他们又制定了简单的、没有文字资料的比赛规则，并将这项活动列为全局老年人运动会的比赛项目。

在气排球运动发展之初，项目普及度不高，参与人数不多，除了铁路系统外，其他来自各行各业的气排球爱好者们只能自己邀约组队参赛。随着气排球运动的不断推广，来自各行各业的气排球运动参与者日益增多。各机关、系统、单位纷纷开始组织各级各类气排球赛事，以活跃单位人员文体生活。除了各类民间赛事及国家、省、市、县体育局组织的赛事，行（专）业赛事也进入了气排球赛事大家庭。运动队由混合组队变成了混合组队与行（专）业组队相结合。如江西省宜春市的银行系统气排球赛，云南省组织的大专院校比赛，福建省近年来组织的社区、地税系统、工会系统比赛等。

气排球的比赛形式由政府体育部门主办，转向由各基层气排球专项委员会、协会等民间组织联手办赛，给基层气排球队伍搭建了一个相互学习、交流的平台。赛事不设过多门槛，实行自愿参加、自由组队、自理经费、自负安全的活动形式，让更多的基层队伍有了参加全国性气排球交流活动的机会。

起初，气排球运动主要在老年人中展开，以强身健体、娱乐身心为主要目的，多是无网进行活动，隔网对抗较少。随着该运动的逐步推广，活动参与者由老年人逐步转向老、中、青、少各年龄段，并日趋年轻化，技术和战术水平不断提高，参与者的兴趣越来越浓，活动多以比赛形式出现，且越来越激烈，精彩程度越来越高。在竞技性逐渐显著的同时，也随着参与者年龄、性别等的差异形成了无网气排球、沙滩气排球、妇女气排球、少儿气排球、草地气排球等娱乐活动形式。

气排球运动的普及、发展与提高，使得气排球运动由健康娱乐向健康娱乐与健康竞技相结合的方向发展。近几年，通过“走出去”“请进来”，气排球运动已经向香港、澳门、台湾等地区传播。同时，云南、福建、广西等边境省区，也同越南、老挝等近邻国家展开了各种气排球交流活动。

气排球运动的相关研究成果依然在不断完善及更新中，在本书的编写过程中，难免有疏漏，敬请广大读者批评指正。

编者

目　录

第一章　气排球接一传技术介绍

气排球由于体积大、重量较轻，球在空中飞行的速度较慢，因此特别容易受到气流的影响，重心点极其不稳定，只有通过加大击球面积来改善球的稳定性差的状况。在长期的实践过程中，气排球运动者们发明了“插托”“抱”“捧”等技术动作，有效地解决了防守击球时球体稳定性的问题。用双手、单手或身体的任何部位将对方的来球击起的动作叫接一传。接一传是气排球的主要技术之一，在气排球活动与比赛中占有重要地位。这项技术通常用于接发球、接扣球、接拦回球，也可以用于组织进攻。

第一节　气排球接一传技术种类及技术动作分析

气排球接一传技术主要有捧球、双手插托击球、抱球、背向双手接一传、正面双手接一传、体侧双手接一传以及单手托球等。

一、捧球

捧球是指队员用双手在腹前将离身体较远的来球或追身球用双手捧起的技术动作。其明显的动作特征是：双手掌心向上、十指微张，形成一个弧形。捧球主要用于处理速度较快的追身球、大力球和低远球。

（一）动作方法

（1）准备姿势：面对来球，两脚开立，与肩同宽；根据来球的速度和力量，呈半蹲或深蹲姿势站立；两肘弯曲，上臂与前臂夹角为90°左右，分别位于腰部两侧。

（2）迎球动作：来球时，双手掌心向上，十指微张，朝前成弧形；手指、手腕与前臂基本形成一个平面。

（3）击球动作：双手形成一个弧形，以全手掌触击球的下部。双手击球时，上臂夹紧身体，手指、手腕与前臂在一个平面上，靠抖腕、手指弹力和前臂上托的瞬间发力动作将球击出，其动作幅度较小。

（二）技术分析

（1）应采用半蹲或深蹲准备姿势，要求在不影响快速起动的前提下，重心适当降低，这样有利于快速插入球下。

（2）击球瞬间，两掌心插到球后下部捧住来球，上臂要夹紧身体，手指、手腕与前臂要保持一定的紧张度，靠前臂、手腕、手指力量击出来球，击出点一般在身体腹部前下方。

（三）动作要领

两臂前伸插球下，双手掌心面朝上，腕指前臂适度紧，腕抖指弹瞬间力，抬臂缓冲往上送。

二、双手插托击球

双手插托击球是指面对来球，在胸腹前的左（右）侧或中部托送的一种击球动作（见图 1－1）。它的明显特征是：一只手掌心朝上，五指朝前，另一只手掌心朝前，五指朝侧，两手在球的后下方形成一个与球向吻合的弧形。该动作用于接发球和接各种攻击过网的球，是气排球中特有的一项技术动作。

图 1－1　双手插托击球

（一）动作方法

（1）准备姿势：根据来球的方向、速度、弧度和落点，采用不同的准备姿势。

（2）迎球动作：

1）左托球：球从左边来，右脚内侧蹬地；左脚向左跨出一步，重心移至左脚上，左膝弯曲；上身稍向左倾斜，左肩略低于右肩；左手五指张开，掌心向前，迅速将手插到球的下部，手掌呈勺形，手指指根触球的下部承受球的重量，同时右手五指张开，在来球的后上方顶压着球体并掌握球的方向。左托球也称为护球。

2）中托球：球从中部来，即为追胸球，左手或右手在上，另一只手在下，两肘关节适当内收，两手呈勺形，以确保将球托送到位。

3）右托球：与左托球动作相同，手脚动作方向相反。

（3）击球动作：在正确迎球手形基础上，当手和球接触瞬间，手腕和手指要有顺势向下展的缓冲动作。击球时，托球的手掌、手指给球体以撩拨动作，手掌、手指的撩拨用力在球体重心的后下方，使球在向前上方送起的同时产生上旋。护在球后上方的手顶护住球的重力与方向，利用上下产生的合力将球传出。

（二）技术分析

（1）准备姿势的运用要根据不同情况而有多种变化。接一般的轻球或处理过来的球，身体重心可稍高，采用稍蹲准备姿势。接重发球、重扣球和吊球时，应采用半蹲或深蹲准备姿势，重心适当降低，便于接好球。

（2）托球的击球点位置应使托球手保持大小臂自然弯曲于体侧为宜，尽量保持在腰腹高度，控制好球与身体的适当距离，充分保证手臂运动的幅度和角度，将球送向预定目标。

总体而言，采用何种姿势接一传，应根据来球的力量、速度、角度和高度而定。要求在不影响起动的前提下，适当降低重心，有利于快速插入球下接起低球。在接左托球或右托球时，两个肘关节与前臂呈“一”字形。

（三）动作要领

判断清，对准球，下插托，上顶包，手球相吻，托护相应，双手合力，抬送出球。

三、抱球

抱球技术是指球员将离身体较远的正面来球或低球接起的技术动作（见图1-2）。抱球技术有两种动作：一是双手掌相对、大拇指朝上的对掌抱球；二是两手指相对、大拇指朝前的对指抱球。对指抱球的特征是：两手指相对，掌心朝上，大拇指朝前，手腕略紧张，形成一个与气排球大小相吻合的弧形。

图1-2　抱球

（一）动作方法

（1）准备姿势：面对来球，两脚开立，与肩同宽；根据来球的速度和力量，呈半蹲或稍蹲姿势站立。

（2）迎球动作：

1）对掌抱球：当来球距离身体较远时，两肘伸直，手腕自然下垂，五指自然张开，两手掌相对，大拇指朝上，距离大于两小指的距离，左右手掌相对，形成一个与气排球大小相吻合的弧形，以便抱住球的两侧。

2）对指抱球：当来球接近身体时，两肘弯曲，肘关节向外伸展，上臂与前臂夹角大于 90°，手腕略紧张，两手掌心朝上，十指相对自然张开；大拇指朝前，呈弧形，以便抱住球的两侧。

（3）击球动作：

1）对掌击球：手和球接触瞬间，以指根带动指尖击球的两边后下部，以食指、中指、无名指三指受力为主，双手大拇指在球的两侧上部，小手指托在球的底部。用抬臂抖腕的力量将球击出，击球点在腰腹附近。

2）对指击球：双手手指相对，托抱球的底部，击球瞬间以手指和手腕的抖动、弹拨及抬臂的力量将球击出。击球点在胸腰之间。

（二）技术分析

（1）来球时，双手要向来球的方向伸出；当手和球即将接触时，有顺势迎球的动作，且两手形成一个弧形。

（2）击球瞬间，两手托住来球的后下部或底部，靠手腕的抖动、手指的弹拨、抬臂动作以及全身的协调发力将球击出。

（三）动作要领

对掌手指插球下，手球相吻拇指朝上，抬臂抖腕抱球，对手手指托球底。

四、背向双手接一传

背对垫击目标，从身前向背后双手垫击球称为背向双手接一传（见图 1－3）。该动作在接应同伴起球后，球飞得较远而又无法进行正面击球时运用较多。其特点是垫击点较高，接一传距离较远，准确性稍差。

图 1－3　背向双手接一传

（一）动作方法

背向垫击球时，要判断好来球的方向、落点和离网的距离，快速移动到球的落点处，背对垫出球的方向，两臂夹紧伸直。击球时，用蹬地、抬头挺胸、展腹和上身后仰的动作带动两臂向后上方摆动抬送，以前臂触球的前下方，将球向后上方击出。击球点一般应在肩前上方。

（二）技术分析

（1）背向双手接一传中，应根据接一传目标的远近和不同的高度变化击球点的高低。如要垫出高远球，可适当降低击球点；如要垫出弧度球，应升高击球点。在无法调整击球点高度时，可利用腹部和手臂的动作来控制出球的高度和距离。若遇低远的来球，需要向后上方高处垫出时，可采用屈肘屈腕的动作，以腕部虎口处将球向后上方垫起。

（2）由于背向垫击球是背对击球的目标，不利于观察场上的情况和击出球的方向及落点，因此要特别强调垫击球时的方位感觉，判断好球、网、目标三者之间的位置关系，只有这样才能提高准确性。

（三）动作要领

蹬地抬仰摆双臂，背对目标肩上击。

五、正面双手接一传

除用手指弹击动作外的身体任何部分击球的动作称为接一传。接一传是气排球的基本技术之一，可用手、臂 、头、肩 、大腿、脚背、脚弓及身体其他部位来完成，相比其他技术种类更加多样，实用性、应变性更强，控制范围大，便于接各种困难球，其中最常用的是正面双手接一传。在比赛中用于接发球、接扣球、接拦回球以及防守和处理各种困难球。有时还可用接一传来组织进攻，以弥补二传球的不足，辅助进攻。

（一）动作方法

正面双手接一传的动作方法见图 1－4。

图 1－4 正面双手接一传

（1）准备姿势：面对来球，成半蹲或深蹲姿势站立。

（2）垫击球手形：常用手形有叠指式、抱拳式和互靠式。其中叠指式最为稳定，可用来接各种力量的球，所以运用非常普遍。方法是：两手掌根相靠，两手手指重叠，手掌互握，两拇指平行向前，手腕下压，两前臂外翻成一个平面。

（3）击球空中位置：保持在腹前高度。

（4）垫击球动作：当球飞到腹前约一臂距离时，两臂夹紧前伸，插入球下，同时配合蹬地、送腰、提肩 、顶肘、压腕等全身协调动作迎向来球，身体重心随着击球动作向前上方移动。

（5）球触手臂部位和击球部位：用前臂的手腕关节以上 10 厘米左右的两小臂桡骨内侧所构成的平面击球的后下部（见图 1－5）。

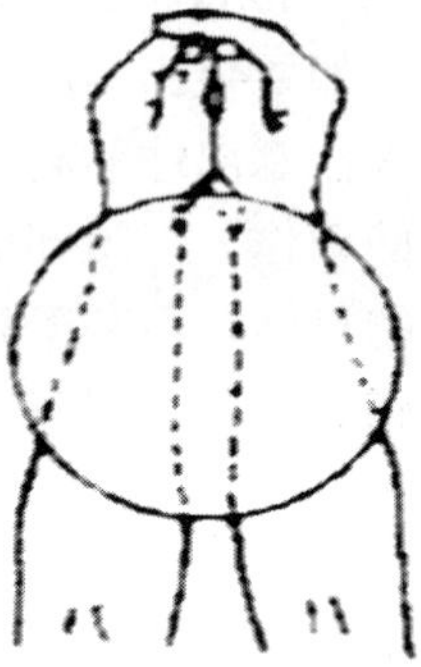

图 1－5　球触手臂部位

（6）击球后动作：在击球瞬间，两臂要保持稳定，耸肩往前送，身体重心继续协调地向抬臂方向伴送球。垫击动作结束后，立即松开双臂做好下一动作的准备。

（二）技术分析

（1）准备姿势的运用要根据不同情况而有所变化。接扣球和吊球时，应采用半蹲或深蹲准备姿势，两膝的弯曲度和重心的高低应根据来球的高度和角度以及腿部力量大小而定，要求在不影响快速起动的前提下，重心适当降低，这样有利于快速插入球下垫低球，也便于高点挡球。

（2）正面双手接一传的击球点位置应尽量保持在腹前高度，离身体不宜太远或太近，手臂触球的瞬间，耸一下肩往前送即可，这样便于调整手臂角度和垫出球的方向、落点。如果来球高于腰部以上，可用高位正垫，垫击球时利用蹬地伸膝提高身体重心，必要时还可跳起在腰前用前臂垫出。

（3）要注意根据来球的情况不同采用不同的击球动作。垫轻球时，靠手臂上抬力量来增加反弹力，同时靠蹬地、送腰、提肩动作协调配合；垫中等力量来球时，主要靠球的反弹力，动作幅度要小，以免球的反弹力过大而将球击过网；垫大力量来球时，手臂要随球后撤，以此缓冲来球。

（三）动作要领

夹臂、前伸、下插、蹬地、送腰、提肩、顶肘、压腕、抬臂、送球。

六、体侧双手接一传

在身体侧面用双手去接一传称为体侧双手接一传。

（一）动作方法

以右侧接一传为例，右脚向右侧跨一步，身体重心随着移至右脚，右腿弯曲。两臂伸向右侧，右臂高于左臂，左肩向下倾斜，伸出两手臂成平面，用击球面对准来球，利用向左转腰转腹及右脚蹬地的力量，配合两臂在体侧接一传的后下部。击球完成后迅速准备下一动作。

（二）技术分析

（1）击球点应在体侧前方，腰肩之间。双臂在体侧稍前的位置截击来球，不能等球飞到体侧时再摆臂去击球，这样容易造成球触手后向侧面飞去。

（2）接一传时，要调整和控制好两臂组成的垫击面的角度，使球准确地垫向目标。

（三）动作要领

侧向跨步侧伸臂，一高一低成平面，内转腰腹蹬地力，侧前肩腰之间击。

七、单手托球

单手托球用于处理离身体低远的球，主要是在来不及运用双手插托击球、抱球、捧球和正面双手接一传时采用。基本手形：掌心朝上，五指张开且朝前或向左（右）伸出，形成一个勺形。

（一）动作方法

眼睛注视来球，一只手向前或向左（右）伸出，插入接近地面球的下方，用手腕和手指的抖动、前臂上抬的力量将球托起。

（二）技术分析

击球瞬间，手快速插入球下部，手指、手腕与前臂要保持一定的紧张度，手臂、手腕的用力大小和幅度都应根据来球力量的大小和目标点的位置来控制。

（三）动作要领

掌心朝上勺形伸，腕指前臂适度紧，协调用力击球出。

第二节　气排球接一传实战技术运用分析

气排球接一传技术运用于比赛的全过程，在防守过程中，不论是接发球还是接扣球，抑或是接其他来球，来球都会因击球者的击球力量、击球手法以及采用击球技术的不同而呈现不同的特点，或轻或重，或下沉或晃动，因此运用的气排球接一传技术就有区别。下面我们就按接来球的特点进行技术分析。

一、接轻球技术

接轻球主要采用双手插托球、抱球、捧球、单手托球、接一传等技术动作。一般运用于接下手发球、上手发球、轻扣球、吊球和处理球等。

球离开对方手的瞬间要判断来球，球速不快或带有轻度飘晃时，接发球应注意观察，站位适当靠前。判断落点后，要快速移动取位，重心下降前倾。尤其是在接轻扣球、吊球、接拦网触手的球和接拦回球时，由于来球方向和落点的不固定，故更强调准备姿势与移动步法的灵活运用。当来球高于胸部时，采用抱球的技术动作或正面双手传球的技术动作；当来球低于胸部时，采用抱球或接一传的技术动作将球接起。

二、接重球技术

接大力发球、接重扣球主要采用双手插托球、抱球、正面双手接一传等技术动作。

（一）接大力发球

大力发球的特点是力量大、速度快、旋转力强，但球的飞行轨迹较规律，容易判断。接大力发球的站位要适当靠近中场。因来球弧线低，接一传时身体重心要低。多采用正面双手接一传技术或捧球技术，由于来球力量过大，不要抬臂加力，对准球后手臂不动，耸一下肩往前送即可或采用捧球动作。

（二）接重扣球

接重扣球是接扣球防守技术的重点。由于来球力量大、速度快，接一传前应保持较低的准备姿势和采取低姿势移动，并根据对方扣球队员及本方拦网的情况来判断扣球路线和落点，迅速移动位置对准来球，稳定重心，尽量用插托球或正面双手接一传动作将球接起。如果来球离气排球接一传者有一定距离，气排球接一传者要立即移动步伐使身体迅速接近来球，以获取最佳的人球关系。不管运用何种气排球接一传技术，接重扣球时都要十分注意缓冲，以提高到位率，减少失误。

（三）接入网球

比赛中常有球因失去控制而飞入网内后反弹下落的情况。要接好这种球，首先要准确判断球入网的部位，掌握球反弹的方向、角度和落地点。接入网球一般采用捧球技术或单手击球等击球技术。

球飞入网后，一般有三种反弹情况：第一种是球飞入球网的上半部或从高处下落入网，多为顺网下落，反弹角度很小，速度快，落点靠近中线；第二种是球飞入球网中部，稍有反弹，下落速度较上部入网球稍慢，落点仍靠近中线；第三种是球飞入球网下部，因球网底绳的作用，反弹现象明显，且有一定的高度和远度。对上述第一、第二种情况，因球下落速度快，落点靠近中线，比较难接，故接一传时要迅速移动到落点上，侧身对网，降低重心。在运用捧球技术时，双手要插入球下，手掌、手指给球体以撩拨动作。在运用接一传技术时，手臂插入球下，以屈肘翘腕动作将球垫起；在运用单手托球技术时，手掌张开略向本方场地倾斜，手指适度弯曲成勺状，伸到中线位置球的落点处，用托击动作将球击起。对于第三种情况，重心不宜太低，待判断反弹落点后从容地将球垫起或托起。如果是第三次击球，一般采用抱球技术或捧球技术，外侧臂抬高，用双手向上向侧兜球的动作，使球前旋飞过球网。

（四）其他击球技术运用

当来球速度快、突然性大，防守队员来不及移步、降低重心、伸臂击球和侧身让垫时，可采用身体其他部位来接一传（身体任何部位包括脚都可击球）。

脚击球主要是当来球远且低，变化突然、时间短促，无法用其他击球技术时采用，属于应急补救性技术动作。脚击球主要有脚背接一传和脚内侧接一传两种。

1. 脚背接一传

动作方法是以一只脚为支撑，另一只脚迅速向来球方向伸去，利用伸大腿、摆小腿的动作使脚背插入球下。击球时，利用小腿继续上摆、脚踝上挑的动作，以脚背上部触球的下部（或侧下部）将球垫起。脚背接一传后，若身体失去平衡，可采用侧倒坐地或后倒坐地等动作进行自我保护。

2. 脚内侧接一传

动作方法与脚背垫球相似，但在击球时脚尖要上翘，脚踝紧张，以脚内侧部位垫球的后下部。

第三节　气排球接一传技术教学与训练

气排球接一传技术根据比赛的需要，可分为发球接一传、扣球接一传、拦回球接一传和垫击二传球等。教学训练的突出难点是如何对付各种不同的发球。不同发球技术基本可分为力量速度旋转型、一般飘球型、特殊飘晃型，要针对不同类型的发球进行不同的教学，有的放矢，帮助学习者把握不同接一传方式的击球手形、击球点和击球部位。难点之二是快速移动后，对正来球插入球下的技术动作。要求在正确判断的前提下，早起动，采取适宜步法快移动，保证最后双臂插入球下。难点之三是垫击时手臂与地面如何呈合理夹角，对不同发球的垫击有不同的垫击夹角。难点之四是手臂和身体的协调用力，这是影响手控球的关键环节之一。要求手臂垫击球后的微调通过腰和手臂的协调用力体现出来。这种微调效应必须通过大量的练习，形成良好的球感才可实现。气排球球体轻，手对球的控制能力很重要，必须在教学、训练中通过不断的强化训练，逐步提高这种微调能力。

一、教学与训练顺序

接一传技术种类多、运用广，因此教学中要根据学习者的具体情况和动作的难度，先易后难地安排教学。一般教学顺序为：正面双手接一传，体侧接一传，接发球，跨步接一传，半跪接一传，防吊球，防扣球，背向接一传，退让垫、单手垫、挡球，前扑接一传、倒地接一传、滚翻接一传、鱼跃接一传，接一传调整二传，接一传处理入网球、网前球，保接拦回球，吊、扣拦回球的自保接一传，拦飞、防飞的上挡球和单、双手接一传处理球。

二、教学与训练步骤

（一）讲解与示范

（1）讲解。教练首先讲解接一传技术在气排球比赛中的作用、技术特点和动作要领。重点讲解手形、击球部位、击球点、手臂角度及身体上下肢的协调用力和动作。

（2）示范。教练先做接一传的完整动作示范，让学习者建立接一传技术的完整动作概念。然后进行分解示范，也可以边讲解边示范，正面与侧面示范要结合运用，让学习者加深印象。

（二）组织练习顺序

徒手练习、连续击球练习、对墙接一传练习、两人互动防守接一传练习、接发球练习、接扣球练习、结合教学比赛及各种串联练习。

三、练习方法

（一）徒手模仿练习

（1）手形练习。徒手模仿练习，教练及时检查并纠正错误动作。

（2）结合球进行练习。

（3）连续击球练习。

（4）对墙练习。学习者每人一球，距墙 2 米处连续对墙击球。要求击球手形、垫击点和击球部位正确，用力协调，控球能力强。

（5）两人一组击球互动练习。

（二）结合移动的接一传练习

（1）移动连续击球练习。每人一球，向左、向右、向前、向后移动击球。要求学习者在移动接一传时低重心移动，正面接一传。

（2）两人或 3 人一组，一人抛球，另一人或两人轮流向左、右、前、后移动击球。要求移动速度不宜太快，垫出的球要稍高，并控制好落点。接一传者尽量做到正对击球方向击球。

（3）3 人一组跑动击球或 4 人一组三角移动击球。要求击球人尽量移动到位，对正来球，把球准确击到位。

（三）结合接发球的击球练习

（1）两人一组，相距 7～8 米。先进行一掷一击练习，再过渡到一人下手发球或上手发球，一人接发球练习。要求接至假设的二传位置上。

（2）两人一组，相距 9 米，一发一垫，或 3 人一组，一人发球，两人轮流接发球。要求发球要稳，然后逐步拉长发球的距离，增加发球的难度。

（3）3 人隔网或不隔网，一发一击一传练习。要求发球准，接发球者积极移动取位，把球击到传球队员的位置上，传球队员再将球传给发球人。

（四）结合接扣球、吊球的接一传练习

（1）两人一组，一扣一防练习。要求接扣球者做好防守准备姿势，开始练习时扣球要稳，随着防守者逐步适应，可逐步增大扣球的难度。

（2）3 人一组，一扣一防一传练习。要求扣球队员扣、吊结合，防守队员相互配合、互相呼应、互相保护。

（3）轮流连续接扣球练习。由教练在网前扣球或在高台上隔网扣球，要求接扣球者做好防守准备姿势。开始练习时扣球要稳，随着防守者逐步适应，可增加扣球的难度。

四、教学与训练中应注意的问题

（1）接一传教学应在简单条件下进行，如原地徒手练习以及击固定球的练习，原地击一般弧度和落地比较固定的轻球，再进行移动击球练习。在学习者击球动作基本正确，能初步控制击球的方向和落点后，再逐步加大练习的难度。

（2）发球、接发球是两个相联系的对立面，因此在教学与练习中应使两者紧密结合，以达到互相促进、不断提高的目的。接发球又是组织进攻的基础，应抓住控球能力这个重点和难点反复练习，以提高手臂对球的控制能力。

（3）在接扣球技术教学中，应强调做好防守的判断、准备姿势，加强起动和移动步法练习。要教会学习者观察和判断来球的方法，提高起动速度和移动取位的能力，防止只重视手法不重视步法的倾向。

（4）随着学习者垫击球技术的不断熟练，要尽量结合攻防战术进行练习。如在防守练习中，将接一传与拦网、保护、调整传球和反攻扣球等技术串联起来进行练习，这样既能提高技术的运用能力，又能培养战术意识和同伴间的默契配合。动作方法与脚背接一传相似，但在击球时，脚尖要上翘，脚踝紧张，以脚内侧部位接球的后下部。

（5）两人一组，教练发球，两个队员一垫一调传。这种方法在场地不足、无网时采用。每人按自己平时站位的距离假设到位的目标，每组练习 20 次后交换，要求到位 15 次以上，根据调整二传判断球是否到位。

（6）教练采用远距离的高台发球以增大接球的难度，并有目的地针对每个学习者的弱点进行练习。这种方式可结合场地、球网进行，3 人或 4 人一组，分直线、斜线（场地两边可同时进行），每组接同样数量的球，统计到位球的次数；也可根据主力和替补队员的不同水平，安排主力与主力比赛、替补与替补比赛，或让队员进行发垫对抗赛。

（7）接发球进攻练习。3 人一组，一人接发球，一人二传，一人扣球。10 次接发球中，要求到位率为 70%以上和扣球成功率为 60%以上，如其中有任意一项完不成，则需要补课，补课内容可按本队需要提高的项目来确定，也可补扣球、拦网，一般不补一传。转变一种项目以使学习者兴奋起来，达到一定的意外训练效果。

第二章　气排球二传技术介绍

第一节　气排球二传技术种类及技术动作分析

一、气排球二传技术种类

传球技术按姿势可分为站立传球、稍蹲传球、半蹲传球、全蹲传球、跳传、倒地传球、单手传球和抱传球，按传球的方向可分为正面传球、侧面传球、背向传球，按传出距离可分为远传球和近传球，按传出弧度高低可分为集中传球、拉开传球、平拉开传球，按用途可分为一传、二传、第三次传球过网、吊球、传快球、调整传球和扒球。

二、气排球二传技术、动作分析

（一）正面双手传球

面对目标的传球称为正面传球。

1. 动作方法

正面双手传球的动作方法见图 2－1。

（1）准备姿势：稍蹲，上身稍挺起，抬头注视来球，两脚前后左右自然开立，约与肩同宽，后脚跟提起，重心落在两脚之间。屈肘自然下垂，两手掌成半球状置于胸前，全身放松。

（2）迎球动作：当来球接近额前时，开始蹬地、伸膝、伸臂，手指微张，经脸前向前

图 2-1　正面双手传球

上方迎出。全身各部位动作应协调一致。

（3）击球点：在额前上方约一球距离处。

（4）手形与触球部位：手触球时，十指应自然张开，使两手成半球状；手腕稍向后仰，两拇指相对近“一”字形，十指与球吻合，触球体的后下部。以拇指内侧，食指全部，中指的二、三指节触球的后下部，负担球的压力，无名指和小指在球两侧辅助控制球的方向（见图 2-2）。

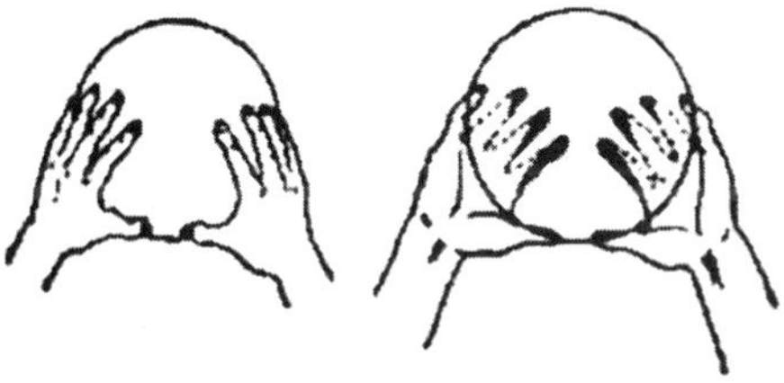

图 2-2　手形与触球部位

（5）用力方法：在迎球动作的基础上，当和球即将接触时，手腕和手指要有前屈迎球的动作；当手和球接触时，手腕应稍向后仰，以缓冲来球的力量。一般情况下，短距离的传球是靠手指、手腕的弹力将球传出。而长距离的传球，则要全身用力，由下而上，两脚蹬地，膝关节近于伸直，髋关节稍屈，含胸直立，最后用手指、手腕的弹力将球传出。手离球后，两臂要伸直，伴送球出手，整个动作协调自然。

2. 技术分析

（1）击球点：要求尽量保持在额前上方约一球距离。原因有三：一是便于观察来球，看清手和传球的目标，有利于对准和控制传球方向；二是便于全身协调，有利于提高传球的准确性、稳定性；三是肘关节有一定的弯曲度，便于继续伸臂用力，有利于变化传球方向。

（2）腕、指的击球动作：触球前，腕、指应有一个前屈的迎球动作；传球时，腕、指应根据来球的速度和传球的距离，保持适当的紧张度。前屈迎球动作要小且及时，由手腕的前屈带动手指的前屈。接轻球时，迎球动作要柔和；接重球时，指、腕稍紧张些，用力稍大些。

（3）全身的协调用力：传球的动作从下肢蹬地到手指击球，由下而上要连贯协调，一气呵成。

3. 动作要领

两眼视球快取位，蹬地伸臂额前迎，正确手形协调力，一气呵成击球出。

（二）背向传球

背向目标的传球称为背向传球（见图 2－3）。背向传球是传球技术中的一种基本方法，在比赛中运用较多，二传队员必须掌握。

图 2－3　背向传球

1. 动作方法

（1）准备姿势：上身比正面传球时稍向后仰，双手自然抬起，置于脸前。

（2）迎球动作：迅速移动，插入传球点下面，抬头挺胸，上身后展，双手上举。

（3）击球点：在头上方，比正面传球略偏后。

（4）手形：与正面传球相似，但触球时手腕要稍向后仰，掌心向上，两拇指呈“一”字形，托在球的下部。

（5）用力方法：利用蹬腿、展体、抬臂、伸肘和手指、手腕的弹力，把球向后上方传出。

2. 技术分析

（1）背向传球时，下肢蹬地的方向是接近与地面垂直，并通过展体、挺胸、抬头的动作，使抬臂、伸肘、送肩的协调用力方向偏向后上方。因此，背向传球的击球点应保持在头上方的位置，以便于向后上方用力。

（2）由于背向传球是与正面完全相反的方向将球传出，因此，击球时手腕要始终保持后仰，手指、手腕应向后上方抖动用力，其中两大拇指用力最多。

（3）由于背向传球看不到传球的目标，因此，传球前必须先观察判断好传球的方向和距离，尽量使背部对正传球目标。

3. 动作要领

上身稍直臂上抬，掌心朝上腕后仰，背部正对目标处，协调传球后上方。

（三）侧向传球

身体侧对传球目标，在不转动身体的情况下，靠双臂向侧方传球的动作称为侧向传球。

侧向传球的准备姿势、手形及迎球动作同正面传球，击球点应偏向传出方向的一侧，传出方向一侧手臂稍低于另一侧手臂，且一侧手臂动作的幅度要大些，伸展的速度也应快些。传球时，通过下肢蹬地使身体重心向侧上方伸展，以双臂和上身侧屈的协调动作将球传出。

（四）单手上手传球

当来球离身体较远或来球靠近身体时可用单手上手传球技术（见图 2－4）。

图 2－4　单手上手传球

1. 来球离身体较远时

接一传队员时，先移动脚步，对准来球位置以右（左）手主动去迎球，手掌朝上托送球的下部。

2. 一传高且靠近网口时

当一传高且靠近网口或将飞过网时，队员两腿蹬地、膝关节伸展，靠近球一侧的手臂上举，手腕后仰，掌心向上，五指适当收拢，构成一个半球状手形，伸至球的后下部，利用腕、指的弹力，将球向本方场区传出。

（五）抱传球

当球弧线较高、较远而身体处于不利位置时，二传来不及采用正面击球动作而采用的侧面击球组织进攻的方式称为抱传球（见图 2－5）。其动作特点：一只手掌掌心朝上，五指朝前，另一只手掌掌心朝前，五指朝侧，两手在球的后下方形成一个与球向吻合的弧形。

1. 动作方法

（1）准备姿势与迎球动作：基本与正面上手传球技术相同。

（2）击球方法：在接触来球的瞬间，左手全手掌托在球的底部，并向前上方送出，同时右手翻顶球的中后部，左手协调作用于球，利用托、翻、顶的合力将球传出。

2. 技术分析

（1）击球点位置应使托球手保持大小臂自然弯曲于体侧为宜，这样可充分保证手臂运动的幅度和角度，从而控制球的方向、高度和落点。

图 2-5　抱传球

(2) 亦可实现正面传球、侧向传球和背向传球的变化。正抱传：保持一手掌托球的底部，另一手掌位于球的中后部，同时向正前方发力。侧抱传：一手掌托在球的侧下部，另一手掌位于球的中下部，同时朝侧前方发力。背向抱传：一手掌托在球的前中下部，另一手掌位于球的后中下部，同时朝后上方发力。

第二节　气排球二传技术运用分析

队员利用全身协调力量，并通过手指、手腕的弹力，将球传至一定目标的击球动作叫传球。传球是气排球运动中最基本、最重要的技术之一，是各项战术的基础。主要用于二传，接对方推攻球、被对方拦回球，接轻发球、轻扣球、吊球和处理过来的球。它是组织进攻、防守反击的有效手段。球队的二传手在比赛中起着桥梁、核心的作用，没有良好的传球，就失去了进攻的枢纽，比赛难以获胜。

(1) 正面二传。这是二传重最简单、最常用的技术。当一传来球时，二传队员要适当控制传出方向，尽量保持正面传球，使球飞向最佳区域。正面二传可根据扣球手的需要和对方的拦网情况将球传高或传低、拉开或集中。

(2) 调整二传。将一传不到位或离网远的球，调整成便于扣球队员进攻的球，称为调整二传。在比赛中，场上每个队员都有调整二传的任务。调整二传以传高球为主，所以要充分利用蹬地伸膝、伸臂及屈指、屈腕的全身协调力量将球平稳传出。调整二传应根据扣球队员的位置来调整传球的角度、弧度和落点。传球路线与球网形成的夹角越小越有利于进攻球员扣球。一般来说，调整二传时，传球的落点应在扣球员的前方，约在进攻线附近为宜。

(3) 背向二传。背向二传可利用球网全长增加进攻点，使进攻战术更丰富，具有一定的隐蔽性和突发性。传球时，主要靠手感来控制球的方向、速度和落点。背传拉开高球时，要充分利用蹬地、挺胸、展腹和向后上方提肩、伸臂等动作将球平稳传出。

(4) 侧向二传。这种传球技术适用于一传来球近网或平冲飞向球网的球。侧向二传可增加进攻的隐蔽性，有时还可以用来做二传吊球。侧向二传的难度较大，准确性较差。

（5）跳起二传。主要用于传网上高球和即将过网的一传球。在跳起二传时主要是掌握好跳起时间，在身体上升到最高点时传球，尽量提高击球点。这样既可以加快进攻节奏，还有利于两次球进攻。

（6）传快球。根据扣球队员的特点和扣球的上步速度、起跳时间、弹跳高度和挥臂击球动作等起决定传球的速度、高度、距离和出手时间的因素，主动把球“喂”到扣球队员最方便扣球的地方。

（7）一传。在接轻发球、接推送过来以及较高的吊球、拦回球时，采用传球的方法更能保证一传的准确到位。还可以直接传二次球进攻，或突然直接将球快速传入对方空当。接大力发球或扣球时，用传球技术做一传容易漏球或“倒轮”。这时一定要做好预判，看准球的速度、弧度及落点，选好位置，腕、指保持适度紧张，伸臂及时、快速，两手同时接触球体将球平稳向上送出。送出的球以不转为好。

（8）二传吊球。二传吊球是指二传队员在进行二传前的瞬间突然改变传球动作和方向，将球传入对方空当。它是二传队员应该掌握的一项攻击性很强的传球技术，分为双手和单手两种。

1）双手吊球。以侧传吊球效果为好。当迎球动作开始时，突然改用侧传和背传的动作，将球传向对方空当。传出的球弧度要低，应紧挨着球网上沿飞向对方的场区。

2）单手吊球。在双手二传动作开始前的瞬间，突然高举一只手臂，五指稍并拢，轻拨球的侧下方，使球落入对方的空当。单手吊球的击球点应稍靠近球网，并尽量升高。吊球的速度要快，攻击性才强。吊过去的球必须有明显向上的弧度。

（9）第三次传击球。当第三次击球无法阻止进攻时，常用传球和扒球的方式将球推向对方场区。传球时，腕、指适度紧张，用蹬地、伸膝、伸臂和压腕的动作，将球快速地传入对方空当或后场两角。

传球时，保持良好的手形和传球的身体姿势。良好的身体姿势要求：稳、准——身体重心稳，对准来球；仰、迎——头仰、手仰，用手去迎接一传；伸、送——伸膝、伸腰、伸肘，送手腕弹击球。

传送的重、难点：

重点：传球手形是否规范，击球点是否准确。二者都会影响传球的效果。

难点：传球时的身体协调用力与配合，主要是上下肢动作的连贯协调。

第三节　气排球二传技术教学与训练

一、二传的特点

（1）进攻时传球多。要求二传队员移动取位及时，身体平衡能力强。

（2）移动、转身动作多。作为队伍的桥梁和枢纽，二传队员在比赛中要不停地移动、取位。二传队员不论是后排插上传球，还是网前换位后的传球，以及拦网、扣球，保护后的接应传球，都需要移动、取位和转身。移动的目的是快速取位，做好传球准备。转身是为了对正传出球的方向，提高传球的准确性。

（3）身体位置和传球手法变化大。由于一传来球是不规律的，因此，二传队员必须根据球的方向、速度、落点、弧度等具体情况，采用不同的姿势和手法对待，只有这样才能将球传到预定的位置，达到有效进攻的目的。

针对以上特点，对二传队员要求如下：

（1）基本功扎实。基本功包括眼功、脚功和手功。眼功：视野开阔、眼观四方，环视能力强，既能看到本方队员的情况，又能观察到对方的布局，思考战术打法，决断快速，对策有效。观察时机应在一传出手后、二传出手前。脚功：移动快，取位好。根据一传情况，准确判断，及时启动，迅速移动到最佳的传球位置，做好传球的准备，并要有较好的重心稳定性、身体灵活性和动作协调性。手功：传球手法好，应变能力强。掌握送、压、抖、翻等多种传球方法，能在同一击球点位置上传出各种方向、落点和高度的球，做到一点多线，传球更具应变性、隐蔽性和攻击性；能根据进攻队员的助跑、起跳情况，主动调整变化传球的动作和节奏。

（2）意志顽强。作为全队的核心、灵魂，二传队员必须做到在任何情况下都胜不骄、败不馁，沉重冷静，善于战斗。还要有立足本职、任劳任怨、不计得失、甘当配角的精神，与队员通力协作，为同伴创造良好的进攻机会。

二、二传个人技术教学与训练

（1）原地自传：要求把球传向头正上方，高度为离手 1.5 米～20 米，连续进行 3 组，每组 20 次。

（2）对墙自传：距离墙 50 厘米左右，上、中、下连续传球 20 次，完成 3 组。

（3）两人一组背传：一人抛球，另一人背传，传 20 次，每人完成 3 组。

（4）三人一组背传：三人直线站位，各相距 2 米。两边队员抛球或传球给中间队员，连续转身背传球 10 次，各完成 3 组。

（5）四人换位背传：1 号位两人，先由一人传球给 3 号位，3 号位传给 2 号位，2 号位传到 1 号位后跑到 1 号位，队员顺时针随球跑动，一组 20 次，完成 3 组。

（6）对墙或对网连续跳传球：掌握好起跳时机，空中保持平衡，10 次一组，完成 2 组。不能碰墙或触网。

（7）两人一组跳传：连续做跳传练习，10 次一组，完成 2 组。

三、教学与训练中应注意的问题

（1）传球采用完整教学法，首先建立传球技术动作的完整概念。教学时，应先着重于手形、击球点和用力的准确与协调练习，然后逐步过渡到手指、手腕的弹击和控制球的能力练习上。

（2）教学中尽量采用触球次数多的练习，并在初学阶段就结合近距离移动的传球练习，以利于形成正确的击球点和手形，为学习者进一步学习难度较大的传球打下良好的基础。

（3）教学时自始至终要强调正确手形、正确的击球点和协调用力三个环节。同时要注意指出易犯的典型错误动作，以便于学习者在学习过程中进行正误对比。

（4）从心理学角度而言，初学者一般怕戳手，怕弧度高、力量大、速度快的来球。因此，要从解决手形入手，从易到难，循序渐进。多传近距离、低弧度和速度慢的球，避免学习者手指局部负担过重，减轻心理压力。

（一）教学与训练难点

一是取位。二传队员取位是否得当是传球的基础。做好这点取决于传球前的判断、快速合理的移动，因此必须重视步法训练。

二是手形。手形是传球技术教学与训练中始终要抓的一个重点，也较难掌握。因为触球时手形正确与否直接影响手控制球的能力和传球的准确性，直接影响二传队员的传球质量。初学者只有掌握了正确手形才能保证正确的击球点和较好地运用手指、手腕的弹力。

三是传球的高度、弧度、速度。各种战术球都有特定的高度、弧度、速度，要求传球用力要适宜。这就要求二传队员掌握不同二传球的概念，在传球时对球的用力正确，手控制球的能力强。这些能力建立在良好的球感基础上，良好的球感使二传队员传完球后手指有一个微调补偿作用，从而使二传同攻手的进攻配合相吻合。

四是二传队员与攻手主动配合默契问题。二传队员与攻手的默契在长期的练习中产生，二传队员应主动运用技术，寻求与攻手的最佳配合。如通过提高击球点和降低击球点慢出球以及通过控制球的飞行速度、弧度、高度等手上动作，将二传队员与攻手的时间配合调整在最佳范围之内。

五是二传队员的视野。视野开阔是二传队员必不可少的一项基本功。二传队员视野一般开阔的表现为：在场上能观察到扣球手的上步方向、时间和节奏及扣球手起跳腾空后的动作；视野较为开阔的队员除了上述表现外，还能观察到拦网队员的动向。如何扩大二传队员的视野是教学训练的一大难点。在传球过程中，要求二传队员保持清醒的头脑。在移动取位传球的过程中，二传队员要善于运用及合理分配眼睛的主光和余光来观察传球目标及扣、拦队员动向。要培养和开阔二传队员的视野，提高二传队员的意识很关键。

（二）教学与训练顺序

传球技术动作方法较多，动作细腻，在教学安排中应作为主要内容，进行重点学习和掌握。教学时先学习原地传球，再学习顺网二传和移动中的传球，最后学习各种战术传球。具体顺序是：正面双手传球，顺网二传高球，向 4 号位调整二传球，背传高球，2 号位调整球，侧传，双手跳传，单手跳传、挡托、顶、吊，处理网上球、网前球、入网球，传近体前快球，传小弧度短平快、直线短平快球，传平拉开球，传后排强攻球等。

（三）教学步骤

1. 讲解与示范

（1）讲解：教练首先讲解传球技术在比赛中的作用，然后讲解传球技术的特点和动作要领。讲解内容的先后顺序一般是：脚的站法、下肢姿势、身体动作、手形、击球点、触球的部位、迎击球的动作及用力方法等。

（2）示范：教练先做完整传球动作的示范，然后做分解示范，也可以边讲解边示范，或重点示范传球的关键技术环节，还可结合正面示范、侧面示范进行教学。

2. 组织练习顺序

练习顺序为：徒手模仿练习、原地传球练习、移动传球练习、背传球练习、调整传球练习、跳传球练习。

（四）练习方法

1. 徒手模仿练习

（1）原地模仿练习：徒手做传球准备姿势，听教练的口令依次做展体、伸臂动作练习。重点体会传击球前的准备姿势、身体协调用力的动作和传击球的手形。

（2）原地传球练习：重点让学习者体会触球手形、击球点位置和身体协调配合动作及传球用力的全过程。两人一组，一人做好传球的手形，持球于脸前上方，另一人用手扶住球，持球者以传球动作向前上方伸展，体会身体和手臂的协调用力，要求另一人纠正持球者的手形及身体动作。

2. 原地传球练习

（1）每人一球，自己向前上方抛球；做好传球手形，在击球点位置将下落的球接住，然后自我检查手形。

（2）原地自传练习：要求把球传向头正上方，传球高度离手 1 米～1.5 米，连续传 30 次为一组。

（3）对墙自传练习：要求距墙 50 厘米左右连续对墙自传球，体会正确的手形和手指、手腕用力的肌肉感觉。

3. 移动传球练习

（1）每人一球，行进自传球练习：要求传球手形正确，移动迅速，保持正面传球。

（2）每人一球，向左、右、前、后移动传球练习：要求自传一次高球，再传一次低球，提高控球的能力。

（3）两人一组，一抛一传练习：要求抛者向左、右、前、后抛球，传球者根据来球快速移动传球。

4. 背传球练习

（1）每人一球，自抛背传球练习：要求将球抛到头上，两手腕向后仰，掌心向上，依靠蹬地、展体、抬臂、伸肘动作把球传向后上方。

（2）3 人一组，背传球练习：3 人各相距 3 米左右，两边人抛球或传球，中间人背传球，要求同上。

5. 调整传球练习

（1）两人一组，在网前相距 6 米，用调整传球动作传高弧度球练习：要求利用蹬腿、伸臂动作传球。

（2）移动调整传球练习：4 号位队员传一般球至 5 号位，5 号位队员传球到 1 号位，1 号位队员将其调整到 4 号位。要求依次循环练习。

6. 跳传球练习

（1）每人一球，对墙连续跳传球练习：要求掌握好起跳时机，在空中保持好身体平衡，靠快速伸臂动作将球传出。

（2）两人一组，连续面对跳传球练习：要求同上。

（五）常犯错误及纠正方法

传球技术常犯错误与纠正方法见表 2－1。

表 2－1　　传球技术常犯错误与纠正方法

技术	常犯错误	纠正方法
正面传球	1. 击球点过高、过低	1. 做各种步法移动后接传球，保持在额前接住球，提高判断、选位能力； 2. 传固定球，体会正确的击球点； 3. 自传或对墙练习
	2. 手形不正确，大拇指朝前，手不是半球状，手指触球部位不准确	1. 进一步示范、讲解； 2. 自我进行抛接高球（约 1 米～2 米）练习，体会手吻合球动作； 3. 对墙近距离连续传球，体会手指触球部位； 4. 用小篮球、实心球等做抛接球练习
	3. 手指、手腕弹击力差，有拍打动作	1. 做手指、手腕的力量练习； 2. 用足球、篮球做传球练习，增加手指、手腕力量； 3. 多做平传球练习、远传练习
移动传球	1. 取位不及时，对不准来球，人与球关系不合适； 2. 控球能力较差，把握不准传球力量	1. 结合移动步法练习，先从近距离开始，逐渐加大难度、延长距离，反复做移动取位对准传球方向练习； 2. 学会上身移动重心，上身能前后左右倾斜地传球； 3. 多做平传练习，保持正面击球； 4. 连续自传不同方向、不同高度的球，体会传球力量的控制，提高手控球能力
背传	1. 击球点不正确，过前或过后	1. 强调击球点宁前勿后，保持正面的击球点； 2. 做自抛向后传球练习； 3. 做弧度高低结合的自传球练习
	2. 用力不协调，不会后仰、展胸、翻腕、大拇指上挑	1. 移动对准球，保持在头上的击球点； 2. 背传时强调蹬腿、展胸、抬臂、翻腕上挑动作； 3. 在击球点较低的情况下练习背传
跳传	选择起跳点不准确，人与球关系保持不好	1. 多做原地起动和移动练习； 2. 提高判断能力，选择合适的起跳点； 3. 传不同距离和弧度的来球，保持良好的人与球关系

第三章　气排球扣球技术介绍

第一节　气排球扣球技术种类及技术动作分析

队员在进攻线后跳起在空中，用一只手或手臂在本方场区上空将高于球网上沿的球击入对方场区的击球方法叫扣球。

扣球是气排球技术中攻击性最强的一项技术。一个球队的攻击力强弱，往往取决于该队的扣球技术水平。一场比赛中扣球得分一般占整队得分的60％～70％，是胜利的关键，也是一个队争取主动、摆脱被动、鼓舞士气、抑制对方的最积极有效的武器。

扣球的攻击性主要体现在它的速度快、力量大、变化多，可以扣出各种不同功能、不同时间、不同角度、不同落点的变化球，使对方难以拦网、放手和组成反击，从而使本方能顺利夺得发球权和比分。

气排球扣球技术随着气排球运动的发展而不断创新和提高。气排球扣球的发展特点主要体现在几个方面：打破队员位置分工的限制，每个队员既是一传手也是扣球手，充分利用网长和纵深，更多运用变向、变步的助跑起跳方法，使扣球技术向着高度、速度、力量方向发展。扣球技术有三种：一是按动作分，有正面扣球、勾手扣球、单脚起跳扣球；二是按区域不同分，有原地起跳扣球、后排扣球、调整扣球；三是按运用分，有转体扣球、转腕扣球、打手出界扣球、超手扣球、轻扣球、吊球、冲跳扣球、后撤扣球等。

一、气排球扣球技术种类

（一）单脚起跳扣球

单脚起跳扣球是助跑的最后一步单脚蹬地，另一只脚直接向前上方摆动帮助起跳的一种扣球方法。单脚起跳扣球在气排球比赛中常常用于战术进攻及处理球。单脚起跳时由于第二只脚不落在地面而是直接上摆，且起跳时腿下蹲较浅，因而它比双脚动作快 0.2 秒左右。它在充分利用助跑速度的同时，再加上右脚积极上摆的协调动作，比双脚起跳冲得更远、跳得更高。所以利用它既能扣定点高球，又能追求起跳扣低弧度球，有利于控制时间和空间，这对突破和避开拦网有较大的作用。

采用单脚起跳扣球，准备姿势可采用一步、两步或多步助跑，助跑的路线与进攻线的夹角不宜过大或过小，以免触线犯规。助跑后，左脚跨出一大步，身体重心稍向后倾，在右脚向上摆动时，左脚用力蹬地，起跳的同时两臂积极配合上摆。起跳后的扣球动作与正面扣球基本相似。扣球结束后双脚落地缓冲，做好下一个动作的准备。具体见图 3－1。

图 3－1　单脚起跳扣球

（二）勾手扣球

气排球中，起跳后侧对球网，运用勾手动作挥击球的扣球技术称为勾手扣球。其特点是：力量大，可增加扣球点，扩大进攻面，隐蔽性强，对方不易拦网；二传球远网时，仍能保持有利的进攻位置，并能弥补起跳过早冲到球前的失误。勾手扣球一般用于处理由后场传来的调整球和远网球。

动作方法（以右手扣球为例）：助跑的最后一步使左肩转向球网，或在起跳后在空中转向球网。起跳后上身稍向后仰，向左扭转，右肩下沉，右臂上提至体侧，掌心朝上，五指微成勺形。像勾手大力发球一样猛力向左体收腹，带动手臂的挥动击球。手臂充分伸直，向左前上面画弧。在头的右前上方最高点用全掌击球的后中下部，击球后，面向球网。落地时，为避免受伤，力争双脚同时落地，由前脚掌过渡到全脚掌，同时迅速屈膝缓冲下落力量，并做好下一动作准备。

勾手扣球时应特别注意两点：一是起跳后，应使身体保持在球与网之间，便于掌握击球；二是充分利用收腹转体的动作带动手臂击球，以保证球的威力。

（三）调整扣球

扣球队员扣从后场区调整传到进攻线附近的球称为调整扣球。调整扣球是各种扣球的综合运用，是强攻能力的集中体现。在比赛中，调整扣球的数量比较多，掌握好调整扣球的技术对提高得分能力、减少失分有重要的作用。由于后场区调整传球的方向、角度、弧度、速度和落点不同，故扣球的动作有所区别。可用正面扣球、勾手扣球和单脚起跳扣球等，以保证攻击力。

调整扣球时应注意的问题：扣球队员要及时调整好扣球的角度，熟练掌握各种助跑起跳方法（如多步、一步、原地踏步、倒跨步、后撤步），看准来球位置，合理运用助跑技术，调整好人与球的距离，保证有利的进攻位置；在空中要灵活地转动身体、手和手腕，手法要多变，控制好扣球的力量、路线和落点；不断提高腰腹的爆发力、手臂的挥动速度和腕、指扣球的能力；准确掌握扣球部位和推压动作。

（四）冲跳扣球

冲跳扣球是气排球常用的主要扣球技术之一。起跳扣球技术动作结构与正面扣球动作基本一致。在进攻线后起跳，充分利用向前起跳缩短与网的距离。冲跳扣球步频快、距离长、速度快，无须制动和深蹲，助跑步数一般为两步和三步。起跳时的主要技术特点：起跳前双腿稍蹲，两只脚拉开一定的距离，两臂在体侧主动向前摆动；起跳后，抬头挺胸，上身前倾，手臂上举，后拉幅度小，主要利用甩前臂动作发力，以肘为轴，加强屈肘和甩腕动作。击球时，右臂向前上方，手臂伸直至最高点用全手掌击球后中部，同时用手腕推压使球加速上旋飞行。

二、气排球正面扣球技术分析

正面扣球是气排球扣球技术中最基本的一种方法。由于面对球网，便于观察，故准确性较高，加之正面扣球挥臂动作灵活，能根据对方防守情况随时改变扣球的路线和力量，控制落点，因此进攻效果较好。初学者必须掌握好正面扣一般球后再学习其他扣球技术。

正面的完整动作过程见图 3－2。

（一）动作方法

（1）准备姿势：扣球助跑前采用稍蹲姿势，两臂自然下垂，站在离网两米左右处，身体转向来球方向，眼观来球，做好向各个方向助跑起跳的准备。

（2）助跑：助跑开始时，左脚先向前迈出一步，紧接着右脚再快速跨出一大步，左脚及时并上，踏在右脚之前，两脚尖稍向右转，两臂绕体侧向上引摆。

图 3－2　正面扣球

（3）起跳：在右脚助跑跨出最后一步（即第二步），左脚并上踏地制动的同时，两臂自后向前摆动，随着双腿蹬地向上起跳，两臂配合起跳有力地向上摆动，同时快速展腹带动身体腾空而起。

（4）空中击球：起跳后，挺胸展腹，上身稍向后仰并稍向右转，右臂向后上方抬起，肘高于耳，身体成反弓形。挥臂时，迅速转体、收腹发力，依次带动臂、肘、腕各部位关节向上方成甩鞭动作挥动。击球时五指微张，以掌心击球为主，全掌包满球，在手臂伸直最高点的前上方击球的后中部，同时主动用力甩腕，屈指控制住球，并向前下推压，使扣出的球上旋（见图 3－3）。

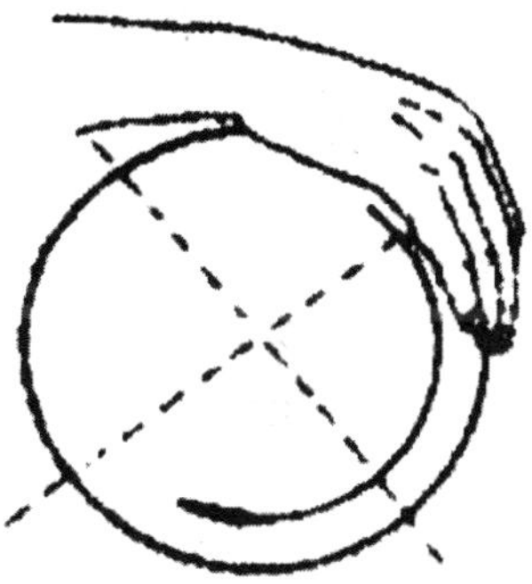

图 3－3　推压动作

（5）落地：落地时以两脚前脚掌先着地，再迅速过渡到全脚掌着地，同时顺势屈膝、收腹，以缓冲下部的力量，做好下一个动作的准备。

（二）技术分析

1. 助跑

助跑的目的，一是接近球，选择恰当的起跳点；二是利用助跑的水平速度配合起跳，增加弹跳高度，助跑的方向、速度和步数根据来球的方向、速度、弧度、落点来决定。助跑第一步要小，找准上步方向，第二步要大，调整身体与球的距离，处理好人、球位置关系。

（1）步法：助跑的步法种类有很多，在运用中要因球而异、因人而异，力求灵活，适应性强。但无论采用几步助跑，第一步要小，最后一步应大。现以右手扣球助跑为例分析如下：

第一步：左脚向来球的落点方向自然迈出一步，其主要作用是确定助跑方向。这一步要小，但要对正上步的方向，因此也叫方向步。

第二步：步幅要大，步速要快，使支撑点落在身体重心之前，身体稍向后倾，重心自然后移和降低，从而有利于制动。

第三步：即最后一步，要以右脚的脚跟先着地，再过渡到全脚掌着地，这样有利于控制身体的前冲力，增加腿部肌肉的张力，提高弹跳高度。这一步起着调整身体与球的距离、决定起跳点的重要作用。

（2）助跑的时机：助跑过早或过晚，都会影响扣球的质量。二传球低或传球速度快时，起动要早一点，球高则晚一点；动作慢的队员起动要早一点，动作快的则起动晚一点。

（3）助跑的路线：由于二传来球的落点不同，故扣球队员助跑的方向和路线不相同。以4号位队员扣球为例，其助跑路线主要有三种（见图3-4）：扣集中球采用斜线助跑，扣一般球采用直线助跑，扣拉开球采用外绕助跑。

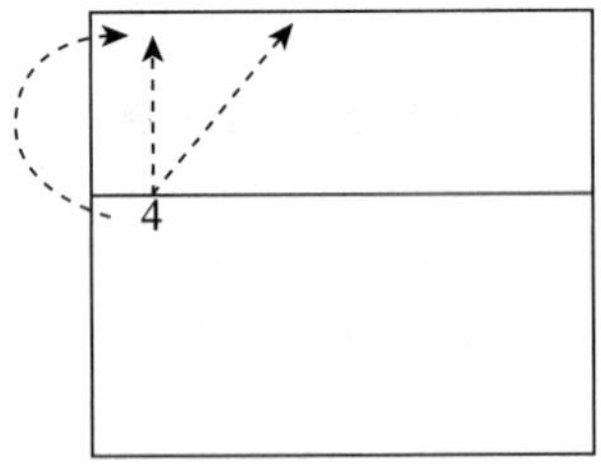

图3-4　助跑路线

2. 起跳

（1）起跳的步法：助跑的最后一步称为起跳步，它既是助跑的结束步伐又是起跳的准备动作。常用起跳步法有两种：一种是并步起跳，即一脚跨出一大步后，另一脚迅速向前并步，随即蹬地起跳。利用这个方法可调整起跳时间，适应性强，制动效果好，身体重心易保持稳定，但对起跳高度稍有影响。另一种是跨步起跳，即一脚跨出一大步的同时，另一脚也跟着跨出去，有腾空的阶段，两脚同时落地，蹬地起跳。这种方法能充分利用人体下落的重力加速度，增加弹跳高度，但不利于加快助跑速度，易影响起跳节奏，不利于快攻起跳。

（2）起跳的位置：一般选择在距离球一臂之远的位置起跳。这样才能保持好身体和球合理的位置关系，便于充分发挥全身的力量，保持较高的击球点。

（3）起跳的摆臂：起跳时的手臂摆动一般有两种方法：第一种，划弧摆臂。以肩关节为轴，两臂经体侧后再向前上方划弧摆动。这种摆臂可根据需要来变化划弧的大小，动作连贯协调，便于调整摆臂速度和节奏，适应性强，运用较普遍。第二种，前后摆臂。两臂由体前先向后摆动，然后由后前上方直接摆动。这种摆臂振幅较大，摆动较有力，有利于提高弹跳高度，但因动作大，使空中的转体动作不便，对及时快速起跳有影响。

3. 空中击球

（1）挥臂方法：当起跳身体腾空后，左臂摆至身体前方，协调保持上身的空中稳定。击球手臂应屈肘置于头侧，肘高于肩，身体成反弓形。挥臂前合理的屈肘动作，可以缩短挥臂时以肩为轴的转动半径，提高挥臂的初速度。随之变摆臂为屈肘，加长转动半径，增加挥臂的线速度。在挥臂转动角速度不变的情况下，上臂甩得越直，挥动半径越大，线速度也越快，扣球越有力。这种挥臂的方法既能扣高弧度球，也能扣低、平弧度球，适用范围较广。

（2）击球动作：击球时，要求击球的手有巨大的动量合速度，全身协调的击球力量是利用手臂的鞭打式动作，最后通过手腕的甩动和加速，由全手掌作用于球体。所以，击球时应注意三点：一是要打准。全手掌击球，用全手掌包住球，与球相吻合，以保证手腕关节很好地参与整个甩鞭动作。二是在最高点击球，手臂向前上方挥击时应有提肩动作。在击球刹那，手臂要充分伸直。三是充分发挥前臂加速度。前臂应有明显的抽鞭动作，带动手腕的甩鞭动作，并在手掌触球后继续加速，以加大对球的作用力。

（3）击球点：扣球的击球点应在起跳最高点和手臂甩直的最高点的前上方。手臂与躯干的夹角为160°。一般近网扣球的击球点略靠前，远网扣球的击球点应保持在头的上方，用全手掌击球的后中部，手腕有明显的推压动作，使球急速上旋飞入对方场区。

（三）动作要领

一小二大三制动，助跑动作方向清；挥臂抬肘要过肩，收胸振臂腰腹力；带动臂腕鞭形甩，全掌包压高击点。

第二节　气排球扣球技术运用分析

一、原地和一步起跳扣一般球

在气排球扣球中，原地和一步起跳扣一般球的运用比较多。这种扣球的主要动作特点是采用快速起跳的方法，能够比较好地选择扣球的时机，对各种二传球适用广泛。动作方法：原地或并步起跳，即原地踏跳或一脚跨出一大步后，另一脚迅速向前并步，随即蹬地起跳。动作方法的关键是快速起跳，选择适宜的起跳时机，找准起跳点。

二、转体扣球

在起跳或击球过程中，改变上身方向的正面扣球称转体扣球。转体扣球与正面扣球的动作方法大致相同，主要区别是将击球点保持在左（右）侧前上方。击球时，队员在空中利用左（右）转体和收腹的动作带动手臂左（右）挥动，以全掌击球的左右侧上方来改变扣球的方向。

三、转腕扣球

扣球队员在扣球时，突然利用肩、前臂和手腕的转动来改变扣球的路线称为转腕扣球。

（一）向外转腕扣球

扣球时，起跳动作与正面扣球相同，但击球点应该保持在右肩前上方。击球时，右肩上提并稍向右转，前臂向外转，手腕向右转并甩动，同时上身和头部向左偏斜，以全掌击球左侧上方，击球时肘关节应伸直以加快挥手臂的速度。

（二）向内转腕扣球

扣球时，击球点应该保持在头的左前上方，前臂内转，手腕向左甩动，以全掌击球的右侧上方。这种扣球主要用于后排右和后排中扣斜线球。

四、扣快球

快球是气排球比赛中以快、巧制胜的有效技术，是快速进攻的手段之一。扣球时，扣球队员在二传队员传球出手时或出手前瞬间快速起跳，并迅速挥臂（以前臂手腕为主）击球，使对方队员来不及拦网。扣快球时助跑距离短、速度快，随一传球同时助跑到进攻线后，角度一般与进攻线成 45°，要浅蹲快跳，以便于加快起跳速度，跳起在空中等球；击球手臂后引动作要小，主要利用含胸、收腹的动作，带动前臂和手腕快速鞭打式挥动，用全掌击球的后中上部。

五、打手出界

打手出界是指扣球队员有意识地使扣出的球触及拦网队员的手后飞出界外的扣球方法。

当球传到进攻线附近上空时，扣球者对准拦网者收手的外侧部位击球；还可以将球扣在拦网者的手指尖部位，使球出界。

六、超手扣球

超手扣球是指扣球队员利用自己的身高和弹跳优势，将球从拦网者手上空击入对方场区的一种扣球方法。超手扣球应充分利用助跑起跳来增加弹跳高度，保持较高的击球点；充分利用收胸动作带动挥臂，在挥臂最后阶段手臂要向上充分伸直，利用前臂加速挥动和甩腕动作，以全掌击球的后中部，使球从拦网者手上方呈长线飞出。

七、轻扣球

轻扣球是指扣球队员佯作大力扣球，而在击球前瞬间突然减慢手臂挥动速度，将球轻轻击入对方空当的一种扣球方法。轻扣球的助跑、起跳、挥臂动作应与扣重球一样逼真，但在击球前瞬间手臂挥动速度突然减慢，手腕放松，用全掌包满球，大力向前上方推搓，使球呈弧线落入对方空当。

八、吊球

吊球是指扣球队员以轻盈的单手传球动作，使球避开或越过拦网者的手落入对方场地空当的一种击球方法。扣球队员起跳后佯作扣球，然后突然改变动作，以单手传球的手法击球的后下方或侧后方，将球吊入对方空当。击球时，手臂应尽量伸直，争取高点击球。

吊球时应注意：起跳后，首先要做出大力扣杀的动作，然后转入点球。要以手指、手腕弹击球。如对方有人保护拦网队员，可吊斜线球；如场中无人，可吊向中场；如人集中在中场，可侧吊向后场两个边角。

第三节　气排球扣球技术教学与训练

一、扣球技术练习

（1）加强前臂放松的练习。如：用 20 秒或 10 秒计算手腕快速甩动的次数；用绳鞭放松地做扣球动作，抽打墙的侧面；对着镜子做手挥臂扣球的练习；在水池中提臂后放松挥动等。肩、肘、腕关节的放松是加快前臂挥动速度的前提。

（2）用小皮球对墙进行快速甩击练习。

（3）对墙自抛自扣。离墙 6 米，对墙加速挥击。加快前臂挥动速度取决于挥臂的加速方式，采用加速方式的前臂扣球动作，有利于前臂挥动速度的提高。

（4）对墙扣目标。在离地面 1 米高的墙上，画一个直径为 50 厘米的圆圈；采用正确挥臂方法，自抛自扣，力争每扣必中。如果 10 次扣杀能中 6 次以上，说明手控球有一定能力。初练可能只击中 2～3 次，逐步提高到 5～6 次。开始不要用全力，但不能推打。为了提高兴趣，可以采取比赛的方法。

（5）对墙连续扣反弹球。使用这个方法有提高手控制球的“球感”效果，但注意会产生击球点降低的情况，要求队员在练习中保持在头部上方的高度，用前臂抽打好每一次球，不能用上臂掩压球。

（6）站立扣低球。结合球网练习，有利于正确动作的形成。挥臂时要高点击准、打满，打出平冲长线的上旋球，弧形过网，这是训练控制球的一个重要方法。

（7）对墙隔绳自抛自扣。绳子安放在站位前，比右臂指尖低一个球的位置。对墙自抛自扣时，上身要放松，肩部充分上提。甩出时用挥臂加速方法，向平前上方击球，既要注意伸直臂在最高点击球，又要注意扣杀时前臂的爆发力。

（8）对墙隔绳扣球。方法同（7），但是由他人抛球，这样能充分做好摆臂和挥臂的动作，力争在最高点扣杀。

（9）高网练习。在标准网的上方两个球的位置，拉一根与网平行的长绳，要求助跑起跳后在最高点击球，越过横绳做超手扣球，此法可以提高击球点。

（10）提高腾空后快速挥臂动作的练习。原地或一步助跑起跳后在空中做挥臂击球动作。女队员在空中做该动作时容易变形，所以应强化在身体腾空情况下的快速挥臂练习。此法可帮助队员建立良好的空中感觉，且膝关节不易受伤。

二、拦网个人战术教学与训练

（1）队员分别相对站在球网两边，原地用直臂、夹肩、小弧度摆臂动作向上连续拦网跳，10 次一组，完成 3 组。

（2）同（1），网前左、右并步起跳拦网，5 次一组，完成 3 组。

（3）从 2 号位开始做交叉步或并步拦网跳到 4 号位，再从 4 号位跳回 2 号位，5 次一组，完成 3 组。

（4）两人一组网前对站立，一名队员做直线、斜线、打手出界动作，另一名队员做拦网跳，10 次一组，完成 3 组。

（5）三名队员分别站在网前 2、3、4 号位，教练在球网对面连续比划数字手势，对应号位队员两人配合拦网跳，10 次一组，完成 3 组。

（6）队员按比赛位置站在球场两边，教练在场外抛球组织进攻，一方进攻，对方拦网。每轮 5 次，统计 5 轮拦死、拦起的次数。

第四节　气排球扣球战术教学与训练

一、教学与训练难点

（1）保持适宜的人球关系。这是扣好球的关键之一，其影响因素有助跑起动时机、起跳踏跳时机、步伐的调整等，需要在学习中分别给予强调和重视。

（2）手控球技术及上旋球手法。手控球能力只有通过大量的练习才能提高。正确的上旋球手法可帮助学习者提高手的控球能力，在教学中应注意强调手腕的放松、主动用力手指与球的完全吻合、主动的包球压腕动作。

（3）在最高点处伸直臂击准球。手击球瞬间要求伸直手臂以保持较高的击球点。一般要求躯干与手臂的夹角在 160°左右，可较好发挥扣球力量，又可以保持较高击球点。

二、教学与训练顺序

正面扣球技术是其他扣球的基础，教学中应首先学习，在此基础上再学习其他扣球技术和战术扣球。具体顺序为：2、3、4 号位扣一般高球→2、3、4 号位扣弧度球→3 号位近体快球→3 号位短平快球→调整扣球。扣球技术比较复杂，初学时较难掌握，所以在教学时宜采用先分解再完整的教学法。将助跑、起跳和扣球挥臂环节分别进行学习，待学习者掌握后，再用完整教学法解决各技术环节的衔接问题，保证动作的连贯性和节奏性。

三、教学与训练步骤

教练讲解扣球技术在气排球比赛中的作用、技术方法与动作要领，讲解的要点包括：

（1）助跑：助跑的时机、步伐、速度、重心。

（2）起跳：起跳的时机、方法，手臂同起跳的配合，踏跳的时机很重要。尤其要强调不同的扣球技术都有各自的起跳时机。

助跑、起跳的讲解中，教练要使学习者明确如何确定方向、步调，调整最后一步的大小、快慢、踏跳时间，这是保持好人球关系的关键。

（3）空中挥臂击球动作：包括挥臂击球的发力方法、手臂发力的顺序、挥击轨迹，伸直臂在最高点击球。要注意的是，不同的扣球技术有其特定的挥击动作方法，不能混淆。

（4）打上旋球手法：手腕在出球后必须有主动推压动作，使球呈上旋状态。

教练首先做完整扣球动作的示范，让学习者建立完整、直观的动作概念，然后做分解示范（可徒手，也可结合球），关键环节可用慢动作示范，必要时也可边讲解边示范，重点突出动作要领。教练示范扣球时，力量要适当，动作要轻松；要引导学习者观察技术动作的结构，挥臂动作的发力，击球的手法，球飞行的路线、弧度和旋转等。组织练习顺序：助跑起跳练习→挥臂击球练习→原地自抛自扣练习→助跑起跳扣抛球练习→4 号位完整扣传球练习。

四、练习方法

（一）助跑起跳练习

（1）原地双脚起跳练习：全体学习者听教练口令练习原地起跳技术。要求双脚离地快速，两手臂配合画弧摆动起跳，顺势扣球，手臂上举、后引，抬头，展腹，身体成反弓形，落地时由双脚前脚掌过渡到全脚着地，屈膝缓冲。

（2）一步或两步助跑起跳练习：集体听教练口令做一步或两步助跑起跳。要求练习速度由慢到快，手脚配合协调，注意控制身体平衡。

（3）学习者分别站在进攻线后，听教练口令向网前做两步助跑起跳球习，在此基础上再学习多步助跑、变方向助跑和跑动起跳。要求学习者注意助跑起跳的节奏和起跳点位置的选择。

（二）扣球挥臂动作的击球方法和练习

（1）徒手模仿扣球挥臂练习：按规定的队形听教练口令做挥臂练习。要求挥臂放松自然，弧形挥动，有甩鞭动作。

（2）扣固定球练习：扣吊球；或两人一组，一人双手持球高举，另一人原地扣固定球；或自己左手举球，右手做挥臂击球练习。要求击球时全掌包满球，做快速鞭打动作。

（3）自抛自扣练习：每人一球，距墙 5 米左右先抛一次扣一次，然后连续对墙扣反弹球，或两人面对相距 6～7 米对扣，也可在低网上自抛自扣等。击球力量不宜过大，动作放松。手腕有推压甩鞭动作，使击出的球成旋飞行。

（4）扣抛球练习：两人或多人一组，一人站在距墙 5 米处抛球，另一人或多人依次对墙扣抛球。在低网前进行一抛一扣练习，或在低网前轮流扣教练的抛球。要求抛球距离有近有远，弧度由低到高，扣球者选好起跳点，保持好击球点，挥臂击球手法正确。

（三）完整扣球练习

（1）扣球练习：扣球者每人一球，先将球传给前排中队员，再由前排中队员把球抛或传给扣球者，扣球者上步助跑起跳扣球。要求掌握好上步起跳时机，在空中保持好人与球网的位置关系。

（2）结合一传的扣球练习：接对方发的轻球，垫给二传，然后二传把球传给扣球者，由扣球者助跑起跳扣球。要求以中等力量扣球，注意正确的挥臂击球手法，选好击球点，防止触网或过中线犯规。

五、易犯错误与纠正方法

扣球技术常犯错误与纠正方法见表 3-1。

表 3-1　　扣球技术常犯错误与纠正方法

技术	常犯错误	纠正方法
正面扣球	1. 助跑起跳前冲，击球点保持不好	1. 进一步讲解，并多做助跑起跳练习； 2. 做限制性练习，如设置障碍物起跳，地上划出起跳点与落点； 3. 用助跑起跳做接高球或高压吊球练习，体会起跳至最高点手触球时间，保持人球位置
	2. 上步时间早，起跳早	1. 以口令、信号限制起动起跳时间； 2. 固定二传弧度练习扣球
	3. 挥击动作不正确，手臂挥击僵硬，肘关节下拖，鞭甩不充分	1. 甩垒球练习； 2. 对墙练习伸直臂击球； 3. 助跑起跳，将小球甩过有一定高度的网； 4. 跳起放松做手臂甩鞭动作击固定球或击打树叶等
	4. 击球手法不正确，手未包满球，击出的球不旋转	1. 击固定球，对墙平扣、打旋转； 2. 低网原地扣球练习； 3. 练习手腕推压、甩鞭动作
战术扣球	1. 第一板快攻上步慢，影响整个战术组织； 2. 第二板扣球上步慢，节奏不当，不能在起跳最高点扣球	1. 强调扣各种不同球的上步时间和起跳时间； 2. 看教练手势，练习突然起动、助跑，提高整个助跑起跳的速度
调整扣球	1. 撤位慢，助跑不外绕，影响选择起跳点	1. 多做快速撤位、快速上步的助跑起跳练习； 2. 多做防守后再外绕助跑起跳扣球练习
	2. 人球关系保持不好，手控制球能力差	1. 做自抛自扣高球练习，保持好人球关系； 2. 提高手腕推压技术，做对墙、隔网扣平球练习

六、教学与训练中应注意的问题

（1）扣球技术是学习者最感兴趣的技术，学习者的积极性都比较高，但他们的注意力往往会集中在扣球效果上，而忽视对正确扣球技术动作的掌握。在教学中，教练应注意引导学习者掌握正确的正面扣球技术动作，为其他扣球技术的学习打好基础。

（2）扣球教学中，教练应重点抓好助跑起跳和正确的击球手法练习，解决好人与球的位置关系。初学时，应加强分解动作练习，并适时地与完整动作练习相结合。对于扣球技术的重要环节，必须进行反复、系统地强化练习。

（3）在教学课中，扣球教学的安排，尤其是上网扣球，最好在传、垫球技术练习之后。因为在扣球练习时学习者的积极性高，如安排在课的前段，对其他技术的学习有影响。

（4）初学者上网扣球时，应由教练或技术水平较好的学习者担任二传，以便使初学者掌握助跑起跳的时间和起跳点，尽快正确掌握扣球技术。

（5）为了教学方便，对扣球教学练习的总体要求是：先徒手扣，后传扣；先轻扣，后重扣；先远网，后中网；先扣高球，后扣快球；先抛后扣。

第四章　气排球发球技术介绍

第一节　气排球发球技术种类及技术动作分析

一、正面上手发飘球

正面上手发飘球是指采用近似正面上手发球的形式，击球力量通过球体重心，使发出的球不旋转但不规则地飘晃飞行的一种发球方法。这种球使一传队员难以判断其飞行路线和落点。由于发球队员是面对球网站立，便于观察情况和瞄准目标，所以攻击性和准确性较高，目前在各类水平的比赛中被男女队员尤其是女队员广泛采用。

（一）动作方法

正面上手发飘球的动作方法见图 4－1。

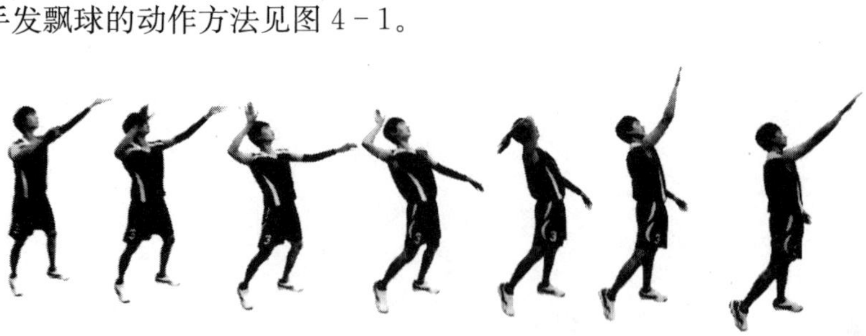

图 4－1　正面上手发飘球

（1）准备姿势：面对球网，两脚自然前后开立，左脚稍向前半步，右脚在后，重心在后脚上，左手持球在胸前。

（2）抛球与引臂：左手将球平稳地抛在右额前上方，高度以略高于击球点为宜。在抛球的同时，右臂上举后引，肘部适当弯曲，并高于肩，两眼盯住击球部位。

（3）挥臂击球：手臂后引与肩齐平时，由后上方向前平击，手臂的挥动轨迹不呈弧形，而是自后向前做直线运动。击球时，五指并拢，手腕稍向后仰，用掌根的坚实平面击球的中下部，挥臂动作小且快速，使作用力通过球体重心。击球面积要小，动作幅度要小，力量要集中。触球瞬间，手指、手腕要紧张，发力突然、快速、短促，手臂要突停，手腕不加推压动作。

（二）技术分析

（1）为了击准球，抛球要平稳且不宜过高。抛球时，左手应将球向上托送一段距离，抛球高度以略高于击球点为宜。

（2）发球仰角的大小应根据队员的高矮来变化。身材高、力量大、爆发力强的队员，发球的仰角应小些；反之，仰角应大些。

（3）发飘球的用力主要靠挥臂。动作幅度可小一些，但发力要突然、快速、短促。如果发远距离飘球，动作幅度可相应加大，以获得较大的初速度。击球时，触及面要小，力量要集中、短促，手腕不能前屈或左右晃动。

（4）为了升高击球点，提高攻击性，可采用跳起发飘球。这种发球不需要全力起跳，当球抛至最高点时，队员应及时跳至最高点击球。击球时，挥臂动作小而快速，使作用力通过球体重心，使球不旋转地向前飞行。

（三）动作要领

抛球稍低略靠前，挥臂轨迹呈直线，掌根击球穿重心，击后突停腕不屈。

二、正面上手侧旋发球

正面上手侧旋发球不同于正面上手发飘球的形式，击球时不能使击球作用力通过球体重心，而是击打球体的某一侧，使发出的球侧旋飞行。旋转球的曲线受纵向漂移量、球的初速度、旋转速度、空气速度、空气阻力系数等诸多因素的影响，落点难以判断，同时击球部位和击球力量的不同，也会造成球的旋转方向、飞行路线和落点的不同。

侧旋转球分左旋和右旋两种。以右手发右旋转球为例做如下分析。

（一）动作方法

（1）准备姿势：面对球网，两脚自然开立，左脚在前，左手托球于体前。

（2）抛球与引臂：左手将球平稳地抛于右肩的前上方，高度适中，同时右臂抬起，屈肘后引，肘与肩平，上身稍向右侧转动，抬头、提胸、展腹，手掌自然张开。

（3）挥臂击球：蹬地使上身向左前转动，同时收腹，带动手臂向球网的右前上方快速挥动，用全掌击球的右侧。击球时，手指和手掌要张开与球吻合，手腕要迅速做推压动作，使击出的球成侧旋飞行。击球后，随着重心前移，迅速入场。

（二）技术分析

（1）准备姿势和发球的取位。准备姿势：应把左脚置前，这样便于引臂和身体自然右转。发球的取位：应根据对方接发球布阵情况和攻击目标以及发球队员自身的特点来选定。发球者站在6米发球区内的不同位置，身体面向不同的方向，可变化发球路线、发球速度，使发球的落点呈多点分布。

（2）抛球与引臂。抛球时，应以手臂上抬、手掌平托上送的动作将球抛至右肩上方约1米的高度。球一定要平稳上抛，不要屈腕，以免球体旋转和偏离上抛垂直线，造成击球不准。与此同时，右臂顺势后引抬起，充分拉长胸腹和肩关节前侧的肌肉。

（3）挥臂击球。挥臂时，发球是从两足蹬地开始，上身迅速向左侧旋转，其旋转幅度大于正面双手发球。同时收腹，以腰胸带动肩、肩带动大臂、大臂带动前臂、前臂带动手腕，最后将力量传送到手上。

击球时，手腕要瞬间向内转动，用全手掌快速、猛烈地切击球的右侧，同时手腕、手臂随着球的旋转方向向左加力、伴送，作用力从球体重心偏右的方向通过，使球体向左旋转，球向左前方成弧线飞行。

击球时，手掌切腕动作的大小，应根据击球点的位置进行调整，击球点高或离身体近时，切腕动作要稍大；击球点偏前或较低时，切腕动作要稍小，以免击球出界或入网。同时，击球点和力量应根据发球人的站位和球的落点来决定。

一般来说，发左侧旋转球时，站发球区右侧，击球点于球体重心右侧1/3处。击球挥臂出手方位面向球网方向右转30°，用中等力量击球的实效性较高。

（三）动作要领

正确采取发球位，平稳抛球不屈腕，全手切击球侧位，合理控制点和力。

三、勾手大力发球

勾手大力发球通过充分利用转体收腹力量带动手臂猛烈挥动来击球，发出的球速度快，力量大，弧线平且低，旋转强，下落快，使对方接发球困难，在心理上给对方造成较大威胁，攻击性较强。该方法在中老年男性球员中使用广泛，部分女性球员也有一定运用。其具体动作见图4-2。

图4-2 勾手大力发球

（一）动作方法

（1）准备姿势：左肩对网，两脚自然开立，与肩同宽。两膝微屈，上身前倾，重心落在两脚之间偏右脚上，双手或左手持球于胸腹前。

（2）抛球与摆臂：平稳垂直地将球抛至左前上方约 60 厘米处，抛球同时右腿弯曲，重心移至右脚，上身向右侧转动和倾斜，同时右臂向右后侧摆动，抬头看球。

（3）挥臂击球：随着右脚用力蹬地，挺胸转体，带动手臂沿弧形轨迹迅速向上挥动，在左肩前上方击球。击球时要看准球，迅速收胸、收腹、转体，身体重心移至左脚上，击球的手臂要伸直，以提高击球点。击球手自然张开呈勺形，以全手掌击球的后中下部。击球一瞬间，手腕、手臂要做迅速的明显向前推压动作，使球呈上旋飞行。击球后，迅速进场比赛。若击球点太靠前，球不会过网，若击球点太靠后，球会飞出对方场外，应击球的后中下部。

（二）技术分析

（1）勾手大力发球时，应将球平稳地抛至左肩前上方，高度适中，约 60 厘米。抛球不宜偏后，以免影响发力。在左手抛球的同时，右臂放松地向体侧后下方摆动，身体重心稍向后移。

（2）挥臂击球时，手臂挥动轨迹成弧线，击球瞬间手指和手掌要张开与球吻合，同时手腕要迅速做推压动作，使用全身最大爆发力去击球。

（三）动作要领

平稳垂直上抛球，重心移至右脚上，蹬地挺转带手臂，全掌击球后中下，手腕迅速加推压。

四、跳发球

跳发球是指发球队员在端线后，利用助跑跳起在空中，像扣球似的将球击入对方场区的一种发球方法。跳发球时，由于队员跳起在空中，身体能充分展开，不仅可以升高击球点，而且缩短了击球点与球网的距离，从而增强发球的力量和攻击性。但与其他发球技术相比，跳发球的技术难度和体力消耗较大。这是在中青年男队和高水平女队中经常采用的攻击性强、威胁性较大的一种发球技术。

跳发球的动作同远网扣球相似，它可运用一步、两步或多步助跑的方法，可正对网助跑或斜对网助跑。

（一）动作方法

跳发球的动作方法见图 4－3。

（1）准备姿势：队员面对球网，站在离端线 2～4 米处，以右手或双手持球置于体侧或腹前。

（2）抛球：用右手或双手将球抛至右肩前上方，抛球高度一般为肩上方 1 米左右，落点在端线附近。

（3）助跑起跳：随着抛球动作，队员迅速向前做 1 步或 2～3 步助跑起跳。起跳时，两臂要协调且积极地摆动，幅度要大。

（4）空中姿势：起跳后挺胸展腹，身体呈反弓形，右臂屈肘，向后引臂，五指自然张开呈勺形，手腕要放松。

（5）空中击球：击球时利用收腹带动手臂向前上方挥动，以全手掌包住球，击球的后中部，手腕要向前推压，使球上旋飞行。

图 4-3　跳发球

(6) 落地：击球后，尽量使双脚同时落地，两膝顺势弯曲缓冲，迅速入场。

(二) 技术分析

(1) 抛球。抛球是发好跳发球的基础。抛球时以手托球，由下向击球手臂的前上方抛出，在球离手时，手掌、手指给球体以撩拨动作，其用力方向从球体重心的后下方通过，使球在向前上方抛起的同时产生上旋。抛球的高度和距离应根据队员的具体情况而定，个子高、冲跳能力强的队员，可将球抛得高一点，离身体远一点，这样更能发挥队员身高力大的优势。一般宜用击球手臂单手抛球，这样有利于助跑动作的协调配合。

(2) 助跑。助跑是为起跳和击球做准备，也是为了获得较大的水平速度。采用一步助跑，可有效地选择合理的起跳时机，提高选手对所抛出球落点等方面的判断能力。采用二步、三步助跑，由于助跑距离增加，有助于提高助跑速度和向前冲跳。

(3) 起跳。起跳步法分为并步法和跨步法。并步法适用性强，能调整起跳时间，现在大多数球员都采用此种起跳方法。根据并步距离、双脚起跳时间，又分为垂直型起跳和前冲型起跳。前冲型起跳方式比两脚平行式并步起跳更适合跳发球向前冲跳的特点；有利于身体重心位置前移并增加身体的初速度，同时使身体处于向前起跳的良好姿势；能进一步提高人体重心腾起的速度和高度，也有利于观察抛球的高度和落脚点，选择合理的起跳时机。起跳并步时，在左足尖内扣的制动和前脚掌首先着地的同时，加速向上摆臂，有助于保持一定的前冲和提高起跳速度。

(4) 空中击球。大力发球的空中击球动作同远网扣球相似，身体展开幅度应更大些，击球的同时手腕加速推压，合掌包球动作也应更充分些。击球作用力不完全通过球体重心，使球经过手臂有力击打，加快上旋球的飞行速度，并使上旋球的落点比非上旋球的落点离网更近，提高发球攻击性，能更好地发挥击球力量，又不致使球不过网或飞出界外。

(三) 动作要领

抛球前上助跑跟，双臂摆动两脚蹬，起跳身体成反弓，空中击球掌包压。

第二节　气排球发球技术运用分析

队员在发球区内，用手或手臂将自己抛起的球直接击入对方场区的技术动作称为发球。发球是比赛的开始，也是进攻的开始。比赛开局的第一个球就是发球，开局的好坏，对于取得比赛胜利有至关重要的作用。发球应有威力、攻击性强。发球的指导思想：一是先发制人，争取主动，直接得分；二是破坏对方一传，打乱战术意图，造成进攻困难，增加对方心理压力；三是增强本方队员自信，减轻本方防守压力，为反攻创造条件。

发球时可运用正面、侧面、上手、下手、勾手等方法，采用原地或助跑起跳。无论采用哪种发球，都必须做到以下三点：一是平稳抛球。以单手或双手将球平稳抛起，每次抛球的高度、距离和落点都要固定。二是击球要准。击球时，要以正确的击球动作击中球体的相应部位，使用力方向与发球方向一致。三是手法要正确。击球手法不同，发出球的功能有所不同。气排球发球技术种类较多，根据动作结构大体可分为八种：正面下手发球、侧面下手发球、正面上手大力发球、正面上手发飘球、正面上手侧旋发球、勾手大力发球、跳发球、发高吊球。其中正面上手大力发球、正面上手侧旋发球、勾手大力发球、跳发球是目前中青年气排球运动爱好者运用最多的发球方法。正面下手发球和侧面下手发球是初级技术，适合于初学者、少年和老年人。

第三节　气排球发球技术教学与训练

一、教学与训练难点

（一）抛球

抛球是发好球的前提条件。教学中不仅要求学习者注意抛球的高度、位置，更要掌握抛球的方法。一般是先把托球手掌置于腹前，抛球时，整个手臂向上伴送，将球向预定位置送去，尽量不使球旋转。发一般球和飘球的抛球高度、位置不相同，要提醒学习者加以区别。

（二）挥臂的轨迹和用力方法

不同发球方式的挥臂不尽相同，受挥击用力方法和击球方法制约。上手发球的挥臂击球前一段轨迹是向击球臂前上方画弧进行运动，发飘球的击球后一段轨迹基本平行于地面做向前运动。上手发球要求整个手掌击球，打出上旋球，接触面积较大，要求手上的动作从下而上做甩鞭打击动作；发飘球时要求击球面积小，作用力通过球体重心，要求手上动作由后向前做甩鞭打击动作。

（三）击球的手形

发球时要求以相应的手形击打球体，这也是发一般球和飘球的区别。发一般球要求五指张开，适度紧张，击球时手指与球自然吻合，手腕主动向前做推压动作，使球上旋飞行。发球时要求五指并拢，手腕稍向后仰，用掌根或手掌部位击球。击球前，手臂加速挥摆，击球用力且通过球体重心，使球呈无旋转轴的状态飞行。

二、教学与训练顺序

发球技术种类较多，技术动作难易程度差别较大，所以教学时应根据学习者性别、年龄及身体素质等情况来确定教学的先后顺序。一般情况下，对于女性而言，通常先教下手发球，后教正面上手发球，然后是正面上手发飘球、发侧旋球和大力发球等；对于男性而言，可先教正面上手发球，然后是正面上手发飘球、大力发球、发侧旋球等。

三、教学的方法与步骤

（一）讲解与示范

（1）讲解：首先讲解发球在比赛中的作用及教授的技术动作名称和技术特点，然后讲解发球的准备姿势与抛球方法及挥臂与击球的手法，最后教下肢与腰协调配合用力的方法，反复强调抛球是发好球的前提，击球是关键，手法是保证。

（2）示范：在发球区先做侧面的发球完整动作示范，然后做正面、侧面的分解动作示范。正面示范主要看两脚站距、抛球方法，侧面示范主要看抛球方位、挥臂轨迹、击球手法、击球部位、两脚前后站距、下肢配合情况和击球时重心前移过程，加深学习者对发球技术动作的直观感受。

（二）组织练习的顺序

徒手模仿练习→抛球练习→击固定球练习→抛球与击球动作结合练习→巩固和提高发球技术的练习→结合教学比赛的实战发球练习。

四、练习方法

（一）徒手模仿练习

（1）徒手模仿发球挥臂动作和发球动作，体会发球用力顺序和挥臂的轨迹，掌握正确的挥臂方向和速度。

（2）徒手做抛球挥臂击球动作，即做好准备姿势，左手前置于击球点位置，右手做挥臂击球练习（即在左手掌上），体会击球部位，练习挥臂、发球动作的协调性。

（二）抛球的练习

（1）做抛球练习时，要求掌心向上平稳地托送球，练习正确的抛球，体会球的位置和高度。

（2）每人一球站在球网或墙边，利用球网或墙壁的适当高度作为标记，练习抛球的准确性。

（3）做抛球、拍臂和引臂的配合练习，体会抛球的位置、高度和振臂的连贯动作。

（三）发固定球练习

（1）模仿发球挥臂动作，击固定球练习：一人双手持球置于腹前或头上，另一人做挥臂击球练习（不要将球击出），体会击球部位和手法。

（2）击固定球或吊球练习：一人将球按在墙上，一手挥臂练习击固定球或将球吊在空中，练习挥臂击球，要体会挥臂动作、击球手法、击球点和击球部位。

（3）两人对击练习：三人一组，甲持球，乙、丙面对面站立，做好发球的准备姿势，同时做击球动作，体会挥臂击球时手臂发力的感觉。

（四）抛击结合

（1）抛球与挥臂击球练习：结合抛球、引臂和挥臂击球的练习（不要把球击出），体会引臂和挥臂击球动作的协调配合。

（2）对墙或挡网抛球与挥臂击球练习：体会抛球与手臂挥摆的配合以及击球手法的用力。

（3）两人站立两条边线上对发练习：体会挥摆路线与正确的击球部位；或两人隔网对发球练习，体会控制球的力量与弧度。

（五）巩固和提高发球技术的练习

（1）巩固发球练习：三人一组，发球与接发球者相距 6 米左右，另一人站在接发球者右前方做二传，规定次数与组数，完成后交换。

（2）发球准确性练习：可将对方场区划分成左右或前后部分；或规定区域，进行点线（直线、斜线）结合的练习。

（3）发球攻击性练习：在准确性的基础上，降低发出球的弧度，加快发球速度，发力量重、飘度大的球，或向场地的“三角区”，1 号、5 号位边角处做发球练习。

（六）在比赛的条件下提高发球技术

（1）三人一组，轮流在 3 号、2 号位扣球后，迅速跑到发球区发球。

（2）在前排拦网后迅速跑到发球区发球。

（3）发球后迅速进场防守。

（4）发球比赛。将队员分成人数相等的两组进行发球比赛，统计后看结果。

（5）在分组比赛或对外比赛中进行统计，检查发球结果。

五、常犯错误与纠正方法

发球技术常犯错误与纠正方法见表 4－1。

表 4－1　　发球技术常犯错误与纠正方法

技术	常犯错误	纠正方法
正面下手发球	1. 准备姿势太高； 2. 抛球太高、太近或太远； 3. 抛球与摆臂击球不协调； 4. 挥臂方向不正、击球不准	1. 讲清概念，练习前做好准备姿势； 2. 直臂抛球距身体一臂远，二三十厘米高，反复练习抛球动作； 3. 反复结合抛球做摆臂练习； 4. 击固定球或对墙做发球练习
侧面下手发球	1. 抛球太高或偏离击球轨道； 2. 抛球与摆臂击球不协调； 3. 未用蹬转力量，带动右臂向前上方摆动	1. 直臂抛球距身体一臂远，反复练习抛球动作； 2. 反复结合抛球做摆臂练习； 3. 反复徒手做蹬转及挥臂路线练习

续前表

技术	常犯错误	纠正方法
上手大力发球	1. 抛球偏前、偏后； 2. 挥臂未呈弧形； 3. 手掌未包满球，无推压动作； 4. 用不上全身协调力量	1. 讲清抛球方法，做固定目标抛球练习； 2. 反复徒手做弧形挥臂或扣树叶练习； 3. 对墙轻扣球，体会手包球推压动作，使球前旋； 4. 掷小网球或用杠铃片或对墙平扣
勾手大力发球	1. 抛球偏前、偏后； 2. 挥臂动作不协调； 3. 没有用上转体的力量	1. 做固定目标抛球练习； 2. 徒手做挥臂击球练习； 3. 做击固定球练习
跳发球	1. 抛球与助跑起跳脱节； 2. 起跳空中手与球保持不好； 3. 全手未打满球； 4. 腰腹力量用不上	1. 多练抛球、助跑与起跳的配合； 2. 做跳起空中击吊球练习； 3. 多扣抛向进攻线以后的球； 4. 做对墙连续扣反弹球练习或多扣远网球

六、教学与训练中应注意的问题

(1) 发球技术教学应遵循由易到难、由简到繁的循序渐进的原则，在教学顺序安排上，通常是先教下手发球，再教上手发球，最后教发飘球、勾手大力发球及其他发球技术。

(2) 教学中要抓住抛球动作与摆臂击球动作的协调配合，因为抛球是前提，击球是关键和难点。抓住抛球和击球这两个环节，强调抛球要平稳，挥臂动作要迅速协调，击球要准确。

(3) 在发飘球教学中，教练应简单讲解球产生飘晃的原因和在动作上与发旋球的区别，让学习者能主动思考发飘球的动作方法，体会击球用力的方向、手法和击球的部位。

(4) 在发球教学中，教练要合理安排教学与练习的时间，每次课应保证一定时间的发球练习。一般可安排在两个大运动量练习之间，或安排在课的后段进行。

(5) 在发球教学中，由于发球练习的形式比较单调，教练要不断变化练习的方法，提出具体要求，并将发球与接发球结合起来进行练习。

第四节　气排球发球战术教学与训练

一、三发三接

甲组发，乙组接，规定球必须发场内。10 次之后，接发球的站位轮转一次。甲组发完 30 次以后与乙组交换。教练做发球个人记录评定；将发球得分率减去失误率，高者为获胜方；接发球到位率减去失误率，高者为接发球获胜方。

二、两发两接

两人同时发球，一人发直线，另一人发斜线；另一组两人，一人接直线，另一人接斜线。只对发球做记录，发出场外或发不过网为失误，发到中路不计数，每组发接球 10 次，最后算总分。

三、发球计分法

两人发两人接，只记录每个人的发球情况。发球直接得分计 5 分、对方破攻计 4 分、对方调整攻计 3 分、对方半到位球（同附近）计 2 分、对方到位球（进攻线附近）计 1 分、发球失误计零分，积累每人的总分。20 次后大组互换，教练记录得分，可采用每日计分或每周累积分方法进行计分，按积分高低进行奖励，每周累计分数方式较有系统性和连贯性，使队员每次发球都注意抓质量，有意识去钻研发球技术，同时可促进一传技术的提高。

四、集体发球法

三人一组，按比赛中轮次站位，规定每人必须发三个性能好的球，由教练进行评定，一般球不计数，若有一次失误则同组人发的另八个球统统不算。此方式可锻炼队员实战中的心理素质，如对同伴发球失误的态度及自己应持的态度，教练在练习中发现队员出现不正常的情况时，应指出并给予帮助，但不能放松要求。

五、准确性发球法

按队员自定的线和点，发 10 次和 20 次准确性很高的球，要求有一定的弧度等，或规定在一定发球次数中必须发多少次确定落点的球，超过限制次数则不算。

第五章　气排球拦网技术介绍

第一节　气排球拦网技术种类及技术动作分析

一、拦网技术分类

队员靠近球网，在高于球网处（老年组不能过网）阻挡对方来球的行动并触及球称为拦网。

拦网既是防御也是进攻。拦网不仅可以将对手的扣球拦回、拦起，减轻后排防守的压力，而且可以直接将球拦死，是得分的重要手段。此外，它还能干扰和破坏对方进攻战术的组织，削弱对方进攻的锐气，动摇对方的信心，给对方造成心理上的威胁。就防守而言，拦网是气排球比赛中的第一道防线，就攻防转换看，拦网又是第一道进攻线。因此，拦网水平的高低直接影响着比赛的胜负。“拦网不好，后排难保”，目前，气排球比赛的一大看点就是扣球与拦网。高水平的气排球比赛，如果没有强力的拦网，后排防守将是非常困难的。拦网技术的提高和创新，对促进气排球运动的发展有着重要的作用。

拦网技术按人数分为单人拦网、双人拦网、三人拦网；按运用与变化分为原地拦网、移动拦网、拦强攻、拦快球、拦远网攻等。

二、拦网动作分析

拦网由五个部分组成：准备姿势、移动、起跳、空中击球和落地。

(一) 单人拦网

1. 动作方法

单人拦网的具体动作见图 5-1。

图 5-1 单人拦网

(1) 准备姿势：队员面对球网，两脚左右开立，约与肩同宽，距网 20～30 厘米，两膝微屈，两臂屈肘置于胸前。

(2) 移动：常用的步法有一步、并步、交叉步、跑步等。无论采用哪种移动步法，都要做好制动动作，以保证向上起跳时，避免触网和冲撞同队队员。移动时，根据对方扣球队员位置及时向左或向右移动。

(3) 起跳：有原地起跳和移动起跳两种。原地起跳时，两腿屈膝，重心降低，随即用力蹬地，两臂以肩发力，在体侧近身处，作划弧前后摆动，帮助身体迅速跳起。移动起跳时，其动作与原地起跳一样，但要注意制动并使移动与起跳动作紧密衔接。

(4) 空中击球：起跳时，两手从额前沿球网向上方伸出，两臂向上伸直并保持平行，两肩上提，两臂中间的距离小于球体，手指张开成勺形，两个手指应保持平行。当手触球时，两手要突然紧张，手腕适度下压盖在球的前上方（老年组）。在中青年组和大学生组比赛时，拦网者应对对方扣球伸手过网主动用力“盖帽”，使反弹角度小，对方难以保护。在拦远网球时，对方击球点高，可采用手腕后仰方法，堵截扣球路线，将球向上拦起。

(5) 落地：拦球后，要做含胸动作，以保持身体平衡。手臂从网上收回至本方上空，再屈肘向下，以免触网。与此同时屈膝缓冲，双脚落地，随即转身面向后场，准备接应球或做下一个动作准备。

2. 技术分析

(1) 选位。以五人制为例，一般情况下，2 号、4 号位队员站在离边线 0.5 米～1 米处，3 号位队员居中。当对方以中间跑动进攻为主时，2 号、4 号位队员相靠近，采用中间站位。

(2) 移动。拦网的移动方向主要是两侧和斜前方，移动时采用的步法可归纳为“前一步，近并步，中交叉，远跑步”。

1) 一步移动：须做好制动动作，保持垂直向上起跳。

2) 并步移动：向两侧近距离移动时采用。其特点是能保持面对球网，便于观察，也便于随时起跳，但移动速度较慢（见图 5-2）。

3) 交叉步移动：中距离移动时采用。具有移动速度快、制动能力强、控制范围大的特点。交叉步移动后，两脚着地时，脚尖应转向球网（见图 5-3）。

图 5-2　并步移动

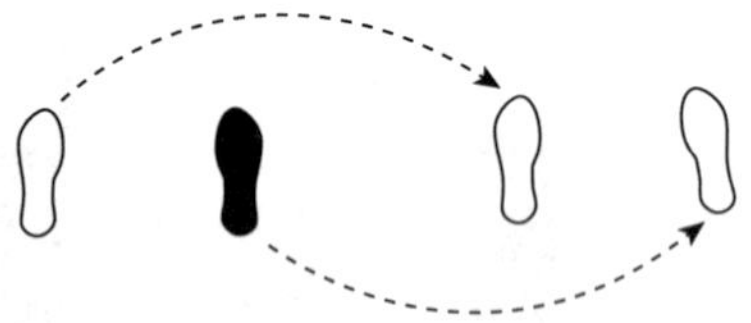

图 5-3　交叉步移动

4) 跑步移动：移动距离较远时采用。特点是移动距离远、速度快，但对制动要求高。如向右侧跑动时，身体先向右转，顺网移至起跳位置时，应先跨出左脚制动，接着右脚再向前跨出一步，使两脚平行站立，脚尖转向球网，随即起跳。若脚尖来不及转向球网，应在起跳过程中边跳边转身，保证起跳后能面向球网进行拦网。为了提高拦网高度，可以将助跑与起跳衔接起来，即助跑起跳。

(3) 起跳。

1) 起跳位置：在正确判断对方扣球路线的情况下，拦网队员应选择能拦住对方主要进攻路线的位置起跳。拦一般球时，应迎着对方助跑线路起跳；拦拉开球时，应选择距离边线 50 厘米左右的位置起跳；拦后排远距离队员扣球时，应选择对方队员扣球与本方场区两低角连线成的夹角中央位置起跳。

2) 起跳时间：掌握正确的起跳时间，是拦网成功的基础。拦网队员的起跳时间，应根据二传球的高度、离网的远近、扣球者起跳时间和扣球动作特点确定。如果扣球是远网高球，起跳应迟些；如果是低球，起跳应早些。一般情况下，拦网者应比扣球者晚跳，以小腿发力为主。拦高球时，采用深蹲高跳方法。拦快球时要快速起跳，做到浅蹲快跳，以小腿发力为主。

(4) 拦网方法。老年组比赛中，拦网时手指微屈，自然张开，手掌与扣球路线垂直或后仰。触球时，手腕、手指保持一定的紧张，利用压腕、压指将球拦过对方或利用控制、缓冲将球拦回本方。手臂垂直上举，触球点保持在本方场地上空。

1) 手臂动作：拦网触球时，两臂应尽量伸直，两肩尽量上提，前臂靠近球网，两手间距离小于球体的直径，以防止漏球（见图 5-4）。伸臂动作要及时，过早容易被打手出界或者被避开拦网扣球，过晚不易及时阻拦扣球。一般应在对方扣球瞬间伸臂较好。

2）拦球动作：拦网触球时，两手应主动用力“盖帽”或捂球，使球反弹角度小，对方保护困难（见图 5－5）。为了防止对方打手出界，拦网队员的外侧手掌应稍向内转（见图 5－6）。拦远网球时，为了提高拉网点，可不采用压腕动作，而是尽量向上伸直手臂或手腕。如对方击球点高，不能罩住球时，可采用手腕后仰的方法，堵截扣球路线，将球向上拦起。

图 5－4

图 5－5

图 5－6

3. 动作要领

判断准，移动快，主动稳，及时跳，伸臂捂。

（二）集体拦网

由前排两个或三个队员互相靠近，同时起跳组成的拦网称为集体拦网。集体拦网是比赛中最常用的一种拦网形式，主要在对方大力扣球时采用。集体拦网的技术动作与单人拦网相同。

1. 动作方法

（1）双人拦网。双人拦网是集体拦网的主要形式。主要由 2 号、3 号位队员或 3 号、4 号位（五人制）队员组成。对方从 4 号位组织拉开进攻时，应以本方 2 号位队员为主，3 号位队员移动靠拢协同配合拦网。如果较集中，则以 3 号位队员为主，2 号位队员进行配合拦网。当对方从 3 号位进攻时，应以本方 3 号位队员为主，4 号位队员协调配合。当对方从 2 号位进攻时，则以本方 4 号位队员为主，3 号位队员协调配合。

（2）三人拦网。在五人制比赛中，多在对方高点强攻的情况下运用集体拦网。在组成三人拦网时，不论对方从哪一位置进攻，都应以本方 3 号位为主，两边 2 号、4 号位队员为辅进行配合。

2. 技术分析

集体拦网时，应以一人为主拦队员，另外队员为配合队员。但主拦人员不是固定的，一般情况下以距离对方扣球点近的队员为主。主拦队员必须抢先移动到对方扣球点的位置，做好起跳准备，配合队员则迅速移动靠近主拦队员准备同时起跳。起跳时，队员的手臂应在体前划小弧向上摆伸，尽量垂直向上起跳。队友之间的距离一定要合适，距离太远，起跳后将出现“空门”；距离太近，起跳时互相碰撞和干扰。手臂在空中既不能重叠，造成拦击面缩小，又不能间隔太宽，造成中间漏球。扣球靠近边线时，靠近边线的拦网队员外侧的手应当内转，以防打手出界。

第二节　气排球拦网技术实战运用分析

一、拦强攻扣球

强攻扣球的击点高，力量大，路线变化多。在比赛中一般采用双人或三人（五人制）拦网对待强攻扣球。拦强攻扣球要求拦网队员慢起高跳，充分发挥高度优势。

（一）拦集中球

集中球的击球点在标志杆以内一般距离区域，拦网者应以拦斜球为主，兼顾直线，当发现对方改变扣球路线时，要随即改换手法进行拦截。

（二）拦拉开球

拉开球的击球点多在标志杆附近的上空，应尽量组织集体拦网。如果击球点在标志杆处，要拦其斜线；如果击球点在标杆以内，外侧队员应拦其直线，外侧的手腕应向内转，以防打手出界。

二、拦快球

（一）拦近体快球

一般采用单人拦网，击球点靠近球网。拦网时，拦网队员与扣球队员同时起跳。起跳时要正对扣球队员，两手伸过球网接近球，力争把球罩住。

（二）拦短平快球

短平快的二传球顺网平弧度快速飞行，拦网时要人球兼顾，根据扣球队员的助跑路线和起跳位置进行取位和起跳，堵其主要扣球路线。

三、拦打手出界球

拦打手出界球时，靠近边线拦网队员的外侧手拦击球的刹那，手掌应转向场内，以防打手出界。若遇对方明显的打手出界或扣平冲球的动作，拦网者应及时将手收回，造成对方扣球出界。

四、拦远网扣球

拦远网扣球点离网较远，应尽量组织集体拦网。拦网时，手根据拦球高度向上伸，堵截主要扣球路线。拦这种扣球的关键是掌握好起跳的时间和选择正确的起跳位置。一般情况下应在对方击球的一瞬间起跳，单人拦网时，应在正对其主要扣球路线的位置起跳；集体拦网时，主拦队员在选择起跳位置时应留出一定位置让同伴与自己进行配合。

第三节　气排球拦网技术教学与训练

一、教学与训练难点

拦网技术动作由准备姿势、移动、起跳、空中击球和落地五部分组成。要拦住不同的扣球，在拦网移动之前必须判断对方的扣球位置。要根据二传手传球的一些特点及扣球手的起跳点来选择拦网起跳点，要根据对方扣球者的击球动作来判断拦网的起跳时间及伸臂时间，整个拦网技术动作全过程都贯穿着判断起跳是否适时，这是关系到能否及时起跳拦住对方扣球的关键。选择合适的起跳时间，不仅要根据自己的弹跳高度，还要对二传高度、距高、弧度、速度及扣球动作幅度大小、挥臂快慢做出判断。

二、教学与训练顺序

拦网技术教学，应在学习者初步掌握正确扣球技术之后进行。其教学顺序应是：先教单人拦网，再教双人和三人的集体拦网。拦网教学的重点是单人拦网。拦网教学应采取分解与完整相结合的教法，先学习拦网的手形和伸臂动作，再学习原地起跳的拦网动作，最后掌握完整的拦网技术。学习拦网移动步法时应先学习并步法，再学习交叉步和跑步。

三、教学与训练步骤

（一）讲解与示范

（1）讲解：教练首先讲解拦网技术在排球比赛中的重要作用，再讲解单人拦网技术的动作方法和要领，包括拦网手形、助跑、起跳、空中拦击、落地等，最后重点讲解拦网的判断和起跳时机。

（2）示范：拦网示范应该采用完整与分解相结合，徒手与拦网相结合，正面、侧面与背面示范相结合的方法进行。采取完整示范是让学习者建立完整的拦网技术概念。正面示范是让学习者观察拦网手形、手臂间距及起跳动作；侧面示范是让学习者观察拦网时身体的完整动作以及手臂与网的距离；背面示范是让学习者观察拦网的判断、移动、起跳时机及网上封堵的区域和路线等。

（二）组织练习顺序

拦网手形练习→移动起跳练习→结合球的完整拦网技术练习。

四、教学练习方法

（一）拦网手形练习

（1）徒手模仿练习：原地徒手练习拦网手形，要求两脚平行站立，两臂上举伸直，两手间距约 20 厘米，十指自然张开。

（2）原地扣拦练习：两人一组，面对面相距 1 米左右站立，一人预先做好拦网手形，一人对准拦网者双手自抛自扣。要求扣球者准确地把球扣在拦网者的双手上，让拦网者体会拦网手形和拦网时的肌肉感觉。

(3) 原地一扣一拦练习：两人一组，隔网站立，一人扣球，另一人拦网。要求扣球者把球扣在拦网者双手上，拦网者要根据扣球者的抛球情况及时伸臂拦网，体会触球的提肩压腕动作。

(二) 移动起跳拦网练习

(1) 网前原地起跳拦网练习：学习者集中听教练口令在网前做原地起跳拦网练习。要求起跳后身体保持好平衡，既要有伸臂过网的拦网动作，又不能触网或过中线犯规。

(2) 左右移动一步起跳拦网练习：教练站在高台上持球于球网上空，学习者依次在网前左右移动一步起跳拦网。要求学习者随教练举球位置变化而左右移动，移动制动与起跳动作要连贯。

(3) 隔网盯人移动拦网练习：两人一组隔网相对，其中一人主动向左、右移动起跳拦网，另一人盯住对方，并及时移动起跳位置并在网上与对方击掌。要求平行网移动，防止触网，移动由快到慢，保持好人与网的合理位置关系。

(三) 结合球的拦网练习

(1) 一抛一拦练习：两人一组隔网站立，一人抛球，另一人起跳将球拦回。要求拦网人体会起跳时间和拦网动作。

(2) 拦固定线路的扣球：教练指定学习者在高台上轻扣固定直线球和斜线球，让学习者依次轮流助跑起跳拦网。要求区别拦直线球和拦斜线球在取位和拦网手形上的异同。

(四) 集体拦网练习

(1) 原地起跳配合拦网练习：要求拦网者手臂上举伸直，保持适当间隔距离，以中间不漏球为宜。

(2) 移动后配合拦网练习：两人一组，同时移动到中间位置起跳配合双人拦网，然后分别向两侧移动，要求配合队员主动与拦网队员配合，防止碰撞。

(3) 结合各种进攻扣球的双人拦网练习：中间位置队员单人拦对方中间后排快攻一次，立即向前排右或前排左移动组成集体拦网，拦对方的后排强攻扣球。要求掌握好拦快球与高球强攻的起跳时间及不同的手形变化。

五、常犯错误与纠正方法

拦网技术常犯错误与纠正方法见表 5-1。

表 5-1　拦网技术常犯错误与纠正方法

技术	常犯错误	纠正方法
单人拦网	1. 起跳过早或过晚	1. 教练给予起跳信号，反复练习起跳时机； 2. 深蹲慢跳或浅蹲快跳
	2. 拦网时两臂有向前扑打动作	1. 正误动作对比示范； 2. 在网边反复做原地提肩压腕动作； 3. 低网一扣一拦练习，强调收腹动作

续前表

技术	常犯错误	纠正方法
单人拦网	3. 闭眼拦网或两手臂之间距离过大造成漏球	1. 拦网时眼盯球，养成观察球的良好习惯； 2. 示范两臂夹紧头部的动作或多做拦固定球的练习； 3. 网前徒手移动起跳，伸臂后不急于收臂，等落地时检查
集体拦网	互相踩脚或两人在空中相碰撞	1. 多练移动最后一步的制动动作； 2. 多练两人移动后并拦的起跳配合

六、教学与训练中应注意的问题

（1）在拦网的教学中，应以学习单人技术为主，集体的拦网战术为辅。当学习者初步掌握了拦网技术后，应该增多结合扣球和防守反击的练习，使拦网、保护、防守及反攻扣球等技术互相串联和衔接。

（2）在教学中，必须抓好拦网的移动、起跳、伸臂、手形、拦击动作等环节的教学。在改进和提高阶段则应该重视判断能力，突然起跳能力，空中身体转动、倾斜的控制能力，拦网手法等基本功的练习，这样才能提高拦网的实战效果。

（3）拦网教学不能安排过早或过于集中。过早安排拦网学习，不符合排球技术教学的规律；过于集中学习拦网，不利于提高拦网的能力，甚至会影响学习者练习的积极性。所以拦网教学应安排在正面扣球和垫球防守以及简单的进攻战术之后，每节课单一地练习拦网的时间也不宜过长。

（4）在拦网教学中，要逐渐提高难度，一般先学单人拦网，后学集体配合拦网，然后学拦固定路线的扣球，再学拦变化路线的扣球；同时要强调拦网后的落地动作，以避免运动损伤。

第四节　气排球拦网战术教学与训练

一、指导思想及基本任务

（一）指导思想

冷静判断，快速移动，适时起跳，合理手形，跑动拦死。

（二）基本任务

根据对方扣球的情况，判断对手的进攻时机、路线与动作，利用时间、空间等变化因素采用不同手法，达到阻拦对方进攻的目的。尤其要重点拦防对方威胁性的进攻，保护本方防守薄弱的区域。

二、常见的拦网个人战术

（1）采用拦直线位置起跳向侧伸臂拦斜线，或在拦斜线位置上起跳拦直线的方法。

（2）改变空间拦网手的位置。如在空中拦直线时突然移动手臂改为拦斜线等。

（3）制造假象，如有意露出中路空当，引诱对方扫中路，当对方扣球后即突然拦对方中路球，使对方受骗。

（4）在发现对方要打手出界时，可在空中及时将手撤回，造成对方扣球出界。

第六章　气排球移动步法技术介绍

第一节　气排球移动步法技术种类及技术动作分析

一、准备姿势的动作分析

人体在起动、移动和击球前所采用的合理的身体姿势，称为准备姿势。合理的准备姿势既要使身体重心处于相对稳定的状态，又要便于移动和完成多项击球动作，为迅速起动、快速移动及击球创造最好的条件。依据比赛中（或练习中）完成各项技术动作的需要，按身体重心的高低，准备姿势可分为稍蹲准备姿势、半蹲准备姿势和深蹲准备姿势。

（一）稍蹲准备姿势

1. 动作方法

两脚左右开立，与肩同宽，一脚在前，两膝微屈，身体重心位于两脚之间，且稍靠近前脚，后脚跟稍提起，上身稍前倾，两臂放松，自然弯曲置于体前。两眼注视球并兼顾场上各种情况，两脚保持微动状态（见图 6－1）。

2. 技术分析

稍蹲准备姿势的身体重心比半蹲、深蹲准备姿势高，便于进行距离较长的移动，但不便于接低球。双手比其他准备姿势要靠近身体，以便于快速移动。两膝不宜过多弯曲，上身前倾亦不要太大，注意省力。

3. 动作要领

脚开立，膝稍屈，脚跟离地，重心偏前。体前倾，臂弯曲，眼视来球，人处微动。

（二）半蹲准备姿势

1. 动作方法

两脚开立，稍比肩宽，两膝弯曲成半蹲状。脚跟自然提起，上身稍前倾，两臂放松，自然弯曲置于腹前。身体适当放松，两眼注视来球，两脚始终保持微动（见图 6-2）。

2. 技术分析

半蹲准备姿势，膝部的垂直影线应在脚尖前面，身体重心稍向前，有利于向前和斜前快速移动、移步和倒地救球。

3. 动作要领

重心低于稍蹲，膝部超过脚尖，精力高度集中，身体适当放松，双脚保持微动。

（三）深蹲准备姿势

1. 动作方法

两脚左右、前后开立的距离比半蹲准备姿势更宽一些，两膝弯曲的程度更大一些，身体重心更低、更靠前，膝部的垂直线超过脚尖，两手臂置于胸腹之间（见图 6-3）。

2. 技术分析

由于在场上防守位置的不同，在保护球时要求上身基本直立，重心平稳，便于观察和快速伸臂靠近落点。

3. 动作要领

重心低于半蹲，身体重心到最低，膝部超过脚尖，准备倒地救球。

图 6-1　稍蹲准备姿势

图 6-2　半蹲准备姿势

图 6-3　深蹲准备姿势

二、移动的动作分析

移动是练习者从起动到制动之间的位移和动作，其完整过程包括起动、移动、制动三个环节。起动是移动的开始，它是在准备姿势基础上交换身体重心的位置，破坏准备姿势的平衡，使身体便于向某一方向移动；移动则是在起动的基础上，利用脚步动作来改变运动员在场上的位置，完成技术动作和战术配合的行动；制动是移动的结束，要及时克服身体的惯性冲力，保持好击球前的身体姿势。

移动的目的是及时接近球，保持好人与球的位置关系以便击球，同时迅速占据场上有利位置。

（一）起动

起动是指从静止到移动发力动作的过程，起动的快慢是移动的关键，起动的速度取决于反应能力和腰腿部的速度及力量。

1. 起动的作用

起动是移动的开始，是在准备姿势的基础上变换身体重心的位置，使身体向目标方向移动。进攻中，快速起动可加快进攻节奏，提高进攻效果；防守时，快速起动是保持或抢占有利位置、防止对手进攻的首要环节。

2. 动作方法

以向前起动为例，在正确准备姿势的基础上，迅速抬起前腿，收腹，使上身向前探出，同时后腿迅速用力蹬地，使整个身体急速向前发动。

（二）移动

1. 移动的方法

首先，两眼注视球，精神高度集中，做好正确的准备姿势，根据来球的不同方向、速度、弧度和落点，做出正确判断。如接发球时对发球的判断，扣球时对二传球的判断，拦网者对对方进攻行动（吊或扣）的判断。

其次，及时起动。起动快慢是移动的关键。在正确准备姿势的基础上，两个大脚趾内侧发力，迅速蹬地，并快速水平移动，使整个身体向前起动。

最后，采用合理的移动步幅、步频和步法，找到人与球的合理位置，使身体接近球，并用手将球击向预定目标。移动时一定要先动脚，防止只伸手、不动脚，要主动找球，不等不靠。

2. 移动步法

起动后，应根据临场技术、战术的需要，灵活地采用多种步法进行移动。移动的主要步法和动作方法如下：

（1）并步：两脚前后站立，与肩同宽；两膝微屈，上身稍前倾，两手自然放松置于腰腹两侧。并步时，前脚向来球方向跨出一步，后脚迅速蹬地跟上，并做好击球前的姿势。并步的特点是容易保持身体平衡，便于做击球动作。并步可向前、后、左、右各方向移动，适用于短距离移动。

（2）交叉步：两脚左右开立，向右侧交叉步移动时，上身向右转，左脚从右脚前向右交叉迈出一步，然后右脚向右侧方向跨出一大步，同时重心移至右脚，身体转向来球方向，保持击球前的姿势（见图 6－4）。交叉步的特点是步子大，动作快，便于制动。

（3）跨步：跨步时，一脚用力蹬地，另一脚向来球方向跨出一大步，上身前倾，身体重心移至前脚上，后脚随重心前移自然跟上，两臂做好迎球动作（见图 6－5）。

跨步的特点：跨距大，便于向前方或向斜前方降低重心进行低点击球。

图 6-4　交叉步移动

图 6-5　跨步

(4) 后退步：移动时，视来球情况，身体保持适宜的准备姿势，两脚交替快速向后退步，注意保持好重心。

(5) 跑步：跑步时一脚蹬地起动，另一脚迅速向前迈出，两脚交替进行，两臂配合摆动，不要过早做击球动作的准备，以免影响跑步速度。球在侧方或后方时，应边转身观察球边跑。

(三) 制动

由快速移动转变为突停状态的过程称为制动。制动是移动的结束，也是击球动作的开始。制动的方法有一步制动法和两步制动法。

1. 一步制动法

一步制动时，在移动的最后跨出一大步，降低身体重心，膝部和脚尖适当内转，全脚掌横向蹬地，以抵住身体重心继续前移的惯性。同时以腰腹力量控制上身，使身体重心的垂直线落在脚的支撑面以内。

2. 两步制动法

制动时，从倒数第二步开始做第一次制动，紧接着跨出最后一步做第二次制动，同时身体后倾，两膝弯曲，重心下降，两脚用力蹬地，使身体处于有利于做下一个动作的状态。

第二节　气排球移动步法技术实战运用分析

一、准备姿势的运用

（一）稍蹲准备姿势的运用

一般用于当对方正在组织进攻时的判断，或球虽在本方但离自己较近、不需要长距离移动击球时，以及在进行二传、扣球和接速度较慢、弧度较高的发球、处理球时。

（二）半蹲准备姿势的运用

半蹲准备姿势是气排球比赛中最基本的准备姿势，在接发球时运用最多，在防守、拦网时也常运用。目的是在防较低的来球时迅速起动和短距离快速移动。

（三）深蹲准备姿势的运用

深蹲准备姿势主要运用于接速度快的大力发球、防大力发球、防大力扣球与保护扣球（接拦回球），在接远的球和衔接各种倒地动作的接球时也要求采用深蹲准备姿势，以扩大防守范围。

二、移动步法的运用

（一）并步的应用

主要用于近距离的移动，如抱球、传球、垫球、拦网等。同时，经常与跨步或其他倒地击球技术结合运用。

（二）交叉步的运用

主要用于接体侧 2 米～3 米的来球，或在二传手和拦网者在网前移动及防守两侧来球时运用。

（三）跨步的运用

主要用于接弧度低、速度快、距离身体 1 米左右的球，可以单独使用，也可以与滑步、交叉步、跑步的最后一步结合运用。

（四）后退步的运用

当人在前场或中场时，发现对方来球要飞至后场区时采用。注意身体重心的控制，不要后倒过多。

（五）跑步的运用

一般在球较远，运用以上移动方法不能接近来球时采用。跑步移动速度快，便于随时改变方向，经常与交叉步、跨步等结合起来运用。如侧跑步时，常采用交叉步转身的方法来起动，当接近球时，又常用跨步、倒地和各种跳跃动作来制动以便完成击球动作。

第三节　气排球移动步法技术教学与训练

一、教学与训练难点

准备姿势的目的是迅速起动、快速移动接近球，为此必须根据预先判断做出各种准备姿势。对初学者来说，判断十分重要，也是教学与训练的难点。移动教学与训练的难点是起动快慢，关键是准备姿势和起动的衔接。

二、教学与训练顺序

准备姿势和移动是气排球运动中各项技术的基础。在教学中应遵循由简单到复杂，由基础到结合各项技术的原则进行。

（一）准备姿势的教学

首先学习稍蹲准备姿势，然后学习半蹲和深蹲准备姿势。要与传球、垫球技术的徒手动作练习结合进行。

（二）移动的教学

首先学习跨步、并步、滑步、交叉步，然后学习跑步和综合步。移动步法的练习必须与准备姿势和制动的练习紧密结合，同步进行，并结合接发球、防守、保护、二传、吊球、扣球、拦网等技术的运用进行。

（三）准备姿势和移动的练习时间

一般安排在训练课的准备部分，结合反应、速度、协调等身体素质进行练习。

三、教学与训练步骤

（一）讲解与示范

（1）讲解：首先讲解准备姿势与移动在气排球比赛中的重要作用，再讲解动作要领、常犯的错误及动作运用时机。讲解动作顺序应自下而上，即从脚和膝部讲起，然后讲解躯干、上身、手臂和头部的姿势，要突出不同步法动作的异同点。

（2）示范：既要做正面示范，也要做侧面示范。在做移动的示范时，向前后移动做侧面示范，向左右移动做镜面示范。也可以边讲解边示范，学习者边听边模仿做徒手动作。前后方向的跨步、跨跳步、后退步、跑步以侧面示范为主；左右方向的跨步、跨跳步、并步、滑步、交叉步以正面示范为主。

（二）组织练习的顺序

原地徒手模仿练习→徒手移动模仿练习→结合球的各种练习。

四、练习方法

（一）准备姿势的徒手练习方法

（1）学习者试做准备姿势，教练巡回检查纠正动作。旨在建立初步概念，体会完整动作。

（2）将学习者分成两排，面对面站立，一排做动作，另一排纠正对方的错误，两排学习者互教互学。

（3）学习者看教练信号做动作。几个姿势交替练习，如此反复，教练随时纠正动作。也可以让一排学习者做，另一排学习者纠正其动作。

（二）移动的徒手练习方法

（1）学习者在教练引导下，徒手试做各种移动步法，体会完整动作。

（2）学习者由半蹲准备姿势开始，根据教练手势做各种步法的快速移动。手势幅度要大，手势换向由少到多，要求移动快，重心低、平稳，变向再起动和移动动作要按要领做练习，移动后保持好准备姿势。

（3）3～4 人一组，站在端线后，先做原地快速小步跑，听到教练口令后，快速起动冲刺跑 6 米或跑过中线。

（4）两人一组相对站立，一人随意做各种移动步法，另一人跟随做同方向的移动。

（三）结合球的练习方法

（1）两人一组，相距 2 米～3 米，做好准备姿势，一人向前、后、左、右抛球，另一人移动后把球接住再抛回，连续进行一定次数后两人交换。

（2）两人一组，相距 4 米～5 米，一人向前、后、左、右抛球，另一人移动对准球后用头将球顶回。规定完成若干次后互换。

（3）两人一组，相距 6 米～7 米，各持一球，两人同时把球滚向对方体侧 3 米左右处，移动接住后再滚给对方，如此反复进行。

（4）学习者面对教练站立，教练将球抛到学生身前、身后或两侧，学习者快速向前或转身改变方向移动去接球。

（四）综合技术练习

在接发球、防守、保护、二传、吊球、扣球、拦网等技术运用中练习无球移动，结合击球移动，重点练习前、后、左、右四个方向的移动和“米”字形八个方向的移动。进一步做防打手出界的不同方位有连续性动作的组合练习。组合的前后项目环节要相关、实用，结合实战。要求组合动作由两个项目过渡到三四个项目。

五、常犯错误与纠正方法

准备姿势和移动的常犯错误与纠正方法见表 6－1。

表 6－1　　准备姿势和移动常犯错误与纠正方法

技术	常犯错误	纠正方法
准备姿势	1. 臀部后坐，全脚掌着地	1. 讲清要领，反复示范； 2. 强调含胸、收腹、前倾，两膝投影线超过脚尖
	2. 两膝僵直，重心太高	1. 练习中两脚保持微动； 2. 多做低重心屈膝姿势的移动练习

续前表

技术	常犯错误	纠正方法
移动	1. 缺乏判断，移动慢	1. 明确概念，多做各种姿势下的起跑练习； 2. 结合视觉信号多做起动练习； 3. 多做短距离的各种抛接球练习
	2. 身体重心起伏过大	1. 强调移动后要保持好准备姿势； 2. 多做网下的往返移动练习
	3. 制动不好，制动后不能保持准备姿势	1. 强调制动要求； 2. 练习时注意脚和膝内扣，最后一步稍大

六、教学与训练中应注意的问题

（1）让学习者充分认识准备姿势和移动技术的重要性，发扬不怕苦、不怕累的精神，同时多结合短距离跑动或游戏的形式进行练习，以激发学习者的学习兴趣。同时，要经常强调保持正确的准备姿势，促使学习者养成良好的习惯。

（2）多做视觉信号反应练习，培养学习者的观察判断能力。同时要把准备姿势、反应起动和各种移动步法及制动技术结合起来进行练习。

（3）练习方法要多样化，避免枯燥，如采用对抗、竞赛、游戏等练习方式，激发学习者的学习兴趣。多结合球、场地和其他技术进行练习，增强学习者应对各种不同情况的判断反应及移动能力，并明确与不同技术衔接运用的要求。

（4）加强腿、腰的力量练习，特别要加强膝关节和脚步灵活性的练习，如多做距离 2 米～3 米的折返跑、变速跑和变向跑等练习。

第七章　气排球实战训练原理

第一节　实战中的集体战术训练

一、进攻战术教学与训练

（一）教学难点

对于初学者来说，教学难点集中在各种进攻战术的站位、转位和位置交换。因此，教学重点应集中在一些简单打法上，比如对强攻、快攻等进行专门性练习，以利于学习者迅速熟悉自己的位置和职责。对于有一定基础的学习者来说，进攻战术的教学难点是强攻、快攻、立体进攻的有机结合。在这一阶段，学习者已经熟悉自己的位置和职责，而如何根据对方的情况打出不同的战术球就成为教学的关键。

（二）教学顺序

先学习“中二传”进攻战术，然后学习“边二传”进攻战术，最后学习“插二传”进攻战术。在学习这三种进攻战术的同时，应结合学习相应的进攻配合，最后逐步练习各种难度较大的进攻打法和复杂的战术配合。

（三）教学步骤

1. 讲解与示范

（1）讲解：教练首先讲解进攻战术的名称及特点，基本阵形及打法，不同位置的站位分工及职责。

（2）示范：采用沙盘、挂图或请5名学习者现场实际演示等方法，让学习者对进攻阵形建立直观的概念，然后在半场上按进攻战术的要求，进行不结合球的模仿站位与跑动路线练习，让学习者初步体会和明确各位置的分工与配合方法。

2. 组织练习顺序

徒手模仿进攻战术站位练习→结合球在简单条件下练习→结合球在复杂条件下练习→在比赛条件下巩固提高练习。

（四）练习方法

1. “中二传”进攻战术的练习方法

（1）徒手模仿“中二传”进攻战术站位练习。教练让学习者站在自己的半场上按“中二传”进攻阵形站位，然后进行不结合球的模仿跑动和轮转练习，了解各位置的分工与配合方法。

（2）结合球在简单条件下的练习。

练习一：教练在5号位向3号位抛、传球，3号位二传队员将球传给4号、2号位队员扣球，扣球后相互交换位置（见图7-1）。

练习二：场上5名学习者站成“中二传”接发球站位阵形，教练从对区抛球，学习者接发球练习“中二传”进攻战术（见图7-2）。

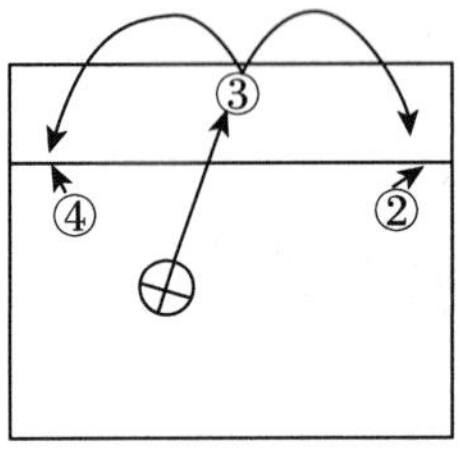

图7-1　结合球在简单条件下练习一

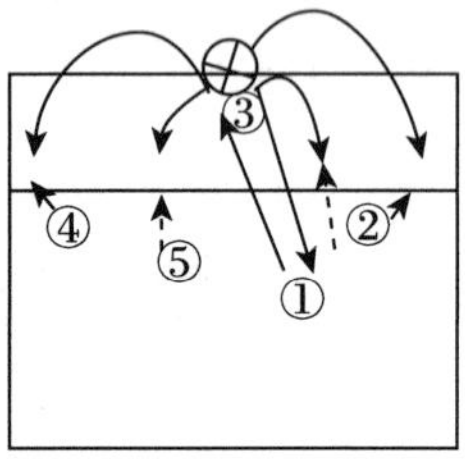

图7-2　结合球在简单条件下练习二

练习三：场上5名学习者按“中一二二”或“中一三一”接发球阵形站位，接教练从发球区抛球或下手、上手发球组织“中二传”进攻战术（见图7-3）。

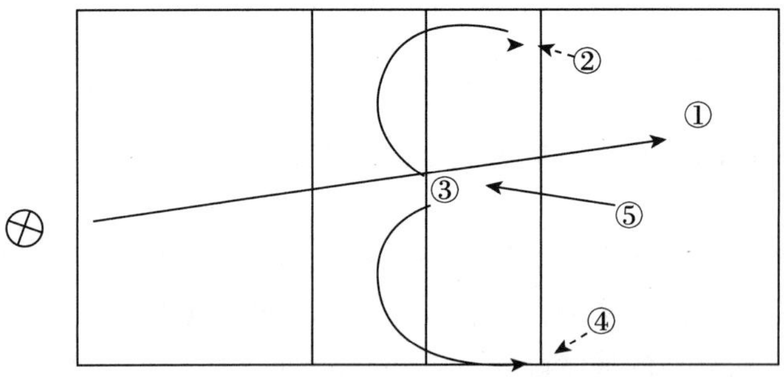

图7-3　结合球在简单条件下练习三

（3）结合球在复杂条件下的练习。

练习一：场上5名队员按“中一三一”或“中一二二”接发球阵形站位，接教练从发球区发来的上手球。学习者接发球后组织“中二传”进攻战术，但在进攻队员扣球时，要求附近队员跟进保护，以提高队员的保护意识（见图 7－4）。

练习二：方法同练习一。发球一方增加 1 名或 2 名拦网队员，给进攻一方增加网上的难度（见图 7－5）。

练习三：方法同练习一。在接发球后，全队立即转入接拦回球进攻的练习（见图 7－6）。

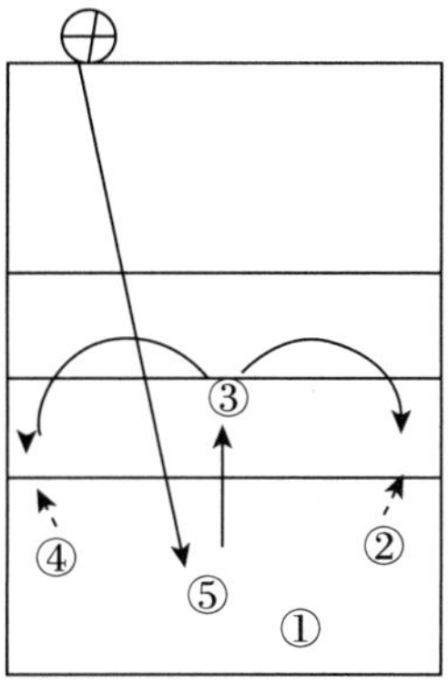

图 7－4　结合球在复杂条件下练习一

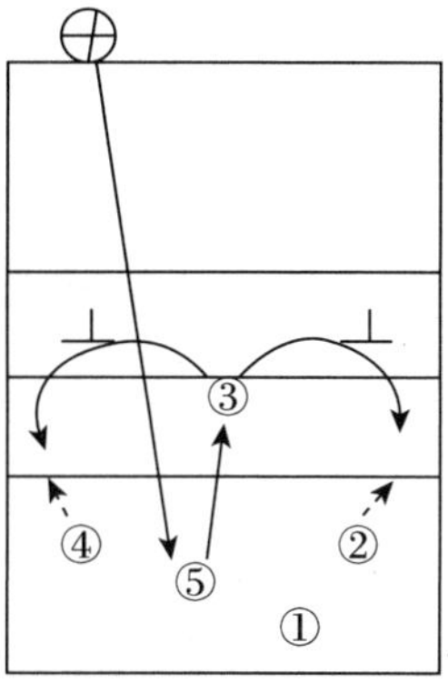

图 7－5　结合球在复杂条件下练习二

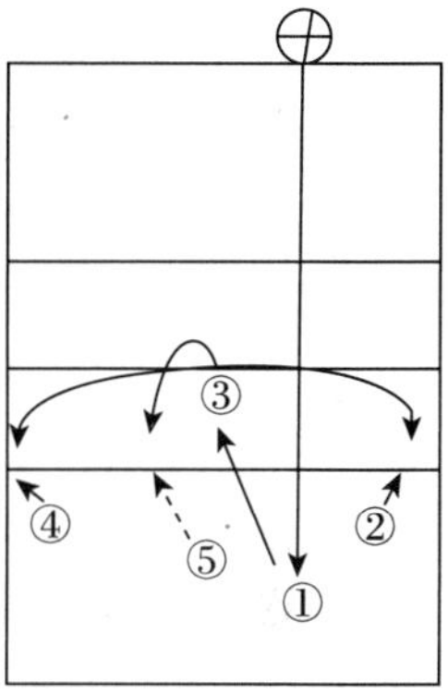

图 7－6　结合球在复杂条件下练习三

（4）比赛条件下的巩固提高练习。

练习一：4 对 4 的接发球，组织“中二传”进攻与防反练习。要求两边发球区有专人发球，甲方发球，乙方接发球后组织进攻，甲方防守反击。反之，乙方发球，甲方进攻，乙方防守（图见 7－7）。

练习二：5 对 5 教学比赛，进行攻防对抗练习。教练在场外抛球给场上任一方队员，然后练习“中二传”进攻和防反练习（见图 7－8）。

练习三：方法同练习二。但防守一方可增加单人拦网，以增加进攻方的难度。

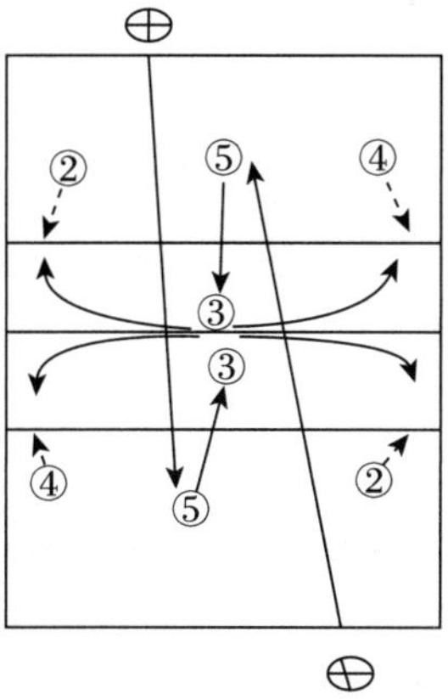

图 7－7　比赛条件下的巩固提高练习一

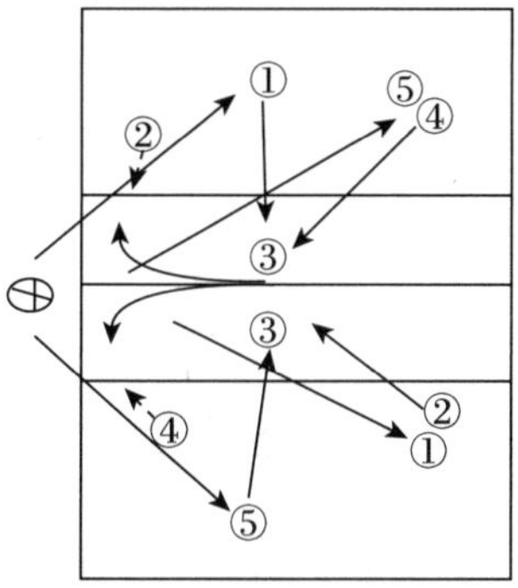

图 7－8　比赛条件下的巩固提高练习二

2. “边二传”进攻战术的练习方法

（1）徒手模仿“边二传”进攻战术站位练习。教练让学习者站在自己半场上，按“边二传”进攻阵形站位，然后进行徒手模仿跑动和轮转位置练习，熟悉“边二传”进攻战术各位置的跑动线路、分工及配合方法。

（2）结合球在简单条件下的练习。

练习一：教练在1号位将球抛向2号、3号位之间的二传位置，2号、3号位之间的二传队员把球传给4号位或3号位，分别由4号位或3号位的队员轮流扣4号位一般高球和3号位的半快球，进攻后交换位置（见图7-9）。

练习二：学习者分别站在4号、3号位准备扣球，由3号位队员将球传给2号位的二传队员，二传队员将球传给4号位或3号位的进攻队员扣球（见图7-10）。

练习三：学习者分别站在4号、3号位准备扣球，接教练从发球区或对方场区的抛球或轻发球，组织“边二传”进攻战术（见图7-11）。

（3）结合球在复杂条件下的练习。

练习一：场上5名队员按“边一三一”接发球阵形站位，接起教练从发球区发来的上手球，组织“边二传”进攻。

练习二：方法同练习一。发球一方增加拦网，给进攻方增加网上难度（见图7-12）。

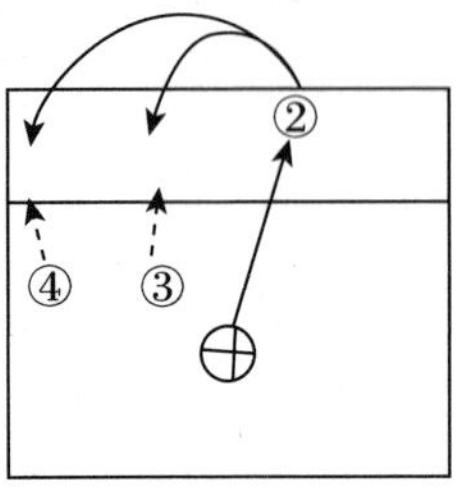

图7-9 结合球在简单条件下的练习一

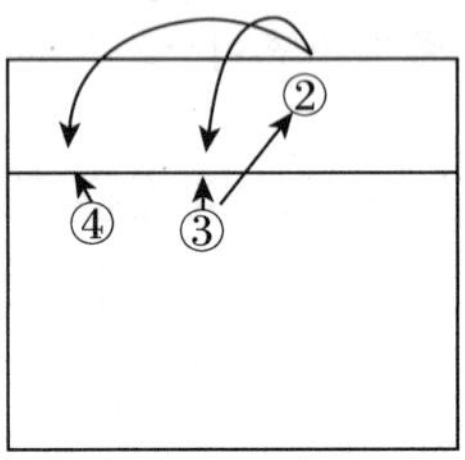

图7-10 结合球在简单条件下的练习二

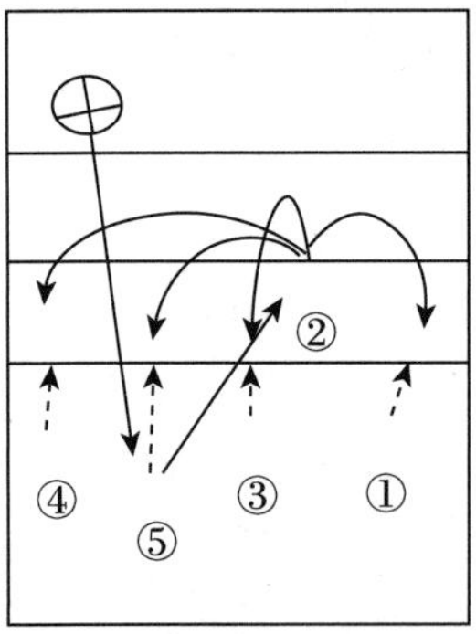

图7-11 结合球在简单条件下的练习三

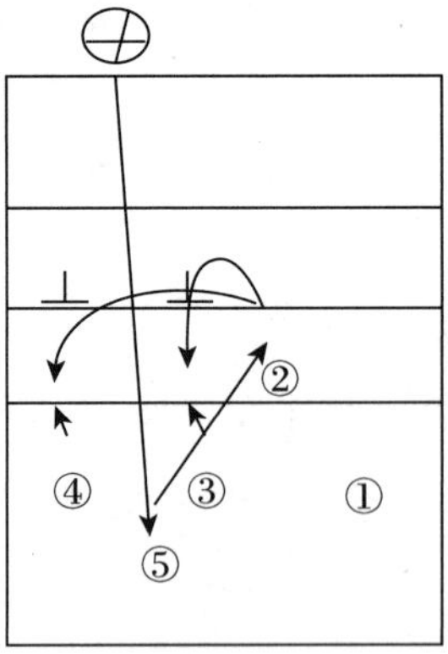

图7-12 结合球在复杂条件下的练习

练习三：方法同练习一。接发球“边二传”进攻后，立即进入接拦回球反攻练习。

（4）比赛条件下的巩固提高练习。

练习一：3对3组织“边二传”进攻与防反练习（见图7-13）。

练习二：5 对 5 进行“边二传”攻防对抗教学比赛练习。教练在场外随时向场内任一方抛球，然后双方进行攻防对抗练习（见图 7－14）。

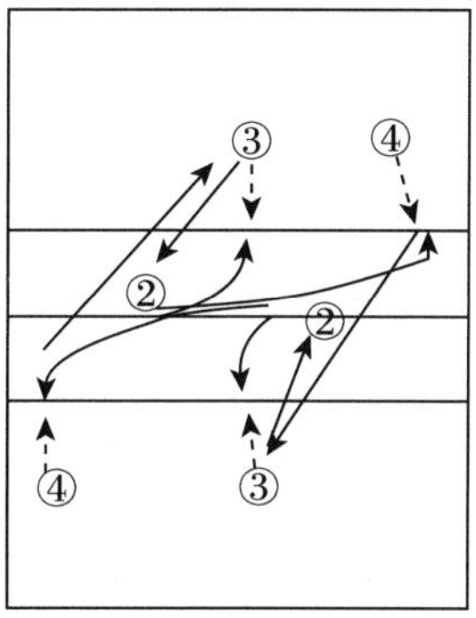

图 7－13　比赛条件下的巩固提高练习一

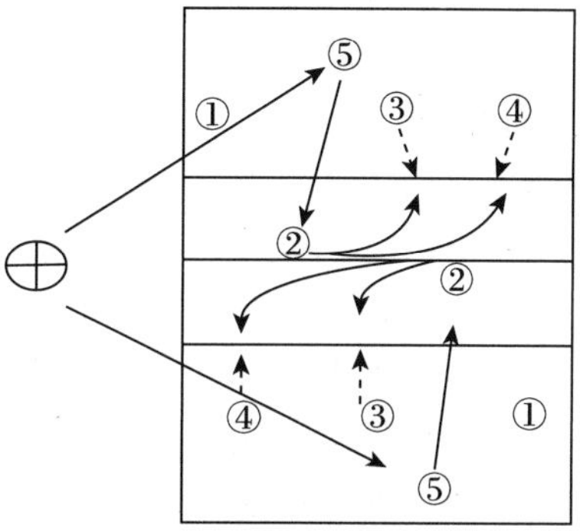

图 7－14　比赛条件下的巩固提高练习二

练习三：方法同练习二。教练连续向一方发 10 次球后，再换向另一方连续发 10 次。教练每次发球后，学习者要换一次位置。通过 5 对 5 的对抗攻防练习，提高学习者的战术运用能力。

二、防守战术教学与训练

防守战术主要包括接发球防守、接扣球防守、接拦回球防守和接传垫球防守。

（一）教学难点

对于初学者来说，防守战术的教学与训练难点是让学习者根据本方拦网队员的情况正确地落位。一般来说，初学者多采用双人拦网，此时，1 名队员要防对方吊球，另外 3 名队员每人卡住一条线防扣球。对于有一定训练基础的学习者来说，防守战术的教学与训练难点是让其综合对方扣球和本方拦网情况，正确地落位和及时地补位。

（二）教学顺序

（1）接发球防守：若为五人制，先学习“中一三一”和“中二二”接发球的全队防守，然后学习“边一三一”和“边一二二”接发球的全队防守。若为四人制，先学习“中一三”，然后学习“中二二”。

（2）接扣球防守：先学习单人拦网下的防守战术，再学习双人拦网下的防守战术，最后学习 3 人拦网下的防守战术。

（3）接拦回球防守：依次学习 4 人、3 人、2 人的接拦回球防守战术。

（4）接传垫球防守：根据对方采用传垫球时的情况和时机，依次学习 4 人、3 人等接传垫球防守战术。

（三）教学步骤

1. 讲解与示范

（1）讲解：教练首先讲解防守战术的名称、特点，防守的基本阵形及跟进方法，队员的职责及相互间的配合，防守与反攻的衔接等。

（2）示范：运用挂图、沙盘或请 5 名学生现场实际演示等方法，使学习者了解防守阵形的组成，每个防守位置队员的职责和防守队员之间的配合方法等。

2. 组织练习顺序

徒手模仿站位→无对抗条件下的练习→简单对抗条件下的练习→较激烈对抗条件下的练习→比赛条件下的练习。

（四）练习方法

1. 接发球防守练习方法

（1）徒手模仿站位练习：让5名学习者在半场上按防守位置徒手站位，然后依次轮转5轮。练习时可以随时让学习者说出自己的位置。

（2）结合球的练习：让5名学习者在半场上按防守位置站位，教练在另一侧发球，学习者接发球并根据分工组织进攻。学习者成功组织进攻3次后轮转一个位置，教练继续发球，学习者练习。需要注意的是，为了有效地练习学习者的防守站位，教练发球宜简单。

2. 接扣球防守练习方法

（1）徒手模仿站位练习：让5名学习者在半场上按防守位置徒手站位，然后依次轮转5轮，使学习者明确每一轮、每一个位置的分工和职责，能够根据对方和本方情况进行合理的取位。

（2）不拦网下的防守练习：教练隔网站在高台上扣球或吊球，学习者在无人拦网的情况下进行防守和反攻练习。

（3）结合拦网的防守练习：教练隔网站在高台上扣球或吊球，学习者单人或双人拦网。教练有意识地把球扣（吊）给1号、2号、4号、5号位的学习者，学习者防守后组织进攻。

3. 接拦回球防守练习方法

（1）徒手模仿站位练习：让5名学习者在半场上根据对方和本方情况进行跟进落位练习。需要明确的是，所有参与进攻战术的学习者都应该积极地选取位置接拦回球。

（2）结合球的练习：学习者组织各种徒手的进攻战术，教练拿球轮流在4号、3号和2号位隔网站在高台上模拟拦回球和喂球，学习者跟进保护并组织一次有球的进攻。

4. 接传垫球防守练习方法

（1）对方无攻时的站位练习：当对方一传将球垫飞，跟进保护队员将球调整到中、后场附近，第三次无法组织进攻时，学习者应练习快速后撤和换位，可以采用5人防守，尽量组织多点进攻战术。

（2）对方垫球过网时的站位练习：当对方传垫球直接过网时，前排队员已经来不及后撤，则由后排队员组织防守，此时可以练习二次球进攻或组织多点快攻。

（3）对方有意识地传垫球过网时的站位练习：当对方一传或二传击球，并有意识地突然传垫球过网时，本方应在接扣球防守阵形的基础上，积极补位防吊。这种情况下，应充分发挥4号位或3号位队员快攻战术配合的作用。要求学习者注意力集中，随时准备防守对方的传垫吊球。

三、攻防转换战术教学与训练

（一）教学难点

攻防转换战术的核心是让学习者在进攻和防守之间有效地串联和组织，因此，学习者跑动路线和节奏的控制是教学与训练的重点，也是难点。教练要努力通过喂球来控制学习者的攻防转换节奏，调整学习者的跑动路线。

（二）教学顺序

先学习接对方推攻球防守及组织进攻，然后学习接发球防守及组织进攻，在此基础上学习接扣球防守及组织进攻，最后学习接拦回球防守及组织进攻。

（三）教学步骤

1. 讲解与示范

（1）讲解：教练首先讲解攻防转换战术是气排球进攻系统的综合运用，攻防转换能力是体现一个队整体水平高低的重要标志之一；再讲解攻防转换的节奏掌握，攻防衔接的熟练程度等。

（2）示范：运用沙盘或看录像等直观教具及学习者现场演示方法，让学习者了解攻防转换的节奏、时机，以及全队的串联配合等。

2. 组织练习顺序

先局部后整体，由简到繁、由易到难地进行。如练习拦网时，先练习拦斜线，后练习拦直线；反攻扣球时，先练习扣斜线球，后练习扣直线球。

（四）练习方法

（1）调整传球和反攻练习方法。教练隔网站在高台上扣球，后排两名队员（或后排两名队员加前排 2 号位或 4 号位队员）进行各种线路的防守、调整传球和反攻练习（见图 7－15）。

（2）人盯人拦网练习方法。教练在后场抛球给二传队员，扣球队员在 4 号、5 号、2 号位跑动扣球，对方 2 号、3 号、4 号位队员人盯人拦网，后排队员进行防守反击（见图 7－16）。

（3）5 对 5 攻防转换练习方法。教练在场外抛球，一方接发球组织进攻，另一方拦网防守后组织反攻。打成死球后，教练立即抛球继续进行攻防转换练习（见图 7－17）。

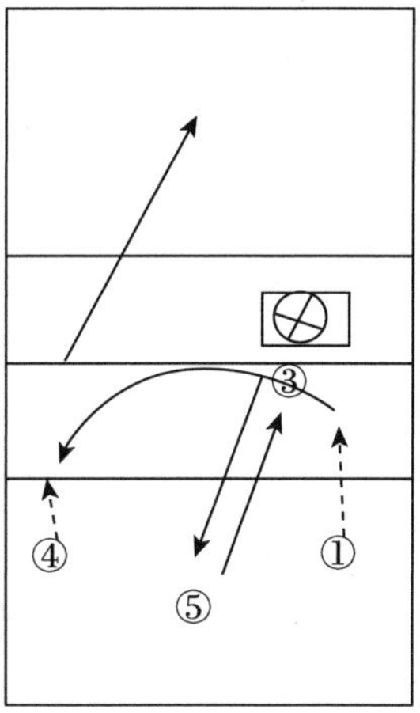

图 7－15　调整传球和反攻练习

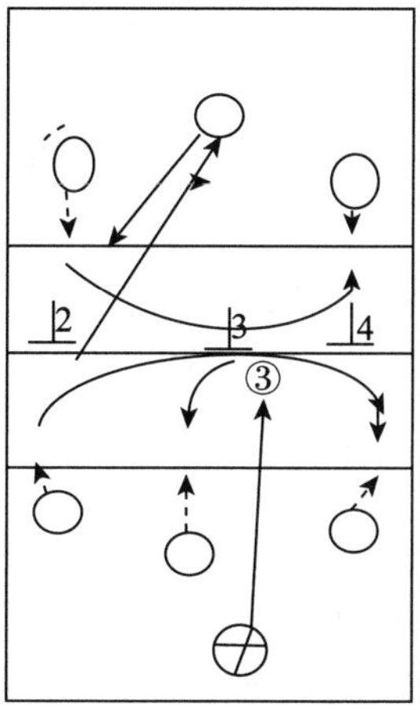

图 7－16　人盯人拦网练习

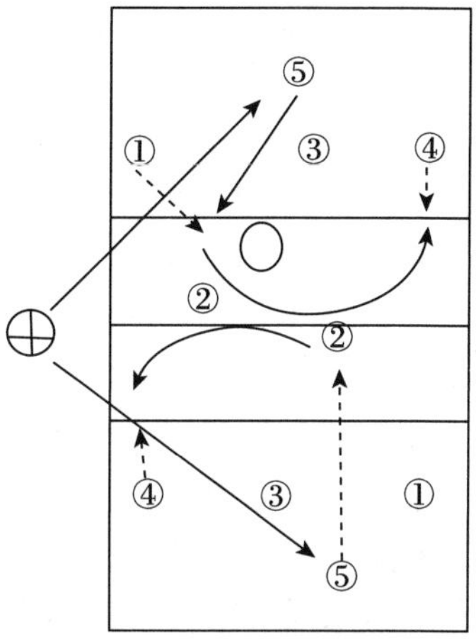

图 7－17　5 对 5 攻防转换练习

四、气排球实战中应注意的问题

（1）战术教学与练习必须在掌握一定技术的基础上才能进行。技术是战术的基础，应先教技术，后教战术配合。随着各项技术水平的提高和熟练，逐步学习较复杂的战术配合；同时，通过战术配合的教学，反过来带动技术的提高。

（2）战术的实质就是技术的运用。在练习技术时，要贯穿着对战术意识的培养。掌握了一定的技术，将这些技术有机地串联起来，实际上就是战术配合。只有提高了个人战术意识，才能更好地发挥集体战术配合。

（3）进攻与反攻相结合。进行战术教学时，要先练进攻，后练防守反攻，只有把进攻与反攻结合起来才能互相促进。

（4）选好二传手。战术教学前，要注意选好二传手，然后确定阵容，根据学习者的技术特点，确定全队进攻与防反的打法，逐步增加本队的战术内容。

（5）由易到难。战术教学必须按由简到繁、由易到难、由分解到完整、分练与合练相结合的步骤进行。对初学者进行战术教学时，应在其掌握发球、垫球技术之后再进行。开始学习以“中二传”进攻战术为基础，同时掌握单人拦网下的防守战术，在此基础上学习“边二传”进攻战术及 1 号位队员“插二传”进攻战术，然后学习双人拦网下的“心跟进”“边跟进”防守战术。

（6）以练为战。在战术教学进行一定时间后，要多进行比赛，通过比赛来运用战术，检验战术的实效，同时改进和提高战术质量。

第二节　气排球集体战术原理

气排球战术是指根据比赛双方打的具体情况和临场的发展变化，合理运用个人技术及集体配合所采取的有意识、有组织的行动。

一、气排球战术分类

根据不同的分类方式，气排球战术可演化出不同的体系。

（一）按战术的参与人数分类

根据参与战术体系人数的多少及配合的差异性，可分为个人战术和集体战术两大类。

个人战术包括发球个人战术、一传个人战术、二传个人战术、扣球个人战术、拦网个人战术、防守个人战术。集体战术包括接发球及其进攻、接扣球及其进攻、接拦回球及其进攻、接传垫球及其进攻战术。

（二）按战术的组织形式分类

根据对抗过程中所采取的不同组织形式，可将气排球战术分为进攻战术和防守战术两大类，在相应的过程中有目的地变化各种战术阵形与打法，从而形成相对完整的战术体系。

1. 进攻战术

（1）进攻阵形。

五人制："中二二"进攻、"边二二"进攻、后排插上进攻。

四人制："中三"进攻、"边三"进攻、"插三"进攻。

（2）进攻打法。包括强攻、快攻、两次球及转移进攻、立体进攻。

2. 防守战术

防守战术包括接发球防守阵形、接扣球防守阵形、接拦回球防守阵形、接传垫球防守阵形。

二、气排球战术指导思想

气排球战术指导思想是一个球队在训练和比赛中指导行动的主导思想和基本原则。正确、先进的指导思想应符合气排球运动的客观规律和本队的实际情况，也应适应气排球运动的发展趋势。战术制定的指导思想：针对队伍在不同时期的不同对手进行考虑，从实际出发，全面分析，扬长避短，从而形成自身独特的风格。

气排球运动自 1984 年问世至今，已开展了 30 余年，经过不断的改革与完善，在内容、形式、赛制、规则、器材等方面日益革新，国家体育总局将其作为全民健身项目进行推广，在全国范围内已得到广泛普及。随着战术变革和不断创新，不同地区间也逐渐形成了各自的打法体系，目前已呈现"个人全面，攻防均衡，全攻全守，高快立体，灵活多变，简练实效"的战术发展趋势，再加上不断创新，可以说是当前气排球战术的指导思想，但根据各队伍的实际情况可能存在一定的差异。

三、气排球战术意识

气排球战术意识即战术素养，是指运动员在发挥技术的过程中支配自身行动并带有一定战术的心理活动，是运动员在气排球比赛中合理运用技术和实现战术的心理活动，也是运动员在气排球比赛中合理运用技术和实现战术时所具有的经验、才能和智慧。运动员在比赛中的判断、应变和实践能力，以及每一项技术、战术的正确运用能力，都受一定战术意识的支配，并包含战术意识的内容。运动员战术意识的强弱是衡量其是否成熟的重要标志，因此在训练和比赛中应注重培养运动员的战术意识，从而提高他们正确合理运用技术的能力、临场判断与应变的能力，迅速积累比赛经验。

四、气排球战术能力

气排球战术能力是运动员能力的重要组成部分，在与对手的技能、体能、心理和智能基本相同的情况下，战术能力的作用就更加突出，常常在取胜中占有重要地位。随着运动员年龄的增长和运动技术水平及身体能力的提高，战术能力在竞赛中的作用逐渐加强。

战术能力与技术、身体、心理等多种竞技能力都有着密切的关系。技术能力是战术能力的基础，身体能力是提高战术能力、实施战术配合的重要先决条件，心理能力是战术能力和技术能力发挥的保证。运动员思维的敏捷性、灵活性、预见性和创造性等是体现能力的重要方面，也是战术意识的重要基础。此外，战术能力的提高又必然地促进体能、技术能力等的更快发展。

五、气排球技术与战术之间的关系

气排球技术是任何一种气排球战术出现与发展的基础，所有的战术体系均是在合理熟练运用各项技术的基础上形成的。在实战中运用各项基本技能，实时根据实战的需要与变化，产生某种战术设想，进而改进原有的技术，灵活组合各项技术形成新的战术配合，以适应实战的需要。此外，战术意识与体系的变革也会给技术的革新以启示，从而改变技术的发展轨迹，亦可创造新的技术。因此，气排球技术与战术是相互联系、相互依存、相互促进、相互制约的。

六、个人战术与集体战术的关系

气排球是集体性项目，要获得战术上的集体胜利就需要全队各个成员的密切配合。在每个成员充分发挥自身特长的基础上，还必须通过默契合作才能实现集体力量的提升，最终取得胜利。太过强调或依赖个人力量，或是过于追求集体配合而忽视个人能力的提高，都无法达成这一目标。因此，必须取得个人战术与集体战术的平衡。

个人战术是队员在比赛中根据临场情况的变化，有目的、有针对性地运用个人技术动作；集体战术是指两个或两个以上队员之间有组织、有目的地集体协调配合。个人战术是集体战术的组成部分，集体战术是个人战术的综合体现，二者之间的关系是局部和全局的关系。个人战术要促进集体战术的实现，集体战术要有利于发挥个人战术的特长和作用，二者相辅相成、相互促进、相互弥补。一个队个人战术与集体战术水平的高低，取决于以下因素：（1）基本技术的全面性、准确性、熟练性、实用性的程度；（2）阵容配合的合理性，个人特长的应用与积极的合理调配；（3）了解与判断双方人员特点及战术布置的准确度、深度及广度；（4）临场应变能力和实战经验的积累；（5）技术、战术指导思想的先进性、准确性；（6）具有集体主义、团结协作和顽强拼搏的精神等。

七、进攻战术与防守战术的关系

在气排球比赛中，为了使球在对方场区落地或造成对方失误、犯规而采用的一切合法手段，都称为进攻。反之，为了不使落在本方场区的一切合法手段，均称为防守。攻、守这对矛盾贯穿于气排球运动的始终，攻中有防，防中有攻，两者是紧密相连和相互依存的。进攻是赢得胜利的有效途径，但进攻必须以防守为基础，防守不仅是减少失分的一个重要方面，也是得分的基础。除发球外，每发动一次进攻都是在防守的基础上进行的，没有防守，就没有进攻；而防守的目的是保证与实现进攻，片面地强调防守或进攻都是不正确的。因此，在训练和比赛中，必须贯彻攻防兼备、全攻全守的指导思想。

八、气排球战术的发展与演变

气排球比赛的战术形式和战术内容最初借鉴了室内六人制排球的战术体系与模式，但随着运动实践的积累与参与人群年龄段的变化，竞赛规则和竞赛方法也产生了比较明显的变化，使气排球的战术指导思想与组合体系也得到了不断地丰富与革新。目前，气排球战术呈如下趋势。

（一）“个人全面”与“全攻全守”成为战术主体

气排球战术的进攻点大都在进攻线附近，要组织多种多样的技术，必须在全面熟练掌握个人技术和个人战术的前提下，通过一系列跑动，在进攻线前后的多个进攻点组成多种配合，全体场上队员前、后掩护，轮流进攻，使整体进攻战术发挥最大效益。同时，由于规则的不断修改，气排球比赛中的攻防力量趋于平稳，防守已成为掌握场上主动权或得分的重要方面。拦网是防守战术中的第一道防线。当前，“前高拦，后低防”已成为防守战术的发展新趋势。气排球比赛中，由于两米进攻线的限制，动作和力量受到一定的影响，拦网时要充分利用高拦网拦死或拦起，并与后排防守一起加快拦、防反击的速度，使前后方形成有效的防守网络，获得最好的“全攻全守”攻防效果。

（二）“快速”与“多变”组成战术核心

首先，快速的进攻、快速的调整、快速的配合、快速的防守已成为当前掌握比赛主动权的重要手段。“快速”不仅要求队员个人动作反应快、肌肉控制能力强，队员间默契程度高，更重要的是建立在全队整体配合基础上的快，全队队员场上行动能力强，随场上情况变化而快速变化。

其次，单一战术组合已不适应现代气排球运动的发展和要求，而多种战术方式的有效组合、创新及临场变化组合，使气排球运动充满了无限的可能，也展现出其无穷的魅力。

（三）合理、简练和实效为战术运用趋向

气排球战术组合和运用的最终目的是取得比赛胜利。在《气排球竞赛规则》的导向下，气排球比赛的竞争日趋激烈，尤其是在青年组和大学生组的比赛中。在个人全面、全攻全守、快节奏、多变化的整体战术体系中，各种战术组合和运用都在朝着更为合理、简练、实效的途径发展，这已经成为制胜的重要手段。简练的战术配合，在时间上更节省，在速度上更快捷，在结果上更具实效。因此，合理、简练、实效的战术运用，已成为现代气排球战术发展的趋向。

第三节　气排球战术组成的基本方法

一、阵容配备

（一）阵容配备的概念和目的

阵容配备是参赛队根据比赛的任务、本队战术组织的特点及队员的身体情况，有针对性、合理地安排出场队员及其位置分工，充分地调配力量，科学地组合人员的筹划过程。配备阵容时，要将全队的力量有效地组织起来，扬长避短，最大限度地发挥每一个队员的作用和特长，充分调动队员的精神力量、技术和战术水平，使队员更加积极主动地投入到比赛中。

（二）阵容配备的原则

1. 择优原则

选择心理素质好、体能好、技术与临场应变能力强的成员组成主阵容，同时考虑到每个位置上替补队员的安排。

2. 攻手均衡原则

努力使各轮次间的攻守力量趋于均衡，尽量避免弱轮次的出现，以保证整体战术效应的稳定性和成效性。

3. 相邻默契原则

将平时合作默契的二传手与攻手安排在相邻的位置上，使之能娴熟配合，产生良好战术效应。

4. 轮次针对原则

根据对方队员的位置，有针对性地安排轮次。如拦网能力强的队员盯准对方攻击力强的队员，以遏制对方的进攻；遇对方进攻强的轮次时，可安排发球攻击性强的队员发球，以破坏对方的一传，使对方难以组成进攻战术，取得先发制人效果。

5. 优势领先原则

安排轮次时要注意发挥本队的优势。如把攻击性强的队员安排在最得力的位置上；把发球最强的队员安排在最先发挥其优势的位置上，争取开局的主动，鼓舞本队士气。

（三）阵容配备的基本形式

1. 五人制阵容配备基本形式

（1）“四一”配备。由四名进攻队员和一名二传队员组成（见图 7－18）。其特点是二传队员与攻手分工明确，进攻点较多，进攻战术富于变化，全队只要适应一名二传队员的技术特点，相互间的配合更为默契，有利于教练对比赛的指挥与控制，以及队员领会与执行战术意图。不足之处：对二传队员的体能及分配球的能力要求较高；二传队员插上后，会出现后排防守薄弱问题。因此有些队伍会培养接应二传队员代替其中一名攻手的位置，以弥补后场防守与调整球的问题。

（2）“三二”配备。由三名进攻队员和两名二传队员组成。又可根据二传队员的站位分为两种阵形，其一为二传队员站于前排 3 号位和后排 5 号位（见图 7－19），其二为二传队员站于前排 3 号位和后排 1 号位（见图 7－20）。这种阵形在五人制中采用较多，特点是二传队员与攻手的数量及站位分布比较合理，每个轮次均能保证有一名二传队员，并且前后场均有二传队员调整球，保证了多点进攻，战术配合较稳定。不足之处：会出现两名二传队员同时在前、后场区的情况，进攻点减少，降低了本方的进攻实力。理想阵容：二传队员具有较强的进攻和拦网实力。

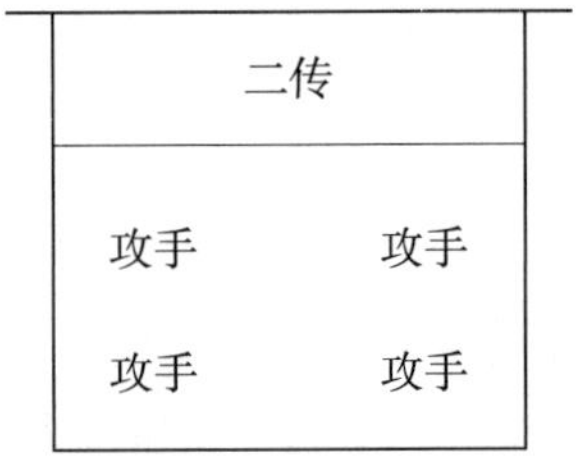

图 7－18 “四一”配备

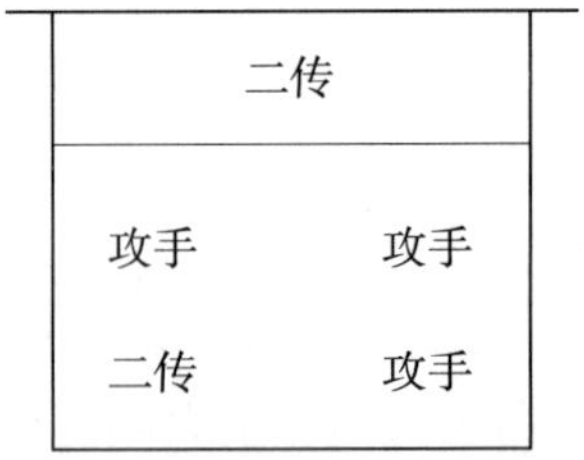

图 7－19 “三二”配备（一）

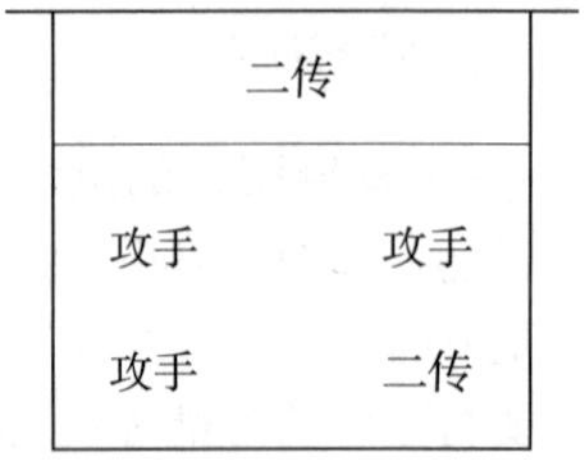

图 7－20 “三二”配备（二）

2. 四人制阵容配备基本形式

（1）“三一”配备。由三名攻手和一名二传队员组成，其中有一名攻手或为接应二传

（见图 7－21）。这种阵形的特点与五人制的“四一”配备比较接近，虽然场上人数减少使队员之间的跑动换位较为容易，但对形成专为攻防布局所需的时间、位置要求更高，在速度变化时每名队员负责的区域也相对变大，增加了一定的技术配合难度。由于场地小、速度快，后排插上二传优势得不到体现。

（2）“二二”配备。该阵形由两名二传队员与两名攻手组成（见图 7－22），各轮次二传队员与攻手配置均衡，在两名二传队员具备一定的扣球、拦网实力前提下，可以打出多点进攻战术。这种配备形式较容易掌握与应用，在高水平的气排球比赛中经常被采用。

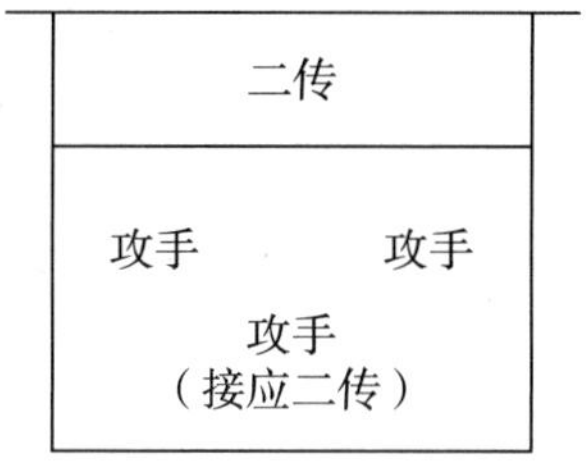

图 7－21　“三一”配备

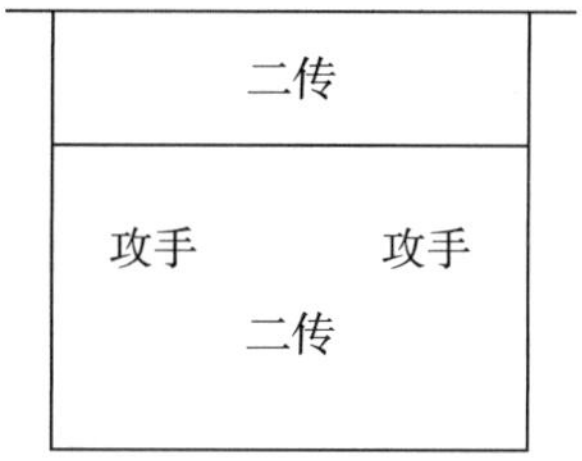

图 7－22　“二二”配备

二、交换位置

（一）交换位置的概念与目的

概念：指在规则允许的情况下，通过交换场上队员的位置以实现专位攻防的布局。

目的：积极主动弥补阵容配备上的某些缺陷，便于攻防战术组织，发挥攻防优势，实现专位攻防，从而扬长避短，最大限度地发挥每个队员的特长，保障与提高攻防战术的质量。

（二）交换位置的方法

1. 前排队员的换位

（1）为了便于组织进攻战术，把一传队员换到前排中间或前排的位置上。

（2）为了保证和加强进攻力量，把进攻力量强的队员换到便于扣球的位置上。如将右手扣球队员换至前排左的位置，将左手扣球队员换到前排右的位置，将扣快球的队员换到中间位置。

（3）为了加强拦网，控制对方的重点进攻，将身材高大或弹跳力好、拦网能力强的队员换到前排中间的位置或与对方主攻队员相对应的位置。

2. 后排队员的换位

（1）为了发挥个人特长，后排队员各自换到自己熟悉的防守区进行专位防守。

（2）为了在比赛中便于运用行进间“插上”战术，把二传队员换到后排右或后排左的位置上，以缩短插上时的距离。

（3）根据临场情况，把防守能力强的队员换到防守任务较重的区域，防守能力弱的队员换到防守任务较轻的区域。

3. 前后排队员的换位

主要是将后排二传队员插上。可从 1 号位插到 2 号位或 3 号位之间的位置，准备做二传。前排 2 号、3 号、4 号位队员（五人制）或 2 号、3 号位队员（四人制）则后退，准备接球或进攻。

（三）交换位置时应注意的事项

（1）换位前的站位，既要防止“位置错误”犯规，又要考虑缩短换位距离。

（2）当发球队员击球后，即开始换位，应力求迅速地换到预定位置，立即准备下一个动作。

（3）在对方发球时，首先准备接对方的来球，然后换位，避免造成接发球混乱。换位时，队员之间要注意配合行动，防止互相干扰，做到互相弥补。

（4）换位后，当形成死球时，应立即返回原位，各自做好下次接球或进攻的准备。

三、信号联系

为了统一行动目标，完成集体战术配合，根据本队情况，教练和运动员可共同制定一种行动信号。气排球战术中常见的信号联系方式有语言信号联系、手势信号联系、落点信号联系、仪态信号联系与综合信号联系。

第四节　气排球教学与训练技法

气排球教学与训练技法是指学习者在进行某项技术和战术练习时，教授者给予学习者指导性协助练习的技能和与队员交流的能力。这些技能与能力是教授者在多年的教学与训练中，通过不断地学习、实践、反思积累而成。教学与训练技法可以分为教练与学习者的交流技法、教练的带练技法。

一、教练与学习者的交流技法

（一）语言交流技法

1. 语言交流的要求

由于每个教授者各自的特点不同，展现的语言艺术特色自然也不尽相同。但是作为一种教学的语言，教授者的语言应该是有着共同的规律和特点的。体育教学与训练课的特点决定了教学中的语言交流应符合以下几个方面的要求：

（1）准确清晰。体育教学与训练课的语言是对体育知识、技术和技能的客观表述，所以教授者的选词用字一定要准确。一字不准就会改变知识与技术的特性，甚至出现错误。例如，正面下手发球要求“用全掌击球的后下部”，就绝对不能说成“击球的后中部”。体育运动技术教学与训练的语言准确还表现在使用术语要准确。在气排球技术和战术教学与训练中要使用“传球”“扣球”“触网”等术语，而不能说成“撑球”“拍球”“碰网”等。教授者要以身作则，准确无误地运用体育术语。

（2）生动形象。教学与训练中，教授者运用生动形象的语言是学习者学好的重要条件。生动形象的语句和比喻，以及幽默风趣的语言和栩栩如生的象声词，可以使学习者茅塞顿开，也可缓解学习者的紧张情绪。并且，教学实践中所创造的许多生动的语言，简洁明快，说起来朗朗上口，听起来令人饶有兴趣，再加上根据不同年龄段的心理特点稍作变化，使学习者更容易接受、理解和掌握。例如，有些老教练讲解技术要领时总是编成口诀，如捧球的动作要领口诀为“两臂前伸插球下，双手掌心面朝上，腕指前臂适度紧，腕抖指弹瞬间力，抬臂缓冲往上送”；背向垫球的口诀为“蹬地抬仰摆双臂，背对目标肩上击”等。

（3）精练简洁。每堂教学与训练课都有一定的时间限制，这就要求教授者的语言必须精练简洁，达到精讲多练的目的。语言的精练简洁要求教授者熟悉教材内容，善于抓住重难点，合理归纳，提纲挈领，熟练运用术语，正确选择字词。例如，有的教练在教正面双手垫球的技术动作时，将完整复杂的技术过程用“夹臂、前插、蹬地、提肩、顶肘、压腕、抬臂、送球”16 个字来高度概况。这 16 个字包括了正面双手垫球的技术要领，体现了技术的结构和环节，也大致指出了动作的用力技巧，简明扼要，精练具体。

（4）寓意深刻。教授者在传授体育知识、技术和技能的同时，要注重对学习者的思想教育，注重对学习者意志品质的培养。气排球教学与训练中，教练可以用一些竞技体育人奋勇拼搏的事例来鼓舞和激励学习者。如中国女排的“五连冠”，2016 年巴西里约奥运会克服重重困难，力压群雄，重夺世界冠军等。同时，还要挖掘教学与训练内容本身的思想教育因素，如身体素质练习时教育学习者要有吃苦耐劳、持之以恒的顽强品质；体育比赛中教育学习者要有团结协作、互相配合、相互鼓励、全力以赴的集体主义观念和在激烈对抗中调整心态的积极意识。

（5）通俗易懂。在进行语言交流时，教授者要根据教学对象的特点，选择合理的语言内容和表达形式，既要言简意赅，又要通俗易懂，还应适应学习者的心理特点。例如，给青少年上课，就不能使用过于成人化的语言；而如果使用教授“90 后”“00 后”的语言给中老年学习者上课，中老年学习者或许还难以理解，不那么容易接受，使教学效果大打折扣。

（6）诚恳亲切。教授者充满感情色彩的教学语言，使学习者不仅从语言的内容上，而且从语言的表达方式上都乐于接受。人们常说“通情达理”，可见，人际交往中“通情”是“达理”的前提，没有感情的沟通就没有对道理的认同。在教授者和学习者的交流中，只有做到知识和情感相交融，才能达到畅通无阻、事半功倍的教学效果。无论是哪个年龄段的学习者，在体育技能学习过程中往往会遇到一些具体的困难，如老年人因为年纪大，担心关节承受力差，生怕出现身体接触，在学习拦网的初始阶段就容易产生胆怯心理，不敢尽力起跳，导致动作畏缩。在这种情况下，教授者诚恳的态度、柔和亲切的语言一般会对这些学习者产生鼓励作用，使他们找到克服困难的勇气和信心。

（7）节奏鲜明。体育教学的语言讲究具有抑扬顿挫的节奏感。这是语言的艺术，也是教学和训练的艺术。具有音韵旋律之美的语言可以增强语言的感情效果，提高教学质量。授课者的语言要快慢有度，轻重适宜，急缓相间，疏密有序。教学语言的节奏性主要体现在以下方面：第一，发音要准。授课者在与学习者交流时一定要发音准确，如“调”和“跳”、“十”和“四”要严格区分，吐字要清清楚楚，不能含糊，尤其是对听力处于下降期的中老年人进行授课时，更要注意。第二，音量有别。对集体发出的指令，音量要高；对小组进行指导时使用中等音量即可；而对个别学习者进行指导或批评时，则尽量使用较低音量，能使对方听清楚就可以，尤其是现在青少年都比较自我，爱面子，说重了易产生逆反心理。第三，语速变化。体育教学的语言要体现出快慢缓急。授课者往往依靠语言速度的巧妙变化来创造跌宕起伏、抑扬顿挫的语言效果，以吸引和感染学习者。一般来说，分析技术和讲解动作要领时语速要慢，而对刚刚出现的错误动作进行纠正时语速要快，口令和指挥调动队形要急，对个别学习者提出批评时要缓。另外，对不同年龄段的人也要有所区分。

（8）风趣幽默。体育教学与训练的课堂应该是生动活泼和快乐愉悦的，授课者风趣的表达、幽默的语言、诙谐的比喻、机智的谈吐都能打破课堂的沉闷，改变课堂的气氛。特别是在运动量较大或练习内容较为枯燥，学习者感到疲劳和情绪低落的时候，一句风趣幽默的语言可以转移学习者的注意力，消除他们的心理疲劳。

2. 语言交流的技巧

（1）表达的技巧。说话前要经过思考，避免随意的、不负责任的讲话；尽量使用简练、直接的语言说出要说的话；讲话要具体，避免冗长的独白；表达要清楚，前后要一致，语言信息和非语言信息应统一；交流中尽可能使用正面的表达方式；使用征求意见的表达方式，为的是引起讨论，例如“我觉得你并未尽力，你在想什么？”如果你的讲话冗长，设法用不同的方式来说同一件事；力求获得对你的讲话是否准确理解的反馈，要求听者对你的讲话做出反应；避免使用讽刺、挖苦的语言，与青少年学习者交谈时尤应如此。

（2）提问的技巧。强调学习过程，通常“问”学习者该做什么比“告诉”他们该做什么要好；设法让学习者积极参与到问题中来；鼓励学习者从经验中学习，如问学习者：“如果你再遇到这种球，该怎么处理？”力求在学习过程中增强学习者的独立性和自我控制能力；训练时尽可能使用有效的发问，如“什么”“怎样”“什么时候”“哪儿”等；尽量多使用非限制性的提问，这将有助于产生更有益的交流，例如，使用“你喜欢这样接球吗？”这样的限制性提问，与“这样练接球和你以前练接球相比感觉怎样？”或“你最喜欢这样练接球的哪一点？”这两种提问相比较，后者得到的信息要多得多。

（3）奖励与批评的技巧。要用诚恳的态度正面地处理问题，慎用消极的批评；告诉学习者具体“要”做什么，不说“不要”做什么；要注意观察，并以真诚的态度即时奖励，不因事小而不为；对学习者的努力态度要多奖励、多鼓励，少奖励比赛结果；在进行奖励和鼓励之间的褒贬式批评（积极的褒贬结合）时，首先指出学习者做得好的方面，然后让他知道不对之处，并告诉他如何改正，最后不要忘了鼓励他；当学习者犯错误时，教练要保持冷静，应等待他自己改正和打出一个好球，这可能是他一次自我提高的机会；对于初学者，奖励与鼓励应更多一些，以激发他们的自觉性与积极性。

（二）非语言交流技法

“行动胜过语言”，授课者和学习者之间的非语言交流常常是下意识的，它往往比语言交流所传递的信息更可靠，也更重要、有效。在体育课堂上的非语言交流中，最主要的是示范。体育教学与其他教学的最大区别在于体育教学中教师要用肢体描述和再现教材内容，而学生往往通过对教师动作的观察来建立正确的动作表象，提高学习兴趣，对技术本身所包含的美学成分予以接受并产生向往。因此，有人说：“体育教师（指导者）本身就是一本教材。”学生（被指导者）通过“阅读”体育教师（指导者）的肢体语言来上好第一堂课。

非语言交流技法除了授课者的示范外，还包括下面几个方面：

（1）面部表情。面部是人体表情最丰富的部分。我们可用眼睛、眉毛、嘴等传递信息。尤其是眼神接触的时候可传递许多信息。

（2）手势和其他身体动作。是指用手、手指、手臂、头、颈、肩、腿等来“说话”。正确且适当的手势，不仅可以表达思想，还可传递感情。语言结合手势，能增强教授者口头语言的说服力和感染力，获得更有效的交流。

（3）体态。教师力求保持直立挺拔的姿势，显示信心、活力和开放；行走时步伐要快速、坚定而有力，即便在疲劳时也应如此。这样会使学生注意力集中，精神振奋。

（4）适度的身体接触。身体接触是教师通过自己的躯干和四肢动作来传递或辅助教学信息的一种活动。握手或拥抱是向学习者表示高兴的最好方式；轻拍一下脑袋或肩膀可表示担忧或关心，但一般不用在成人学习者身上；将一只手搭在学习者的肩上是表示亲密的有效方式；有时教师可能还会把着学习者的手臂，使其体会怎样击球。

（5）服装和外表。是指教师的外貌、发型及着装等。教师应穿着干净、整洁的衣服；服装要得体；注意卫生习惯，包括牙、手、指甲的卫生以及身体的气味、头发的整洁等。

二、教练的带练技法

气排球教练的带练技法主要有五种：扣打技法、抛一传球技法、抛二传球技法、掷球技法、推吊球技法、单手击球技法。

（一）扣打技法

1. 扣打技法的分类和分析

（1）抛打：教练自己抛球，然后向学习者扣打。

1）准备姿势：教练站在球网附近，面向后场，两脚自然开立，双手或单手持球于腹前，两眼注视学习者的动作。

2）抛球：用双手或单手将球平稳地轻抛在击球手臂的前上方约 50 厘米处。

3）挥臂与击球：抛球的同时，击球手臂顺势抬起，屈肘后引，上身稍转，展腹，挺胸，手指自然张开，微屈呈勺形。击球时，利用转体收腹的力量带动手臂加速挥动；小臂放松，主动用力屈腕、屈指，在头的前上方全掌包球向前推压，击准球的后上部。

（2）打垫：教练将防守队员垫回来的球连续向防守队员扣打称为打垫。扣打防守队员垫来的球，难度稍大，技术动作也较复杂。扣打这种球时，教练首先要加强判断，根据球速和弧度判断来球的落点，然后迅速移动取位，将击球点的位置保持在击球手臂的前上方，看准防守队员的位置，用扣打技术击球。

2. 扣打技法要求

（1）扣打要准确。训练防守时，一定要打准。也就是说，教练应根据防守队员的位置和任务控制扣打球的落点，这样训练才有效果。

（2）扣打时要活、要变。教练用扣打技法训练防守时，不能让队员被动地等球，而要通过扣打技法的变化让队员将脚步练活。这就要求教练在击球时不能一味地死打，而要根据队员的准备姿势，变化扣打力量或方向等，使他们在移动中拢球防守。

（3）扣打要有气氛。教练的扣打与队员的防守是对抗的，所以教练一定要通过扣打技法将队员的情绪调动起来。

（二）抛一传球技法

1. 抛一传球技法分析

（1）准备姿势：教练站在 3 号位，身体面向球网，两脚自然分开，双手持球于腹前，两眼注视接球队员。

（2）抛垫球：利用双手抬臂的动作，将球平稳地向前上方抛出，使球垂直下落在 1 号、5 号位。

2. 抛一传球技法要求

（1）稳、准，难度适中。

（2）区别对待抛练对象。对于初学者，要抛轻、慢、近距离的球；对于有一定基础的学习者，要适当地抛出力量较重、弧度平、速度快的球。

（三）抛二传球技法

1. 抛二传球技法的分类和分析

（1）抛一般球：指教练在球网附近抛出的顺网一般高度的供练习者做正面屈体扣打的球。

1）准备姿势：教练站在 3 号位附近，身体侧对球网，两脚自然开立，双手持球于腹前，两眼注意扣球队员的行动。

2）抛球：利用双手抬臂的动作，将球平稳地向前上方抛出，使球垂直下落在 4 号位的标志杆内侧附近，高度在网上 2 米左右。

（2）抛快球：指教练在网附近抛出的低弧度、供练习者做快攻扣的球。抛快球技术与抛一般球技术一样，其不同之处是抛快球的用力轻，且主要靠抬小臂的抖手腕力量，将球送到扣球队员的击球手上。

（3）抛调整球：指教练在后场抛出的各种斜网球，供练习者做调整扣的球。抛调整球与抛一般球相同，但需要增加蹬腿动作，依靠全身力量将球抛到网附近。

2. 抛二传球技法要求

（1）抛球要稳、准，高度适中。

（2）抛球要减小球的抛物线弧度，使球尽量垂直下落，便于扣球时选择击球点。

（3）抛球时要根据扣球队员的需要，尽量主动适应扣球队员。

（4）抛球时要有变化，逐步增加难度，提高扣球队员的实战能力。

（四）掷球技法

1. 掷球技法的分类和分析

（1）掷高远球：指教练向场地掷弧度高、距离远的球。

1）准备姿势：以单手掷球技法为例，两脚前后开立，与肩同宽，自然站立。单手持球于肩上，身体稍向持球手侧转动，两眼注视接球队员。

2）掷球：收腹挥臂，带动手腕向前加速，小臂放松，手腕、手指用力甩动，将球向接球队员投出。

（2）掷近网球：指教练向场地进攻线以内掷小弧度的球。掷球准备姿势同掷高远球，不同之处是掷近网球用力稍轻，将球掷在进攻线以内的位置。

（3）掷任意球：指教练任意掷出速度、弧度和落点不同的球，使练习者适应不同的来球。

2. 掷球技法要求

（1）掷球目标要准确。

（2）掷球力量要适中，速度由慢到快。

（3）掷球最好与抛打、吊球技术结合运用，提高练习的实战性。

（五）推吊球技法

推吊球技法是扣打技法的一种变化形式。它是以轻巧灵活的手指、手腕动作将球推吊在接球队员附近的一种带练技术。训练防守时，推吊球技法经常与扣打技法结合运用，这样能够培养练习者反应灵敏和判断移动的能力，更具实战意义。

推吊球技法是以扣打技法为佯攻，然后突然改变挥臂动作，采用单手传球的手形，五指保持一定的紧张度，击球的后下方或侧后下方，将球轻轻地推吊在防守队员的前、后、左、右方向。

（六）单手击球技法

单手击球技法是教练用单手将球击出一定弧度供练习者练习的一种击球技术，是训练课中运用最多的一种击球动作。如二传训练时，教练用单手击球的方法供球；分队攻防对抗训练时，教练在场外用单手击球的方法供球；练习接发球时，教练向接发球队员进行发球等。总之，单手击球技法用途广、方便、实用、省力，是一种非常好的供球方法。

单手击球技法与单手平发球技法的击球方法大体相同，不同之处在于根据供球种类的不同，击球部位、击球用力和出球弧度有所区别。

第八章　气排球运动体能训练

第一节　体能训练概述

体能是运动能力的重要基础。气排球队员只有具备良好的运动能力才能在练习中充满活力，在比赛中发挥出水平，充分展示自己的竞技实力。选择和掌握科学有效、丰富多样的训练方法进行体能训练，有助于气排球队员学习基本技术和基本战术，有效提高技能水平。

一、体能训练概论

（一）体能训练释义

体能即身体能力，是运动员在训练比赛中专项身体素质、机体机能水平和身体形态特征的综合体现。良好的体能是不断提高技术、战术水平的重要保证，提高体能水平是取得优异成绩的重要途径。体能训练在气排球训练中占有重要地位，现在气排球运动的竞技性增强，对参与者的体能提出了更高的要求。

体能训练是指通过科学的施加专门的训练刺激，参训者有机体在形态、机能和运动素质等方面都产生良性训练适应的训练过程。换言之，体能训练是指人体在艰苦环境中，长时间、高强度、大负荷持续工作能力的训练，它突出对人体各器官和机能系统的超负荷适应训练，旨在产生机能和心理适应，以达到提高整体运动能力和培养顽强拼搏精神的目的。

对一个运动员而言，身体形态特征是指运动员身体的长（高）度、围度和身体成分等指标的构成特征；专项身体素质是指其在比赛中完成运动动作所表现出的速度、力量、耐力、灵敏、柔韧和协调能力；身体的机能水平是指其身体健康状态、有机体各器官系统的机能、自身有机体承受大负荷训练比赛的生理抗疲劳能力和恢复能力。在气排球运动员的体能构成中，身体形态、机能和素质等指标的高低一方面取决于本人的先天遗传，另一方面取决于其对后天训练刺激的适应程度。传统的运动素质训练（也叫身体训练）主要偏重于对某一运动素质、力量、速度、耐力的追求，忽略整体机能能力的提高和拼搏向上心理素质的培养。体能训练应把采用专门手段和方法所获得的训练效果，在比赛中综合表现出来。因此，局部身体练习所发展的素质往往不可能在紧张激烈的比赛中发挥出来。

在气排球运动员竞技能力的构成因素中，体能起着举足轻重的作用。纵观目前的各级比赛，一支排球队要获得优异的运动成绩，必须做到体能、技术及比赛经验（包括良好的心理训练水平）三者高度统一、协调的发展。而这三者之中，体能是基础。没有高度发展的体能，就不可能掌握精湛、高级的技术；没有超群的技术，就根本没有在重大比赛中夺魁的可能。在夺取胜利、走向成功的道路上，气排球队员的体能起着基础的作用。体能训练是气排球运动员运动训练中必不可少的内容之一。

（二）体能训练的作用和意义

运动训练学中所称的竞技能力也叫比赛能力，它是运动竞技参与者的体能、技能、智力和心理能力的有机结合。其中体能是运动竞技能力的基础，是竞技能力的重要组成部分。运动素质是体能在某一方面的表现，是体能的构成因素，也是运动实践中评价和检查体能水平的常用指标。体能训练是人体器官和体能系统在结构和机能上的适应性再塑造工作，是运动员心理意志品质的再塑造工作，比赛实践对运动竞技参与者体能的要求永无止境，只有努力达到最高限度，才能促进运动技术水平的不断提高。

体能训练的作用和意义主要表现在以下几个方面。

1. 有利于掌握复杂、先进的技术

体能训练实际上是使运动竞技参与者有机体各器官系统功能协调发展，具有完备的从事专项竞技运动能力的过程。除了有强大的力量基础外，还需要具备高超的技术，而技术依赖于体能的高度发展。总之，运动竞技参与者只有在充分发展各项运动素质的基础上才能很好地掌握复杂、先进的技术，体能训练正是实现这一目标的基本保证。

2. 有利于承受更大负荷的训练和高强度的比赛

现在气排球运动竞赛频繁，竞争激烈，参赛者要想在重大比赛中夺取胜利，取得优异成绩，就要进行大负荷的运动训练，对有机体进行生物学改造，掌握娴熟的专项技术、战术才能达到。在科学系统地监测训练过程的基础上保证训练负荷，才能使运动竞技参与者打下较为扎实的体能基础，并在不断加大负荷的情况下，承担训练和比赛对有机体的一切要求。

3. 有利于运动竞技参与者保持良好的心态，取得优异成绩

竞技能力是取得优异成绩的主导因素，是由身体形态、身体机能、运动素质、技术、战术、心理和智力因素所决定的。在当今竞技比赛中，运动员的心理状态成为决定比赛胜

负的关键因素之一。比赛越激烈，水平越接近，心理素质越显得重要。而良好的体能能够保证运动员在激烈的对抗中具有一定的优势，使其在比赛中能够有良好的心态，为取得优异成绩奠定基础。超常的体能是制胜的重要法宝。

4. 有利于促进运动竞技参与者身体健康，预防伤病，延长运动寿命

良好的健康状况是系统训练的根本保证。体能训练能够有效地提高参训者内脏器官特别是心血管系统、呼吸系统的机能，增强骨骼、肌肉、肌腱和韧带等运动系统的功能，并使中枢神经系统机能得到明显改善；同时，体能训练对于克服人体生物惰性，促使新陈代谢都具有极为重要的作用。而上述作用能够有效地提高机体对外界环境的适应能力和对疾病的抵抗能力，从而有效地促使参训者身体健康，预防伤病，延长运动寿命。当然，发展与提高人的体能必须通过有计划、有目的的科学训练才能实现。

（三）体能训练的生理学依据

为使体能训练取得良好的效果，在选择方法和手段时必须考虑气排球比赛对身体素质和机体机能的要求，而这种要求必须符合运动生理学原理。从能量代谢的角度看，人体工作时的能量来自三个供能系统：一是无氧非乳酸供能系统，它可使肌肉活动在较高的水平上支持 5～10 秒，如短跑；二是无氧乳酸供能系统，工作时间在 20～30 秒，有时持续 1～2 分钟，如 400 米跑项目；三是有氧供能系统，即在氧气充分供应的情况下提供能量，工作时间往往在 2～3 分钟或更长时间，如长距离的运动项目，有氧供能是基础。

气排球比赛属于间歇性运动形式，即短时间爆发式的身体运动被短暂的间歇休息分隔开。短时间、爆发式的扣球、拦网主要是无氧非乳酸系统供能。而短促的动作重复，或连续的多回合争夺，则是无氧乳酸供能系统居主导地位。气排球竞赛中，大多数情况下，一个对抗周期的延续时间为 2～8 秒。在这一周期中，ATP-CP（磷酸原）系统功能占主导地位，即在运动开始阶段，运动员有足够的 CP（磷酸肌酸）储备。“死球”或暂停、换人和局间休息时，是由有氧系统供能，从而使 CP 得以不断地恢复。若是连续多回合的对抗，则乳酸供能系统在保持运动员工作能力中居主导地位。每球得分赛制也使决定胜负的无氧供能系统的主导地位更显突出。从这个角度来看，气排球主要取决于无氧供能系统，但从气排球比赛时间来看，势均力敌的比赛时间可达数十分钟，因此提高有氧供能能力同样不能忽视。

上述分析表明，三套供能系统构成了气排球运动员身体活动供能的结构体系。气排球运动员的体能训练也应该围绕着三套供能系统展开，当然，同时应该紧密结合气排球专项运动的特点。

气排球比赛中运动员的平均心率为 100 次/分，最高心率可达 150 次/分。根据心率对运动负荷强度划分的理论，气排球高水平比赛的负荷基本上属于中等强度，一般水平竞赛的负荷属于中等偏下强度。

（四）气排球运动员身体特点及体能训练的要求

1. 老年气排球队员身体特点及体能训练的要求

（1）中枢神经系统：神经系统的兴奋和抑制过程呈不平衡状态，抑制过程占优势，表现为不好活动，精力不足。因此，在体能训练中要注意合理调动身体的积极性，安排好运动量和训练方法。

（2）骨骼系统：老年人骨骼的承受力和张力优于青少年，但骨密度差，骨质易疏松。因此在体能训练中，要注意不要使队员的身体局部负担过大，力量训练时要注意负荷安排，避免大重量的练习，不宜在水泥或沥青场地反复进行跳跃练习。

（3）肌肉系统：老年人的肌肉开始萎缩，肌肉的收缩能力和弹性也开始下降。因此，在锻炼肌肉力量时，宜多做多种徒手练习、小负重和不剧烈跳跃练习。

（4）心血管系统：老年人随着年龄的增长，心脏容量、容积以及心率不断变化，60岁后，心收缩力开始减弱，血管弹性与血压水平均呈下降趋势。因此，在对老年人进行体能训练时应合理安排运动负荷，不宜做持续且紧张的耐力性练习，间歇次数要多些，应多做些促进血液循环的练习。

（5）呼吸系统：呼吸系统衰老的主要变化是肺泡壁变薄，肺泡增大，肺毛细血管数目减少，肺组织弹性下降以及呼吸肌无力等，于是，造成肺泡扩散有效面积减小，肺残气量增加和肺活量下降。因此，在运动中注意依靠增加呼吸频率来提高肺通气量。

2. 中年气排球队员身体特点及体能训练的要求

（1）中枢神经系统：主要表现为精神活动比较平稳，对情绪性刺激的反应不像青年时期那样剧烈，体现出经验丰富、尚有较充沛的精力等特点。但是，在各方面知识更加丰富、理解力增强的同时，记忆力逐渐下降，中年人的反应速度也不如青年人快。在训练活动中要安排好运动量，注意运动状态的调整。

（2）骨骼系统：主要是骨骼的脆性增加，骨质容易增生，易发生骨折和多种骨关节病，运动中要注意骨骼的安全。在气排球训练活动中，要注意运动状态的调整。

（3）肌肉系统：肌肉张力开始下降，脂肪附着增多，肌肉易疲劳。

（4）心血管系统：中年人血管壁的弹性降低，血管运动功能和血压调节能力减弱；由于血液胆固醇浓度随着年龄增大而增高，可引起心脏动脉及脑动脉的粥样硬化；当血管病变到一定程度时，引起心脏和脑的供血不足甚至缺血，造成冠心病和脑血管病。因此，在对中年人进行体能训练时应合理安排运动负荷，不宜做持续且紧张的耐力性练习。

（5）呼吸系统：呼吸系统功能的变化主要是肺的扩张和收缩能力下降，使肺活量减少，呼吸功能减弱。在气排球训练活动中，应注意掌握活动量，注意活动环境的空气质量。

3. 青少年气排球队员身体特点及体能训练的要求

（1）中枢神经系统：青少年队员神经系统的发育优于其他系统，神经活动的兴奋和抑制过程呈不平衡状态，兴奋过程占优势，表现为活泼好动，精力充沛；由于新陈代谢旺盛，疲劳也容易恢复，模仿能力较强，容易建立条件反射，但动作不够协调精确，不巩固易消退；神经活动中第二信号系统的活动还不完善，抽象思维能力较差。因此，在体能训练中要多做示范，多采用直观形象的手段与方法，使他们能直接感觉到各肌肉的感觉，形成正确的动作。

（2）骨骼系统：青少年队员骨骼迅速增粗和加长，一般平均每年长7厘米～8厘米（有的长10厘米～12厘米）。12～14岁的少女和13～15岁的少男处于性成熟的前期，骨骼的生长速度加快，与成年人相比，骨骼的胶质多，钙质少，未完全骨化，骨骼的弹性和韧性较好，但承受力和张力不如成年人。在体能训练中，要注意身体的全面发展，防止局部负担过大，多做对称性练习，并用多种方法交替进行。这一阶段宜做速度、跳跃的练习，促进骨骼的增长。进行力量训练时要注意负荷，避免大重量的练习或过多采用静力训练，不宜在水泥或沥青场地反复进行跳跃练习。

（3）肌肉系统：青少年队员的肌肉中水分较多，蛋白质含量较少，随着年龄的增长，肌肉中的蛋白质含量逐渐增加，肌肉的收缩和弹性也随之提高，但柔韧性相对降低。肌肉的重量也随着年龄的增长而增加，8～12 岁时，肌肉生长速度开始加快，尤其是 15～18 岁时增长最快。在 12～15 岁阶段，肌肉主要是纵向增长，肌肉雏形是细长的，与成年人相比，肌肉横断面积较小，肌肉的收缩力、伸展性、弹性和耐抗力不如成年人。因此，在锻炼肌肉力量时，宜多做多种徒手练习，不负重的跑和跳跃练习。从 15 岁开始，适当增加负重量。发展力量应以动力的练习为主，宜多做助跑起跳、变向移动、挥臂击球等练习。要增强肩、膝、踝和腰背肌、腹肌的力量，多做一些带有爆发性而又能很快自然放松的练习。要注意发展小肌肉群的力量，保证身体得到全面发展。

（4）心血管系统：青少年队员心肌纤维短而细，肌纤维之间的间质较少，心脏重量比成年人小。随着年龄的增长，心脏的重量、容积及心率不断变化，到 18 岁时接近成年人水平。心收缩力较弱，心输出量较小，但新陈代谢旺盛，交感神经系统占优势，心率比成年人快，心脏功能和神经系统的调节均不及成年人，但血管弹性优于成年人，血压比成年人低，16～17 岁时血压接近成年人水平。因此，在对青少年进行体能训练时应合理安排运动负荷，不宜做持续而紧张的耐力性练习，随着年龄的增长，可逐渐增加耐力训练的比重，但练习密度可大些，间歇次数要多些。13～14 岁以后可以承受较大的运动负荷，但要循序渐进、区别对待。应多做一些促进血液循环的练习，如间歇竞赛跑游戏、打篮球、踢足球等活动，以提高血液循环和呼吸机能。

（5）呼吸系统：青少年的呼吸系统处在生长发育的过程中，他们的呼吸频率较快（12～13 岁阶段约为 12～14 次/分），呼吸深度和肺通气量均比成年人低，屏气时间较成年人短；随着年龄的增长，呼吸机能逐渐提高。因此，在进行体能训练时，要突出以强度为主的间歇性训练，避免强度较大且持续时间较长的练习。训练强度应循序渐进，不能过急。要培养他们加大呼吸深度和使呼吸与动作配合的能力，尽量减少屏气活动。

（6）女队员青春期：女队员从 11～13 岁就进入了青春期，在生理和心理上产生了较大的变化，在月经期进行体能训练时，容易使她们在精神上产生恐惧和紧张感。因此应严格遵守区别对待的原则，对月经期反应正常的队员，可以进行适当的训练，但要合理选择体能训练内容，减少或避免剧烈的跳跃、静止用力、猛烈的收腹及收腿动作和长时间屏气动作。月经期适量训练，能促进血液循环，调节大脑皮质的兴奋和抑制过程，有利于减轻或消除月经期中的不良反应。对刚出现月经期和月经期没有训练习惯的队员，应注意循序渐进，逐步提高她们适应训练的能力。月经期训练应避免做跨跳、劈腿和剧烈的活动。如发现月经失调，应进行医务检查，调整或停止训练。平时队员应注意加强腰腹肌和盆底肌的锻炼，可以预防痛经等不适反应，而且对于提高动作的灵活性有很大的帮助。

总体而言，针对不同年龄、不同性别的气排球运动员，规定和采用不同的教学训练任务与内容，科学训练，才能真正做到促进健康，提高运动成绩。

二、气排球体能训练的内容与基本要求

（一）内容

气排球体能训练要根据气排球运动的特点，采用专门的训练手段来发展与气排球运动水平有直接关系的专项身体素质、机体机能能力和身体形态。气排球队员的体能训练分为一般体能训练和专项体能训练。

1. 一般体能训练

一般体能训练是指根据专项体能的需要，在运动训练中以各种身体练习的形式、训练方法和手段，来提高队员全面的基础运动素质，增强各器官系统的一般机能和改善身体形态，使运动员掌握一般体能训练的理论与知识，为其专项体能最大限度地提高打好多方面的基础。

2. 专项体能训练

专项体能训练是指以专项运动动作或与专项运动动作在特点上相似的运动动作作为练习形式，采用各种训练方法和手段，提高专项技术、战术所需要的专项运动素质、机体各器官系统的专项机能，形成专项身体形态，使运动员掌握一定专项体能训练的理论与实践知识，最大限度地提高其专项运动成绩。

3. 体能训练的主要内容

从气排球运动员专项运动素质的角度来看，体能训练的主要内容有：

（1）力量素质：包括腰腹力量、腿踝力量、手臂力量、手指力量、手腕力量等。

（2）速度素质：包括反应速度、移动速度、起跳速度、挥臂速度。

（3）弹跳速度：包括原地弹跳、助跑弹跳、连续弹跳等。

（4）耐力素质：包括移动耐力、弹跳耐力、速度耐力等。

（5）灵敏耐力：包括腿、手、腰、腹的协调配合能力及场上的灵活应变能力等。

（6）柔韧耐力：包括肩、髋、膝、踝、腕等关节活动的范围等。

（二）基本要求

1. 体能训练必须全面安排

气排球运动需要运动员具备全面的身体素质，且各身体素质间彼此联系、相互依存、相互促进，因此在体能训练中要全面安排。在发展专项运动技能的前提下，应全面安排和充分发展运动员的各项运动素质，提高一般身体机能水平。尤其是青少年时期，更应进行全面体能训练。此举不但有助于提高运动员的一般身体机能水平，还可减少训练的枯燥感，提高运动员的练习兴趣，对专项训练起调节作用。

2. 科学系统地安排体能训练比重

教练要根据比赛的准备期，合理系统地规划体能训练的整个过程，在内容、比重、手段、负荷等方面也应做出系统安排，尤其是在青少年时期以及达到高水平成绩之后，更应周密考虑。一般来说，青少年运动员体能训练所占的比重要大些，成年运动员可相应小些。训练的不同阶段，体能训练所占的比重也应不同，如冬训时体能训练所占的比重就应小一些。训练的不同阶段对体能训练的侧重也不同，如青少年多进行全面训练；赛前阶段坚持力量训练等。

3. 处理好与技术、战术训练的关系

体能训练与技术、战术训练，既不是相互对立，也不可互相替代。体能训练是整个运动训练过程中不可缺少的组成部分。体能训练的内容、手段和方法，应紧密结合气排球技术和战术的要求，使体能训练能有效地满足技术和战术对体能的要求。

在一般训练的基础上，体能训练必须根据技术、战术和专项能力特点充分发展专项运动所需的素质，以促进队员提高专项运动成绩。技术、战术练习是专项训练的重要内容之一，体能训练为技术、战术练习提供基础。掌握先进的技术是发挥训练水平的重要前提，因此体能训练要和专项技术、战术相结合。结合专项运动进行体能训练，能使运动员在身体形态以及机能方面对该运动项目的特殊要求产生适应，有利于专项成绩的提高。

4. 合理安排体能训练的时间和运动负荷

运动员在大脑皮质处于良性兴奋和精力充沛的状态下进行体能训练效果最好，也不容易受伤。同时，运动负荷安排要合理，既要有一定的强度和密度，又要科学地掌握间歇和休息。

5. 加强体能训练的针对性

教练在进行体能训练时要善于发现和掌握运动员的个体差异，并采取有针对性的训练手段与方法。体能训练的安排要因人、因项、因时而异。要从训练对象的个人特点、比赛要求、训练条件等实际情况出发进行安排，紧紧围绕提高专项成绩和技术水平这一最终目标进行。同时，又要根据运动员的主观和客观条件以及专项运动需要，合理确定和安排体能训练的内容与负荷；此外，还应使运动员的运动素质在各个方面按比例平衡发展，以适应提高运动技术水平的要求。

6. 体能训练的方法和手段要多样化

单调的训练方法使训练枯燥乏味，影响运动员的训练积极性，也不能适应气排球运动对体能的要求。对于同一训练内容要不断变换训练手段与方法，提出不同的要求，如采用竞赛、游戏、测验、评比等方法，激发运动员的训练欲望，收到良好的训练效果。

三、体能训练的发展趋势

（一）重视科学选材和科学训练

科学选材主要是通过遗传学的理论，结合气排球运动的专项要求，探索对气排球运动员体态、心理、智力测试和评价的选材指标和方法，选拔在气排球运动项目上有突出才能和发展潜力的人才的研究。

科学训练主要是通过对气排球运动训练的状态和规律的探索，根据气排球运动的特点和训练任务，研究如何采用专门的训练方法和手段，有效地发展专项运动所需的各种特殊的体能、技能和智能，为直接促进气排球运动员竞技能力的全面提高和发展创造条件，同时包括对影响训练的因素，如运动负荷、训练效果的评定，以及训练与竞赛的关系进行研究。

（二）运动人体科学研究直接服务于体能训练

在当今全民健身、全面提升国民体质的热潮中，运动生理学、运动生物学、运动医学等科研工作者都走出实验室，深入到各个运动场所，为运动实践服务。通过监测运动员的生理机能，合理安排运动负荷，探讨加速运动后运动员体能恢复的手段；在不同时间间隔内测量乳酸的含量，为加大运动强度提供依据；研究心肺功能，为运动训练提供参考等。

（三）传统和现代训练方法相结合，训练手段趋向多元化和模式化

作为排球运动的衍生项目之一，气排球运动汲取了竞技排球传统的持续、间歇、重复、循环和比赛训练法的精华。随着这项运动的普及，高水平专业队伍的逐步进入，核心训练、功能恢复训练等新的方法和多元化的手段也陆续被引入。如为提高队员的灵敏协调性，采用绳梯、平衡盘、瑞士球等进行训练，利用弹力带提升力量素质等。

（四）高度重视功能性训练和高效能的恢复训练

目前，气排球项目的体能训练已突破单一的传统体能训练模式，走向功能性发展道路。功能性体能训练更加贴近技术动作模式，强调多关节运动链的作用和人体非稳定状态下的动作稳定性。加强功能性体能训练，对进一步提高气排球运动员的竞技能力有重要作用。

气排球专项训练越来越重视高强度模式下的恢复训练。训练内容注重合理搭配，大负荷训练后进行形式多样的牵拉运动，有利于使扭转的肌纤维重新归位与排序；大力量训练完成后的有氧运动，有利于加速身体机能恢复等。

（五）注重体能的整体性和分化性特征

整体性是指注重对体能训练中各要素的统筹与优化，注重对神经、肌肉和本体感的功能性训练，注重多关节运动的协调性训练，避免以往单因素（如速度）、单功能（如肌肉）、单关节体能训练的局限性。分化性是指体能训练与专项训练结合得更紧密，方向更明确，训练更细化，体能特征更具专项性。气排球运动是一项间歇式的运动，即短时间爆发式的身体运动被短暂的间歇休息分隔开来的运动。它是由多次、短促、完整用力的有球技术（传、垫、发、扣、拦）和较长时间稍低强度的无球技术（暂停、换人、局间休息、死球等）所组成的间歇式运动，是以有氧供能为基础，有氧与无氧相结合的运动。整体性和分化性运用在气排球项目中，就是在体能训练单个或组合训练手段的选取中，尽可能最大限度地包含气排球比赛所需的各种专项体能，以期达到各种体能最佳的整体协同；准确把握气排球运动的功能特点，突出无氧爆发力训练和长时间保持高强度对抗的体能储备。

第二节　气排球运动员体能训练方法

一、发展专项力量的方法

（一）发展专项力量的练习方法

1. 手指、手腕力量练习

（1）手指用力屈伸练习。

（2）手指或手掌撑地做俯卧撑练习。

（3）手指用力做握小皮球练习。

（4）单手或双手传足球或篮球。

（5）身体离墙 1 米左右，用手指做推撑墙动作。

（6）手持哑铃做腕绕环练习。

（7）用小哑铃或杠铃做腕屈伸练习。

（8）提抓沙袋练习。

（9）向下抖手腕做拍球练习。

2. 手臂力量练习

（1）单人进行各种抛球练习，用前臂和手腕用力将实心球抛起，用另一只手接住，两手交替进行；双手在背后将球抛起过头并接住；双手向上抛球，转体 360°接住；仰卧，双手在胸前向上传球，迅速起立接住；双手持球，弯腰从胯下向后上方抛球，转身接住。

（2）双手或单手持球上举，采用站姿或跪姿、坐姿，直臂或屈臂做向前、向后抛掷实心球练习。

（3）双人推小车比赛，正反向运动。要求身躯平直，手臂伸直。

（4）俯撑，脚尖固定，两手交换支撑绕圆圈移动。

（5）手倒立推起（在同伴帮助下）练习。

（6）俯撑，手足同时离地向侧面跳跃移动。

（7）双手持哑铃做前平举、侧平举和臂绕环练习。

（8）双手持哑铃在肩后屈肘。

（9）徒手挥臂或做掷网球练习。

（10）肩上单手或头上双手掷实心球练习。

（11）自己或在同伴帮助下做侧手翻练习。

3. 腰腹肌、背肌力量练习

（1）单人徒手练习。

1）仰卧起坐、俯卧体后屈、侧卧抱头侧上屈、仰卧举腿等，可徒手或负重进行练习。

2）双手置于头上，上身做前后屈、左右屈或大绕环练习。

3）仰卧两头起。仰卧，两手臂和两腿伸直，同时向一起靠拢，手指尖触脚背为一次。

（2）双人徒手练习。

1）俯卧，两手置于背后，做体后屈，另一人固定其脚部。

2）一人仰卧，双手握住另一人踝部，做快速收腹起，另一人推其脚背。

3）一人在凳上仰卧，举起两脚放在另一人腰旁，另一人握住其踝部，仰卧者伸直两膝用力起坐，用手拍自己的脚背面，然后双手在头后触地。

4）一人左右侧卧起，另一人固定其脚。

5）人在凳上做仰卧绕“8”字回环，另一人固定其脚。

（3）实心球练习。

1）双手持球或双脚夹球，在垫子上做仰卧收腹或俯卧折体起。

2）站立或分腿坐地，双手持球做体转和上身大绕环练习。

3）两手持球，臂上举，做以腰为轴的上体后屈腹背运动。

4）在垫子上仰卧，双脚夹球，举腿到头上或头后，或上挺成肩背倒立。

5）双脚夹球跳起，将球向前、向上或向后抛出。

6）一人仰卧于垫子上，在其脚部稍远处站一同伴。同伴把实心球传给仰卧者，仰卧者接球坐起，同时将球用双手回传给同伴。

7）坐在垫子上，双手持球，从头上向背后掷实心球。

（4）杠铃和壶铃练习。

1）做抓举杠铃的练习。

2）斜板仰卧持壶铃或杠铃片做收腹练习。

3）肩负杠铃或手持壶铃做上身屈伸练习。

4）肩负杠铃做体前屈、体转、体侧屈练习（小负荷）。

5）双手举一重物（杠铃片、哑铃等），做腰绕环练习。

4. 下肢力量练习

（1）矮子步行走，要求双手摸脚后跟，行走距离视能力的提高而逐渐增加。

（2）单、双脚跳绳及双摇跳绳练习。

（3）连续蛙跳、跨步跳、多级跳、单足跳练习。

（4）连续跳跃，跃过一定高度的橡皮筋或栏架。

（5）跑台阶或双脚连续跳台阶。

（6）双足纵跳在空中转体。

（7）站立，两脚交替上踢，膝触胸。

（8）两人相向半蹲，连续侧滑步移动并做双手胸前传球练习。

（9）双脚夹球，跳起小腿后屈向上抛球后用手接球。

（10）在沙地或木屑跑道上及软垫上做各种跳跃练习。

（11）肩负队员半蹲起、全蹲起或左右脚交替做高凳上下练习。

（12）杠铃负重半蹲快速提踵。

（13）脚挂壶铃，做小腿屈伸练习。

（14）肩负杠铃坐在凳上，站起，连续做若干次。

（二）力量训练应注意的问题

1. 循序渐进，逐渐递增训练负荷

根据力量增长快消退也快和增长慢消退也慢的规律，当队员对某一负荷适应后，应增加负荷刺激，使其始终处于不适应状态，不断打破旧的循环，建立新的循环。大负荷训练能使肌肉最大限度地收缩，从而刺激肌肉产生相应的肌力，使肌力不断地提高。实践证明，每周安排一两次力量训练可保持已获得的力量，只有坚持全年训练，才能使力量得以逐步增长。

2. 全面平衡发展

上下肢、前后肌群要平衡发展，离心收缩与向心收缩要成比例，主动肌、协同肌与对抗肌的放松练习也要纳入力量训练计划中。在一节力量训练课中，其安排应循序从大肌群的训练至小肌群的训练。在常年或多年的训练过程中，应坚持小肌群训练不间断。

3. 集中刺激与分散刺激相结合

每次力量训练不应集中在某一部位进行，集中刺激容易给机体留下较深的痕迹。但集中刺激过于频繁，容易使局部肌肉产生疲劳甚至损伤。只有将集中刺激和分散刺激安排结合起来，才能使身体各部位的力量协调发展，相互促进。

4. 训练手段和方法力求多样

任何长时间单一的练习方法都会使队员感到枯燥甚至厌倦，单一练习手段对队员机体的影响不可能是全面的。为了提高队员练习的兴趣，全面增强队员的身体机能，应根据力量训练的任务，结合队员的身心特点，力求使训练手段和方法新颖、多样化。

5. 因人而异

教练要根据队员的年龄、场上位置、个体特征等因材施教，循序渐进。在少年期，应主要以克服自身阻力的形式，逐步提高承受负荷的能力，多采用动力性练习，以发展一般力量训练为主。在第一次性发育阶段，应尽量避免对脊柱进行有负荷的练习，用提高动作速度和改善肌肉协调功能来提高速度力量。在16～18岁阶段，可逐步进行承受最大力量的负荷训练。力量训练应在队员精力充沛时进行，身体疲劳时进行力量训练容易受伤，负荷大或达到极限强度时，一定要加强保护，避免伤害事故的发生。

6. 突出速度

不要片面追求负荷量和难度，关键是在动作正确的情况下选择适宜的负荷强度，重点突出速度。

二、发展专项速度的方法

（一）发展专项速度的练习方法

1. 反应速度练习

（1）起跑练习：看手势或其他信号向各个方向起跑，预备姿势可以是站姿，也可以是坐姿、跪姿或卧姿。

（2）追逐跑练习：全队队员分两队面对站立，相距1米左右，看教练手势或其他信号做追逐跑练习。

（3）冲刺钻球：教练抛垂直球，队员定点起动，力争在球落地前从球下钻过；或教练将球突然放手，让球下落并反弹起来，队员在第二次球落地前从球下钻过。

（4）冲刺接球：教练单手将球高举，队员在3米处准备，当教练突然抽手让球掉下时，队员冲跑在球落地之前将球接住。

（5）一名队员任意抛球，另一队员移动接球后抛回；或一名队员抛球，两名队员轮流接球，也可由一名队员抛球，其他队员绕过若干障碍物将抛出的球接住。

（6）转身接球练习：队员面对墙站立，教练向队员后方掷出各种变换球的同时发出信号，让队员转身将球接住后再抛给教练。

（7）垫墙上反弹球：队员面对墙2～3米站立做好准备，教练从队员身后突然将球扔到墙上，要求队员将反弹回的球垫起。教练扔球的角度要根据运动员的反应能力而确定，应掌握好练习的难度。

（8）追赶同伴练习：全队做圆圈跑动报数，做好追人的准备，教练员随便喊1或2，被喊到的队员立即加速追赶前面邻近的队员，要求在外圈一圈之内追到。

（9）主动与被动拦网：两名队员隔网相对站立，一人主动甩开对方跳起拦网，另一人力争不被对方甩掉，而与其同时拦网。

（10）听信号反应练习：运用听觉信号，做出各种快速起动和冲刺、移动、变向、急停和跳跃练习。

（11）看手势反应练习：各种距离看手势起跑及冲刺比赛。

1）绕过后面的队员做冲刺跑。

2）绕过后面的队员做一圈半冲刺跑。

3）绕过前面的队员做冲刺跑。

4）绕过前面的队员后，再踏起跑线后做转身冲刺跑。

5）前面队员绕后面队员一圈后，后面队员接力起跑冲刺。

6）后面队员绕过前面队员后，前面队员起跑冲刺。

（12）两名队员各自站在篮球板的两个角下，看教练手势起跳，单手（或双手）摸篮板，然后移动摸罚球线（或气排球场端线），如此往返 3～5 次，看谁完成的速度快。

（13）移动截球：教练在网前，队员在中场准备，教练向各位置抛出各种球，要求队员判断并移动，在球未出半场或落地之前将球截获。

（14）垫起反弹球练习：队员背对墙面站立，自己对墙抛球并迅速转身将反弹球垫起。

（15）躲避球击：全队队员分成两队，一队站半场内，另一队站场外，场外队员用一球（或多球）掷向场内队员，场内队员进行躲避，被击中者出场或加入场外队，直至场内队员全被击中。

2. 移动速度练习

（1）原地快速跑计时练习。

（2）做原地小步跑或高抬腿跑时，根据教练发出的信号，突然向前加速跑出。

（3）结合气排球场地练习各种移动步法，如向前做小步跑或各种小碎步跑，向两侧做滑步或侧交叉跑，向后做后退跑或结合视觉、听觉信号做各种移动的互换练习。

（4）看手势快速起动，在进攻线和中线之间或端线和进攻线之间往返快速移动。

（5）根据教练发出的视觉、听觉信号迅速起动、移动和制动，看哪个队员在规定的时间内移动距离最长。

（6）“米”字形快速往返移动。

（7）跑中变方向。

1）队员站在距离教练 10 米的地方，看手势轮流起动跑向教练。在离教练 2～3 米时，教练突然给两侧手势，队员不减速朝指定一侧跑过。

2）同 1），从 6 米处自动后退跑向教练，距离 2～3 米时，教练发口令同时给手势方向，队员听口令转身朝指示方向一侧跑去。

3）两队员相距 2 米，看手势迅速起动冲向教练，冲出 3～5 米后，教练突然向两侧给手势，如指向右时，则左边队员追右边队员，要求在 10 米内追上。

4）第一排五六个队员成纵队直线跑，看手势向两侧跑，看谁先冲出边线。

5）同 4），从后退开始，听口令转身，同时看手势向两侧跑。

6）全队相距 2 米，成两行跑，看手势向两侧互追。

7）同 6），成两行后退跑，听口令转身，同时看手势向两侧互追。

（8）网前 3 米快速移动接起跳拦网练习。

(9) 气排球半场对角线冲刺跑。

(10) 移动拦网后，后退垫球，再助跑起跳扣球的组合练习。

(11) 前后、左右连续移动垫球、传球练习。

(12) 扣球、拦网、调整传球、防守、扣球的组合练习。

3. 挥臂速度练习

(1) 徒手连续快速挥臂练习。

(2) 扣吊球。要求动作放松，并有后振动作，抽打时肩部向上伸展。

(3) 快速挥臂以扣球动作抽打标志物，如树叶，树叶应在扣球手臂上方最高处，抽打时肩部向上伸展。

(4) 手持羽毛球、乒乓球掷远。

(5) 两人一组，相距 10 米左右，相互单手肩上掷气排球，要求以挥臂扣球动作掷球，并且使球出手后与地面近似平行飞行。

(6) 以扣球手法，在助跑起跳后挥、甩网球、垒球或羽毛球。

(7) 做轻杠铃的提、屈、挺等快速练习。

(8) 两人一组，相距 5～6 米，单手掷实心球。

(9) 用传球动作快速抖动手腕 30 秒至 1 分钟，要求小臂放松。

(10) 结合球做挥臂练习。一人抛球，另一人扣球，在肩的前上方要有一根橡皮条或绳代替气排球网，每组扣 30 次，两人交换。

4. 起跳速度练习

(1) 连续做跨跳、单足跳或蛙跳练习。

(2) 连续做徒手助跑起跳扣球练习。

(3) 连续跳跃 3～5 个栏架或一定高度的橡皮筋，要求脚落地后立即跳起，连续性和节奏感要强。

(4) 连续起跳拦快球 10～20 次。

(5) 在 30 厘米台阶上跳上跳下，10 次计时。

(6) 连续跳 3～5 个不同高度的栏架或橡皮筋，要求连接的速度要快。

(7) 教练按规定的节拍左右移动横杆，队员穿沙衣或手持重物跳过横杆。

(8) 连续起跳扣半快球 10～20 次。

(二) 速度训练应注意的问题

(1) 速度的提高不如力量训练的增长明显，所以速度训练要保持经常性，并对提高动作速度不断地提出具体要求。

(2) 速度训练应安排在队员中枢神经系统处于良性兴奋状态时进行，否则动作的协调性将受到影响，快速完成练习的能力也会丧失。在每次训练课的前半部分，在适应性练习后进行速度练习的训练效果较好。训练中应结合气排球运动的特点练速度，应多采用视觉信号，让队员做出相应的反应动作。

(3) 专项速度练习要和专项技术训练紧密结合。专项速度练习可以帮助队员建立专项条件反射，从而能更快地提高专项技术的反应速度。实践证明，反应速度练习结合气排球场地和球来进行，比单纯练习提高的速度快。所以应结合专门技术练速度，与所采用的技术、战术特点相适应。

（4）应以多种手段提高速度。要以与速度相关的其他素质促进速度的提高，如可通过力量的训练来提高速度。

（5）在进行速度训练时要注意队员的年龄和性别差异。初中学龄段是提高速度的敏感期。这个年龄段的队员中枢神经系统的兴奋占优势，骨骼增长迅速，柔韧性较好，这些都为提高频率、增大动作幅度提供了条件，应抓住这些特点，特别重视速度训练，积极地提高队员的速度。

（6）速度训练可遵循超负荷原则，安排在负重力量训练后，利用肌肉剩余兴奋的惯性动员更多的肌纤维参与运动。这样做既可发展力量，又可发展速度，使神经始终处于灵活控制中，防止产生动作僵硬和不协调。例如，在进行杠铃训练后立即转入徒手的，与所运用的技术动作相似或相同的练习，利用肌肉剩余兴奋的惯性动员比平时徒手练习时更多的肌纤维参与运动，提高运动能力。

（7）进行速度训练要防止产生不良影响的积累，如做完速度较慢的练习后要安排速度较快的练习，形成训练的良性转移。

三、发展专项弹跳力的方法

（一）发展弹跳力的练习方法

1. 徒手练习

（1）左右脚交替向前做跨跳练习。

（2）两腿深蹲，连续向前做蛙跳练习。

（3）连续垂直跳起，在空中做快速收腹练习。

（4）原地向前、向后、向左、向右做直膝连续跳跃练习。

（5）半蹲、全蹲纵跳起。

（6）原地连续做直膝向上跳练习。

（7）垂直跳起，在空中做转体 180°、360°练习。

（8）单脚前跳，落地后立即双脚跳回。

（9）从高台跳下后立即做冲刺跑练习。

（10）采用半蹲姿势从高台跳下后，立即再跳过低障碍物。

（11）利用高台或跳箱做连续跳上跳下（单、双脚）练习。

（12）双脚连续做左右跳过长凳练习。

（13）连续双脚跳越 3～5 个栏架。

（14）单、双脚向上跳跃，抱膝或分腿跳，之后双脚落地。

（15）立定或助跑 1～2 步的跳高或跳远练习。

（16）以跨跳步行进或双脚向斜前方跳跃，也可单脚左右交叉跨跳步前进。

（17）双脚连续向上方跳，跳起后收腿或展腹，或前后分腿在胯下击掌。

（18）双线跨跳，两条线相距 50 厘米。

1）双脚跨出、跨进、向前或向后连续跳。

2）双脚两边跨越前进跳。

3）单脚两边跨越前进跳。

4）左脚跨过右线、右脚跨过左线跳。

（19）从40～100厘米的高台上跳下，再迅速跳上另一高台。或先双脚跳上一高台，跳下后再立即跳上另一高台。

（20）连续做扣球或移动拦网练习。

（21）从高台上跳下后，立即再跳起做拦网或扣、吊球练习。

2. 结合气排球的各种起跳练习

（1）摆臂起跳的模仿练习。

（2）摆臂与起跳的节奏练习。

（3）助跑与踏跳的结合练习。

（4）助跑与起跳空中平衡与滞空能力的练习。

（5）变向助跑起跳与跑动助跑起跳扣球练习。

（6）连续助跑起跳与跑动助跑起跳扣球练习。

（7）跳起空中连续拦扣球练习。

（8）网前连续移动追拦吊球。

（9）45°角快速助跑至网前起跳，在最高处接抛球。

（10）低网原地起跳扣自抛球。

3. 结合其他器材进行的练习

（1）后排助跑起跳，挥臂向对方场区掷垒球练习。

（2）原地或助跑起跳摸篮球板（或一定高度的物体）。

1）跳起单手连摸。

2）跳起两手交换摸。

3）跳起两手同摸一个位置后换摸另一个位置。

（3）两人跳接球练习。要求在空中跳接后立刻在空中传出。

（4）连续两边来回移动起跳。

1）摸篮板的两个角。

2）摸两个吊球。

3）双手拦同伴在网上举着的两个球。

（5）肩负杠铃提踵。地面上放一块约5厘米厚的木板，队员前脚掌站在木板上，脚跟站在地面上，肩负杠铃，抬头挺胸，腰肌收紧，做提踵练习。如选用大重量时，要在杠铃架上练习。

（6）肩负杠铃跳跃。以下肢最大力量的50%为负荷量，队员膝关节角度为130°、140°，跳跃高度为15厘米，按规定的次数和组数进行练习。

（7）肩负杠铃半蹲起。下蹲时身体要保持挺直，膝关节的角度不要小于120°，杠铃重量一般应控制在最大负荷的75%左右，整个动作由下蹲至直立，速度不要快，要慢慢地完成。

（8）仰卧双足蹬起杠铃。

（9）各种重量的抓举和挺举。

（10）连续快速拉起一定重量的杠铃，要充分伸展髋、膝、踝等关节。

（11）半蹲姿势跳起，上抛 3～5 千克的实心球，要使用伸髋、膝、踝的力量上抛而不是只靠手臂的力量。

（12）助跑单脚或双脚起跳摸高，连续摸高练习。

（二）弹跳力训练应注意的问题

（1）弹跳力水平较多地依赖于力量素质，而力量素质易消退。因此，弹跳力的训练需进行多年规划或全年规划，常抓不懈。在全年规划中，要安排好每一阶段的训练重点，一般情况下，冬训期间弹跳力训练所占比重应大些，而且多采用力量素质练习的训练方法，比赛期间可减少弹跳训练，但结合气排球技术的弹跳训练所占比重应增大。即便在过渡期也要保持一定的力量训练，以维持或提高队员的弹跳力水平。

（2）提高弹跳力应从发展肌肉力量开始，当具有一定水平后，应同时发展肌肉力量和收缩速度。弹跳力水平主要通过爆发力表现出来，采用大负荷强度训练是提高爆发力的有效方法，但要根据具体情况因人、因时而异。初学者的弹跳力训练宜采用数量上的刺激，对有一定训练水平的队员宜采用强度刺激。在队员精力不集中或疲劳时，不能勉强其进行。要充分做好准备活动，防止受伤。

（3）进行与弹跳力相关的主要肌群的速度性力量训练，即大腿前群肌肉和小腿后群肌肉组成的伸膝肌群、屈足肌群和腰背肌群的爆发力训练。同时还要注意踝关节、脚掌等小肌肉群及韧带的爆发力训练。要使身体各部分的爆发力真正为跳得高、跑得快、滞空时间长服务。在弹跳力训练中，加强对协调性的训练也是必不可少的内容。注意安排一定数量的超等长训练。提高弹跳力的方法较多，其中超等长训练是使弹跳力提高较快的一种方法。如多级蛙跳、跳越栏架、跳台阶等。但运用超等长练习方法时要慎重，要在队员有一定的力量基础时使用，并与其他方法结合使用，以免因训练过度造成伤害。

（4）与专项技术相结合提高弹跳力。在弹跳力训练中所选用的练习，应与气排球动作结构和用力性质相一致，这样所发展的力量不需转换，可直接运用于专项技术。因气排球运动中各种击球活动的时机、方法变化较大，要适应这些变化，就必须加强专项弹跳技术的训练。

四、发展专项耐力的方法

（一）发展专项耐力的练习方法

1. 弹跳耐力练习

（1）连续的小负荷多次数的力量训练。

（2）规定次数、时间、节奏的跳绳。如 5 分钟跳绳练习：双脚跳 30 秒钟，左脚弹跳 1 分钟，右脚弹跳 1 分钟，完成两个循环正好 5 分钟（可根据训练水平调整负荷）。

（3）连续跳上跳下台阶或高台。

（4）连续原地跳起，单手或双手摸篮板或篮圈。

（5）连续收腹跳 8～10 个栏架。

（6）用本人弹跳 80％的高度连续跳，20～30 次为一组，跳若干组，组间休息 2～3 分钟。

(7) 个人连续扣抛球，10～20 次为一组，扣若干组，组间休息 3 分钟。

(8) 两人轮流连续扣抛球，30～50 次为一组，组间休息 2～3 分钟。

(9) 3～5 人一组，连续滚翻救球，每人 30～50 次。

(10) 扣防结合练习，队员扣一个球后退到进攻线防守一个球，连续进行，10～15 次为一组。

(11) 连续移动拦网：队员在 3 号位原地跳起拦两次网，落地后移动至 4 号位拦网，再回到 3 号位拦一次，移动到 2 号位拦两次，再回到 3 号位拦两次，如此重复，2～3 个循环为一组。

2. 移动耐力练习

(1) 看教练的手势连续向右前、前、左前方进退移动，2～3 分钟为一组。

(2) 36 米移动：队员站在进攻线后看信号起动，前进时必须用双手摸到中线，后退时双脚必须退过进攻线，前进、后退两个来回后接侧身沿交叉步移动（不许转身）两个来回，用单手摸线，然后做钻网跑，单手摸对方场区进攻线，折回时单手摸出发线。

(3) 连续的跑动滚翻或鱼跃救球。

(4) 队员连续移动接教练抛出的不同方向、不同弧度的球。

(5) 单人全场防守，要求防起 15 个好球为一组。

(6) 队员连续移动接教练掷出的不同方向、不同距离的地滚球。

(7) 个人连续地跑动传球或垫球 10～15 次。

(8) 30 秒移动：距离 3 米左右，连续做 5～8 组，中间间歇 15 秒。

3. 综合耐力练习

(1) 身体训练以后再进行排球比赛或比赛以后再进行身体训练。

(2) 技术训练以后再进行篮球或足球比赛，或其他游戏活动。

(3) 象征性气排球比赛模仿练习：如队员从 1 号位防起一个扣球，之后前移防起一个吊球；移动到 5 号位调整传球一次，再移动到 4 号位扣球一次；移动到 3 号位做一次拦网动作，后撤上步扣球，再移动到 2 号位一次单脚起跳扣球。以上动作都完成为一组，连续做若干组。

(4) 连续打 5～7 局或 9～11 局的教学比赛，可训练比赛耐力。

（二）耐力训练应注意的问题

(1) 耐力素质属于基础素质，应在全年训练计划中做好统筹安排。通常在冬训或年训之初多安排一般耐力的训练，作为全面训练的基础；在夏训和赛前可减少一般耐力的训练，增加专项耐力的训练；在比赛期间要酌情安排专项耐力训练，但不宜过多。

(2) 耐力训练应注意年龄特点。队员在身体发育成熟前，应着重发展其有氧耐力，而不宜进行大量无氧耐力的训练。对这一阶段的少年儿童，可根据情况适当穿插一些无氧耐力训练，但其强度不能太大，重复次数、组数要少，组间休息要充分，并以掌握较为熟练的技术动作练习为主，以免破坏技术动作结构，影响协调能力的发展。随着身体发育的不断成熟，应逐步加大无氧耐力所占的比例，为专项竞技能力的提高奠定基础。

(3) 紧密联系气排球专项运动的实际，各种技术、战术和身体训练只要安排得当都可以提高耐力，特别是在技术、战术训练中，在时间、密度、强度的安排上应有意识地结合气排球耐力训练的要求。在形式上接近实战，在数量上超过实战。采用极限训练法、间歇训练法和循环训练法都能有效地促进耐力的提高。

（4）耐力训练对队员的意志品质要求较高。坚强的意志能充分发挥队员的内部动因，提高抗疲劳能力，促进耐力训练水平。因此，在耐力训练中，要注重队员意志品质的培养。

（5）耐力训练要持之以恒。耐力素质消退较快，要经常进行耐力训练。每周至少应坚持一次有一定强度的耐力训练，才能使耐力素质得到保持。

五、发展灵敏性素质的方法

（一）发展灵敏性素质的练习方法

1. 控制性练习

（1）两臂同时分别向前、后绕环。按教练口令，两臂分别做不同顺序、不同起始节拍的动作。左手前平举，右手在体侧不动；左手上举，右手前平举；左手侧平举，右手上举；左手下放体侧，右手侧平举；左手不动，右手还原。

（2）两足开立和并拢连续跳跃，双手从体侧平举至头上击掌，最后还原。

（3）分足跳时，双手在头上击掌，并足跳时，双手侧平举。

（4）连续交换单足跳跃。前踢腿时，双手触足尖；后踢腿时，双臂上振，反复进行。一条腿前踢落地后换另一条腿后踢。

2. 单人垫上练习

（1）连续做前（后）滚翻练习。

（2）做左右侧滚翻练习。

（3）做鱼跃前滚翻练习和手撑兔跳练习。

（4）做直体前扑→手掌胸前击掌→推起穿腿→蹬足练习。

（5）做前滚翻→左（右）横滚动→快起→原地鱼跃→跪跳起练习。

3. 双人及多人垫上练习

（1）双人前滚翻练习。

（2）双人鱼跃横滚翻前进。

（3）三人两边交叉鱼跃横滚翻。

（4）三人两边鱼跃前滚翻练习。

4. 橡皮筋垫上练习

（1）橡皮筋高度为1米左右（也可根据队员弹跳高度确定），双脚跳起收腹，将橡皮筋踩下，再接前滚翻，或接跪跳起，或接鱼跃前滚翻。

（2）一定高度的侧手翻。

（3）双脚跳过橡皮筋接跪跳起后再跳过橡皮筋。

（4）两条橡皮筋，跳过一条后接俯卧撑，跪跳起后再跳过另一条。

（5）一定高度的兔跳，从橡皮筋下面过，臀部不得碰橡皮筋。

（6）一高一低两条橡皮筋，中间距离尽可能小些，做鱼跃前滚翻，从两条橡皮筋中间过，要求上下不得碰橡皮筋。

5. 弹跳板练习

（1）原地或助跑高跳，做收腹、展腹练习。

（2）做前、后或左、右分腿跳。

（3）向前屈体摸脚面。

（4）两次转体，落地后接前滚翻或接鱼跃前滚翻。

6. 结合场地和球的练习

（1）根据不同信号，队员分别做快速起动、制动、变速、变向及跳跃、滚动等动作。

（2）队员做拦网落地后，接鱼跃或滚翻垫球，再上步扣球。

（3）队员做前扑→向后撤步移动→向前单足蹬地鱼跃→向侧后滚翻的组合练习。

（4）持球躺在地板上，自己向上抛球后立即起立将球接住。

（5）将球用力向地面击打，待其反弹后从球下钻过，反弹一次钻一次，力争钻的次数多。可以两人比赛。

（6）每人一球，连续运球从教练拍球中钻过。

（7）三人一组，中间队员分别接两边队员的平抛球，做向后倒地传球。

（8）两人一组，一人侧传另一人抛来的低平球后接滚翻，若干次后交换。

（9）两人一组，一人跳传另一人抛来的球后接着做立卧撑，若干次后交换。

（10）教练灵活运用扣、吊或抛球的方法支配球的速度和落点，队员判断并翻动取位将球回传（垫）给教练。

（11）教练灵活运用扣、吊球手法，将球击到边线（或端线）附近，队员移动垫球，界内球接，界外球不要接。

（12）网前拦网一次，转身退到进攻线救一个球，然后回到网前传一个球。

7. 游戏性练习

（1）两人相对站立，做相互躲让或击打对方背部的游戏。

（2）喊谁捉谁：在排球场内，全队分散站，教练喊某队员的名字，大家起跑过去捉他。教练突然喊另外一个队员的名字，大家改捉另一人。教练可以连续喊不同队员的名字，使全队队员不停地跑起来。

（3）听哨音捉人：全队分为两人一组，可任意跑动。教练吹一声哨，1 数追 2 数；吹两声哨，2 数追 1 数；吹三声哨，大家都停住不动。

（4）“老鼠”出洞：大家手拉手站成圆圈。圈内两人为“鼠”，圈外 4 人为“猫”。“猫”不让“鼠”出洞，“鼠”互相配合把“猫”晃开，从两人手下钻出就算出洞一次，以出洞三次为胜。在出洞过程中，“鼠”被“猫”摸到，则这次出洞无效。大家轮流扮演“鼠”和“猫”的角色。

（5）叫号折回跑比赛：队员分三排在端线后按 1、2、3、4 号站好。教练喊号，被喊到的队员跑到规定距离折回，先到者得 1 分。教练可以任意喊号，也可以重复喊号，最后得分多的队获胜。

（6）活动球篮的篮球赛：分成两队，每队由三人手拉手做成一个“篮”，可以在本队半场内自由跑动，但不能缩小篮圈。其他人可以互相传、抢球，争取投进对方的“篮”，但接球的人不能运球跑，只能传。

（7）持球跑三次后仰接力赛：全队可分为三组进行。第一人持球在端线外预备，听到信号后起动，双手持球向前跑，每跑到进攻线及端线时，须后仰一次，要求球不得离手，手不得扶地，在端线外站起后把球抛回本组第二人。第二人接球后必须在端线外后仰一次，或拿球触及端线后再起跑。最先跑完的队获胜。

（二）灵敏性素质训练应注意的问题

（1）气排球运动中的灵敏性是由判断能力、反应速度、移动速度、爆发力和协调性几种素质与气排球技术结合而成。灵敏性训练要求队员注意力集中，动作准确快速，因此应把灵敏性素质训练放在课堂的前半部分进行。

（2）灵敏性素质训练注重对腰、腹、背的训练，它们是连接上下肢的纽带，各种全身活动都离不开它们的配合，对于身体的灵活性起着重要的作用。

（3）灵敏性素质训练应以视觉信号为主。在气排球运动中，运动员的灵敏性反应多来自对已观察到的情况的判断，根据观察与判断及时地做出动作反应。所以要积极训练运动员的观察能力，提高他们神经系统的反应能力。

（4）根据年龄特点，安排好灵敏性训练。13～14 岁以前，通过训练来发展灵敏性素质可以取得较大的效果；15～16 岁是快速成长期，灵敏性增长较慢；到 18 岁以后，灵敏性又以稳定的速度增长。训练中要根据运动员的生理特点和实际情况，抓住灵敏性发展的规律和时机，科学地安排训练，只有这样才能得到良好的效果。

（5）灵敏性素质训练的内容和动作设计应考虑到气排球技术动作的需要。如滚翻、前扑、鱼跃、起立、起跳、空中动作、击球、转体等，应紧密结合技术的实际，使灵敏性素质的提高能更直接地应用到实际比赛中。

（6）灵敏性素质是由多种素质结合而成的，不是通过单独训练就可以完全获得的，因此在训练灵敏性时应注意与其他素质训练相结合，以取得更好的效果。

六、发展柔韧性素质的方法

（一）发展柔韧性素质的练习方法

1. 发展手指、手腕的柔韧性

（1）两手相对，指尖向上互触，反复进行弹压练习。

（2）压腕练习。

（3）手持短器械做腕绕环练习。

（4）队员一手侧扶肋木，两腿前后分开，脚跟着地并固定，做前、后转腕练习。

2. 发展肩关节柔韧性

（1）两臂前后绕环和上下摆振练习。

（2）手扶墙（或肋木）压肩、压腰练习。

（3）在单杠和肋木上做单拉、双拉肩练习。

（4）两人相对，手扶对方肩部，同时做体前屈压肩练习。

（5）背对肋木坐下，两手从头上握住肋木，两脚不动，腰尽量向前挺起，持续数秒钟。

（6）两人背向站立，双手互握，左右侧拉。

3. 发展腿部的柔韧性

(1) 两腿交换做前、后、左、右摆振练习。

(2) 做各种踢腿动作，向前踢、向后踢、向侧踢等。可以徒手做，也可以扶墙、树干或肋木做。

4. 发展腰、髋的柔韧性

(1) 上身弹振前后屈（后屈时加弹性阻力和保护）。

(2) 双手握单杠或吊环做腰回旋动作。

(3) 队员背对背，手臂互握，平举或屈肘互勾做大幅度转体动作。

(4) 正压腿，侧压腿（在地上或肋木上）。

(5) 纵劈腿，横劈腿。

(6) 屈腿坐下，两脚掌心相对，双手将膝关节向下弹压。

(7) 背向双手头上握肋木，双脚固定，做腰、髋前挺练习。

5. 发展踝关节柔韧性

(1) 跪坐压踝。

(2) 负中等重量，踝关节做屈伸动作，如提踵。

(3) 脚放在高约 10 厘米的木板上，足跟着地，做负重全蹲练习。

(4) 点起脚尖，做踝关节的绕环练习。

6. 其他练习

(1) 俯卧背后击掌和仰卧挺腰起练习。

(2) 在各种凹凸形地面或器械上连续跳跃和跑动练习。

(二) 柔韧性素质训练应注意的问题

(1) 柔韧性素质不仅与性别、年龄有关，而且与中枢神经系统的兴奋性有关。经过一定时间的准备活动以后，队员情绪高昂，体温升高，肌肉内部的黏滞性降低，膝关节软骨增厚，所表现出来的柔韧性也较好。因此，柔韧性素质训练应安排在课堂的前半部分，在队员精力充沛、情绪高涨时进行效果最好。

(2) 柔韧性素质训练要适应专项的要求。排球运动所表现的柔韧性，不仅仅反映在某个动作中的某一关节或身体某一部位上，它往往牵扯两个或两个以上的关节和身体部位。因此在训练时要对包括主要柔韧性活动区在内的各相关关节、部位进行训练。同时，还要根据队员关节结构和体态的差异，结合专项技术适当加大其活动范围。但不能过度训练和提出过高的要求，避免因与技术要求不相符或过度训练引起伤害事故。

(3) 应注意提高队员的协调能力。柔韧性素质在某种程度上取决于运动机体的协调能力。队员在做动作时，各部位动作是否协调一致，使各部位动作按技术要求达到舒展程度，以及在完成动作中的主动肌收缩、对抗肌充分放松等，都与协调能力有关。此外，在柔韧性训练中对协调能力进行培养可以提高肌肉的舒展性，降低肌肉黏度，改善肌肉张力，把肌肉练得柔而不软，韧而不僵。

(4) 柔韧性素质训练要经常进行，使肌肉和韧带的伸展性不断得到发展。少年儿童的关节面角度大、软骨厚，韧带较松弛，肌肉的伸展性较好，且女生优于男生。在青少年时期抓柔韧性素质训练的效果好，经过训练提高快，但停止训练后消退也快，所以柔韧性训练要坚持不懈并持之以恒。

（5）气温对柔韧性有一定的影响。天气暖和，全身发热时柔韧性较好；天气寒冷，身体发冷时柔韧性差。为取得好的训练效果，进行柔韧性素质训练时，要注意外界温度的高低，当气温较低时，准备活动要充分，以身体轻微出汗为宜。

第九章　气排球运动与身体素质

第一节　气排球锻炼与弹跳能力

一、气排球锻炼与弹跳能力的关系

弹跳能力是联系着纵跳摸高的高度、完成一次完整起跳动作的速度、弹跳耐力和与之相适应的身体形态、技能的总称。

与气排球有联系的跳跃形式有原地双脚起跳、助跑双脚起跳。决定个体弹跳能力最重要的指标是纵跳高度。纵跳高度是指起跳后身体总重心垂直位移的距离。

在气排球比赛中，网上优势是取得胜利的关键因素，这就要求运动员不仅身材高，弹跳也要好。具备出色的弹跳能力，进攻中能有效的突破对方的拦网防线，在防守上也能有效拦住进攻扣球。古巴女排平均助跑摸高达 3.25 米，这是其比赛获胜的重要资本。

气排球运动不仅要求参加者跳得高，而且要跳得快。起跳速度是指起跳时身体总重心获得某一高度的全部过程所需时间。在气排球比赛中，由于战术变化多，进攻速度快，要求运动员在进攻中起跳突然性要强，防守中，拦网移动后起跳要快。气排球运动还要求参加者要有快速连续起跳的能力。在高水平气排球比赛中，运动持续时间有时可达 2 小时左右，运动员要起跳 300～500 次，消耗极大。气排球比赛的节奏和扣拦特征，要求运动员每一次纵跳都必须尽最大努力，且次数多、间歇短。运动员除了具备良好的弹跳能力外，还必须有连续纵跳的专项耐久力。

二、提高弹跳能力的锻炼项目

研究结果表明，在最大限度提高练习者的助跑、摆臂、缓冲、蹬伸动作能力的基础上，结合气排球转向进行完整起跳动作结构的练习，能有效地提高气排球练习者的弹跳能力。

（一）提高纵跳高度的练习内容

（1）分别最大限度地提高助跑、摆臂、缓冲、蹬伸动作的爆发力（速度力量）。

（2）在此基础上，提高完整起跳动作的协调性。

（二）提高一次完整起跳动作速度的练习内容

与提高纵跳高度的练习内容是一致的。在此基础上，增加减小起跳动作幅度的练习，可以有效地提高一次完整起跳动作的速度。

（三）提高弹跳耐力的训练内容

（1）提高助跑、摆臂、缓冲、蹬伸等动作的速度耐力。

（2）提高完整起跳动作的速度耐力。

三、提高转向弹跳能力的实用手段示例

（一）提高助跑速度、腿部蹬伸爆发力的示例

练习者的弹跳高度，主要依靠腿部蹬伸的爆发力（速度力量），练习者助跑速度的快慢，同样有赖于此，因此，两者的练习手段基本相同。腿部的蹬伸主要由伸髋（背部肌肉群的爆发力）、伸膝（大腿前、后肌肉群爆发力）、伸踝（小腿后肌肉群爆发力）等动作构成。发展伸髋、伸膝、伸踝等肌肉群的绝对力量练习有：

（1）伸髋（背部肌肉群）：抓举、负重伸背、向后抛掷重物、跪跳等。

（2）伸膝（大腿前、后肌肉群）：负重半蹲起、挺举、半蹲跳、蛙跳等。

（3）伸踝（小腿后肌肉群）：负重提踵、跳绳、足弓跳等。

（二）提高摆臂能力的示例

摆臂主要由躯干肌、肩带肌和上臂肌共同协调完成。目前，常用的完整摆臂练习有负重侧抬臂、负重前抬臂、持重物摆臂、徒手快速摆臂等。

（三）提高缓冲能力的示例

缓冲能力取决于伸髋、伸膝、伸踝等肌肉群的离心收缩能力。目前，常用的练习手段有连续的负重半蹲、固定关节角度范围的连续负重半蹲（腿部不完全伸直）、各种连续跳跃练习等。

以上提高助跑速度、腿部蹬伸爆发力、摆臂能力、缓冲能力的负重练习，应首先以提高负荷重量的形式发展肌肉的最大力量，当最大力量达到一定程度后，再用小负荷重量发展肌肉的爆发力和速度耐力。

在基础练习阶段，发展弹跳能力的力量素质练习应重视数量刺激，以促使肌肉质量的提高，达到提高力量的目的。

力量练习的动作结构与专项技术动作结构及练习要求应无差异，否则锻炼效果就会下降，甚至出现消极转移现象。

发展弹跳能力不仅要重视下肢力量的练习，同时要特别重视腰背肌肉群、足弓肌肉群的练习。腰背肌肉群的用力是在起跳动作的开始阶段，它对克服人体的惰性、提高起跳的初速度有重要的作用，有的抓举运动员纵跳高度可达140厘米，这与其强劲的腰背肌肉力量有密切关系。

（四）有助于提高弹跳能力的辅助性练习

1. 单人徒手练习

（1）仰卧起坐、俯卧体后屈、侧卧抱头侧上屈、仰卧举腿、肋木举腿等。

（2）双手置于头上，上身做前后屈、左右屈或大绕环练习。

2. 双人徒手练习

（1）一人俯卧做体后屈，另一人固定其脚步。

（2）一人仰卧，双手握住另一人踝部，做快速收腹练习，另一人推其脚背。

（3）一人在凳上仰卧，两脚放在另一人腰旁，另一人握住其踝部，仰卧者伸直双膝，用力坐起，用手拍自己的脚背，然后双手在头后触地。

（4）一人做左右侧卧起，另一人固定其脚。

（5）一人在凳上做仰卧绕“8”字回环，另一人固定其脚。

3. 实心球练习

（1）双手持球或双脚夹球，在垫子上做仰卧收腹折体起。

（2）在垫子上仰卧，双脚夹球，举到头上或头后，或上挺成肩背倒立。

4. 杠铃练习

（1）做抓举杠铃的练习。

（2）肩负杠铃做体转、体侧屈练习。

此外，徒手跳跃练习还有蛙跳、跨跳、纵跳、交换跳、助跑起跳摸篮板、跳皮筋、摸高物、地上画线跳、跳绳等。

（五）练习时间、练习量的安排

在进行弹跳能力练习时，有无负重练习内容，应根据练习者个人情况而定，应特别注意不要受伤。如有负重练习内容，一般应从小重量开始（身体负重时感觉较为轻松），逐渐加大到身体最大负重量的80%，练习组数为3～5组，练习次数依次递减，每组之间应有一定的间歇时间（根据练习者的个人具体情况而定），总体时间一般控制在20分钟左右为宜。

第二节　气排球锻炼与移动能力

一、移动能力的特征

移动能力是气排球练习者接受刺激信号的反应能力，应答刺激信号的选择能力，移动的动作速度、耐力和与之相适应的身体形态、各个系统的技能的总称。

气排球练习者的反应能力分为简单动作反应能力和复杂动作反应能力。

简单动作反应能力是指练习者对早已熟悉但突然出现的信号做出相应动作的能力。例如，气排球练习者用双手垫教练扣球的防守练习。简单动作反应能力的提高机制在于：

（1）简单动作反应速度存在着转移的现象。即练习者对一些情况反应较快，对另一些情况会有较慢的反应。各种各样的动作速度练习可提高练习者的简单反应速度。

（2）简单动作反应速度的提高在很大程度上取决于练习者应答动作的熟练程度。

（3）简单动作反应速度与心理因素密切相关。如果练习者注意力集中，通过训练可以提高简单动作反应速度。

复杂动作反应能力是指练习者对瞬间的变化做出相应动作的能力。在排球比赛中，复杂动作反应大部分属于选择反应。一是对球的飞行路线的变化做出反应；二是选择应答动作的反应。例如，排球练习者用双手垫教练扣球的防守练习中，教练突然改扣球为吊球，练习者首先对吊球动作做出反应，然后选择吊球的防守动作，并用正确的防守动作（如滚翻或扑）完成救球练习。

复杂动作反应能力的提高机制在于：

（1）以简单动作反应能力为基础。

（2）全面、熟练地掌握某种特定刺激信号的各种可能的应答动作。

气排球练习者的复杂动作反应能力应主要通过结合球的技术性练习加以提高，以最大限度地提高练习效果。

二、移动能力的练习内容与手段

（一）反应能力的练习内容与手段

气排球练习者的反应能力是指其对排球场上双方队员行动的变化和球飞行的位置、速度的变化所迅速做出选择性应答的能力。

气排球运动员的简单动作反应能力不如短跑运动员的快，这并不是因为气排球运动员神经反应（即传导）慢，而是其肌肉收缩的速度比短跑运动员慢。而田径运动员在排球场上的综合反应不如气排球运动员快，这是因为田径运动员没有全面熟练地掌握气排球运动员所具备的应答动作。因此，简单动作反应能力主要取决于完成动作的肌肉收缩速度；复杂动作反应能力主要取决于对刺激信号应答动作的熟练程度。专项水平越高，运动员与普通参与者或其他专项运动员在场上反应的差异越显著。

（二）反应能力练习示例

（1）选择 3 米、6 米、9 米等不同距离，做好准备，然后看各种信号起动冲刺。

（2）“全队转移”游戏：将队员分为 6 人一队，成纵队站在两个半场的进攻线上，两队队员要拉开间隔距离，选好自己的路线，看到信号后，两组交换位置，比哪一组先到。

（3）“看哪一队抢球多”游戏：各队队员成纵队站在进攻线后，看到信号后，冲刺去抢端线上的 3 个球。最先抢到的人可以将球存入本队的筐内，比赛结束后比比哪队筐内的球多。

（4）教练任意抛球，要求队员跑动去接，接球后抛还给教练。

（5）“贴膏药”游戏：两人面对面站在场上任何一条线的两侧。一人移动，另一人紧跟，使对方不能“逃脱”。

（6）面对墙壁，接教练从背后抛到墙上的反弹球。

（三）移动速度、耐力的训练内容与手段

1. 提高移动速度的力量练习内容

单位时间内身体移动的距离就是移动速度。提高移动速度，除了要具备移动动作的协调性之外，还要克服较大的身体惯性（从静止状态到迅速移动）和运动冲量，这需要腿部有强大的力量。

移动动作是两腿轮流交替支撑完成的。每条腿的支撑动作又可分为缓冲和蹬伸两个运动过程。腿部蹬伸的力量与爆发力（速度力量），由伸髋（背部肌肉群的爆发力）、伸膝（小腿后肌肉群爆发力）等运动动作构成。缓冲能力取决于伸髋、伸膝、伸踝等肌肉群的离心收缩能力。

2. 提高移动速度及耐力的练习内容

（1）原地小碎步跑并计时。

（2）小碎步向左、右移动 3 米。

（3）小碎步向前、后移动 3 米。

（4）36 米多种移动步法练习。

（5）前进、后退移动步法练习。

（6）左、右侧移动步法练习。

（7）综合移动步法练习。

（8）结合球的各种基本步法练习。

（四）练习时间、练习量的安排

移动能力练习一般在做完准备活动后进行，每组 1 分钟左右（移动速度明显下降时停），做 6 组，总时间一般控制在 10～12 分钟为宜。

第三节　气排球锻炼与手臂挥击能力

一、手臂挥击能力的特征

手臂挥击能力是挥臂的力量、速度、耐力和与之相适应的身体形态、机能的总称。手臂挥击能力是决定气排球练习者扣球和发球技术水平的关键因素。

手臂挥击动作是躯干、上臂、前臂和手掌等部位的多个动作环节共同组成的一个鞭打动作。鞭打动作的生物力学特征是，发力的顺序依次进行，鞭打动作的力量、速度、冲量、动量等由上个运动环节依次向下一个环节传递、累加，直至鞭打动作的末端环节，使鞭打动作末端环节的运动速度达到最大值。

气排球练习者在跳起扣球时，腰部首先发力，然后肩带肌肉群、上臂肌肉群、前臂肌肉群依次发力。腰部发出的力量通过肩带传递到上臂，并与上臂肌肉群的力量累加，然后向前臂传递，再与前臂的力量累加传递至手掌，使手掌的运动速度达到最大值。手掌触球后，鞭打动作的动量传递到球上，球即被击出。

球被击出后的运动速度取决于参与鞭打挥臂各环节的质量（重量）和鞭打动作结构末端的挥甩速度，即挥臂速度。而挥臂速度取决于参与鞭打动作的各环节肌肉群的力量、爆发力及挥臂动作的协调能力。

因此，发展和提高腰部肌肉群、肩带肌肉群、上臂肌肉群、前臂肌肉群的绝对力量、爆发力（速度力量）和挥臂动作的协调性是提高手臂挥击能力的关键。

二、发展手臂挥击能力的示例

发展手臂挥击能力的示例：

（1）腰部的屈伸：负重前屈起、负重后屈起等。

（2）肩带的外展与内收：负重前收臂、负重后伸臂、负重水平侧举等。

（3）上臂屈伸：负重推举、引体向上、负重屈前臂、负重头后前伸臂等。

（4）手腕屈伸：手腕负重屈伸、负重卷腕等。

三、发展手臂挥击整体动作的示例

（1）挥臂击球。

（2）扔投小石头、棒球或垒球。

（3）投掷羽毛球。

（4）牵、拉橡皮筋挥臂。

（5）前抛实心球。

（6）头后举杠铃片。

四、练习时间、练习量的安排

在进行手臂挥击能力的练习时，结合排球专项练习会收到很好的效果。练习时间可长可短，练习量不宜太大，以头后举杠铃片为例，应以2.5千克的小负荷开始，快速做，10次一组，做6组，能力提高后逐渐增加运动负荷。

第四节　气排球锻炼与力量

一、气排球锻炼中力量素质的种类

力量是指肌肉在工作时克服阻力的能力。人体的所有活动都是由对抗产生的。力量素质是决定气排球练习者体能水平的重要因素。气排球练习者的弹跳能力、移动能力和手臂挥击能力都是以力量为基础的。同时，高水平的力量素质对于减少运动损伤也有重要意义。

力量素质可划分为绝对力量、相对力量、速度力量和力量耐力等不同的形式。绝对力量是指不考虑受试者体重所表现出的最大力量。相对力量是指每千克体重具有的力量，其大小用绝对力量与体重之比来表示。速度力量是指单位时间内发挥出最大力量的能力。力量耐力是指长时间或多次克服阻力的能力。

二、力量练习的方法

（一）提踵练习

目的：发展踝关节力量。

方法：地上放一块约5厘米厚的木板，练习者前脚掌放在木板上，脚跟放在地面上。肩负杠铃，抬头、挺胸，腰部收紧，做提踵练习。

注意：小腿、踝关节的力量对起跳至关重要，应加以重视。训练时采用什么重量，应根据练习目的来确定。采用较大重量时，要在杠铃架上练习。

（二）负杠铃跳跃

目的：发展小腿、踝关节、大腿股四头肌及腰背肌的力量。

方法：以下肢最大力量的50%为负荷，膝关节以130°～140°角弯曲，跳跃高度为10～15厘米。按规定的次数和组数做练习。

注意：跳跃时，杠铃要控制在肩上，以免砸伤。练习前要充分做好准备活动。最好在较软的地面上练习。

（三）45°角双手快速推举

目的：发展手臂伸肌力量。

方法：以轻负荷进行练习。练习时，手臂与水平面成45°角，向斜上方伸展，同时两脚前后分开，做下次练习时双脚前后交换。多次反复练习。

注意：手臂伸展的方向尽量与传球方向一致，但速度要快（这个练习是古巴队二传手的专门练习，所以又称为古巴快推）。

（四）肘关节的伸展练习

目的：发展上肢三头肌的力量。

方法：采用最大力量的40%的杠铃重量，双手握杆，把杠铃置于肩上，尽量向上抬。练习时，快速伸直双臂，反复进行。

注意：选定的重量要适当，保持好速度，一定要靠手臂的力量完成练习。

（五）屈肘练习

目的：发展上肢二头肌的力量。

方法：坐在凳子上，背靠紧椅背或墙壁。双手握杠铃于膝上，用力屈臂，只有小臂动，大臂勿动，将杠铃举至脸前，重复进行练习。

注意：采用上肢最大力量的50%的杠铃重量，练习的速度、次数要由当时所处的练习阶段来决定。力量训练的第一阶段要求次数，第二阶段则以发展力量为主，要求用最大力量慢慢地举起，然后保持同样的速度放下，如此反复练习。练习时，上身尽量不要弯曲。

（六）半蹲练习

目的：发展下肢伸肌力量。

方法：肩负杠铃做半蹲练习。膝关节弯曲后伸直，大、小腿之间的角度不要大于120°。

注意：下蹲时，腰要保持挺直。当练习者系统锻炼至第四学期时，下蹲角度可稍小一点。整个动作速度不要快，要慢慢完成。

（七）卧推练习

目的：发展胸大肌和上肢伸肌力量。

方法：身体平躺于凳子上，双手握杆，与肩同宽，将杠铃推起后慢慢放下，反复练习。

注意：练习量要按计划进行调整。推举时呼气，杠铃下降时吸气。

（八）扣球挥臂练习

目的：发展手腕力量，增强动作的协调性。

方法：扣球手手持 30 厘米长的竹竿或树枝做扣球时手臂挥动击球的动作。

注意：动作要协调、连贯。

（九）握杆上翻练习

目的：发展全身爆发力。

方法：双脚平行站立，与肩同宽，身体前屈，双手握杠铃，用全身爆发力将杠铃推至胸前，翻腕，稍等片刻后放下杠铃，反复练习。

注意：用本人卧推的最大重量做此练习。

（十）跳深练习

跳深练习也称超等长练习，一般在大学第三学期素质练习时进行。在进行此练习时，一定要注意强度、恢复和休息的安排。

在进行跳深练习前，要做一个测验，即原地跳拦网高度与跳深跳拦网高度的比较，待两者相等时方可作跳深练习。

1. 原地起跳

（1）双脚跳起，在空中收腹屈腿。

（2）原地向上跳 3 次后，做半蹲静立练习。

（3）跨步跳，用于一定基础后的练习。要求起伏不要太大，要使肌肉有被拉长的感觉，腿要抬得高一些。

2. 跳深练习

（1）从台上跳下，接着跳起，双手摸篮板。

（2）从高台上跳下，落地时保持一定角度，静止一会。此练习对股四头肌刺激很强。

（3）从高台跳下后，迅速跳起。注意落地时大小腿间的角度不可太小，要全脚着地，而且要尽快跳离地面。

（4）连续深跳。设计 30～70 厘米高度的跳台 3～4 个，每个跳台中间横拴一定高度的橡皮筋，让练习者连续双脚跳上、跳下、跳过。

（十一）手臂超等长练习

1. 推墙练习

对墙站立，上身直立向前倒，即将碰墙时，手掌扶住墙，迅速屈臂并用力将身体推起，反复练习。

2. 跪地直体前倒推起

要求全手掌着地，这个练习与推墙练习的作用相同，但负荷较大，练习者可根据自己的情况做练习。

3. 推接实心球

练习者平躺在地板上，双手伸在头上准备接球。当教练或同伴所持的实心球从上落下至队员手上时，练习者立即将球接住，并将球扔回。

三、练习时间、练习量的安排

在进行力量练习时，一定要循序渐进，从容易的项目开始，练习量也应从小到大，练习时间以 20～30 分钟为宜，一定要注意避免不必要的伤害。

第五节　气排球锻炼与柔韧性

一、柔韧素质的概念

练习者有机体的柔韧素质是指人体各关节的活动幅度和肌肉、韧带的伸展能力。虽然气排球运动对练习者柔韧素质的要求不如体操等运动项目高，但柔韧素质对气排球练习者也有重要的意义。气排球练习者肩、臂、腰、髋、腿各关节的活动幅度，特别是附着于这些关节的完成各项动作的肌肉和韧带的伸展能力，都直接影响着技术动作的节奏感、协调性、动作幅度和完成技术动作的效能。在大运动负荷的专项练习之后，专门的动力性或静力性柔韧练习，可以使挛缩的肌肉放松，保持肌肉的弹性。因此，柔韧素质的练习，对于提高气排球练习者的专项体能、促进机体机能的恢复具有不可替代的作用。

柔韧素质可分为一般柔韧性和专项柔韧性。一般柔韧性是指练习者在进行一般身体练习时，为了适应这类身体练习所需要的机体柔韧性。例如，气排球练习者在进行跑的速度锻炼时，加大必要的步幅所需要的腿部柔韧性就属于一般柔韧性。专项柔韧性是指专项体能或专项技术所需要的机体柔韧性。例如，气排球练习者扣球时所需要的手臂和腰部的柔韧性。

二、影响柔韧性的因素

影响柔韧性的因素主要有：

(1) 肌肉、韧带的弹性。

(2) 关节的骨结构。

(3) 关节周围组织体积的大小。

(4) 神经过程兴奋与放松转换的灵活性，它直接关系到肌肉紧张与放松的调节能力。

(5) 心理紧张程度。

(6) 疲劳程度。

(7) 有机体的温度。

三、柔韧素质的练习方法

柔韧素质的练习方法分为主动性的静拉、牵拉和被动性的静拉、牵拉。在一堂教学课的准备活动部分，一般综合采用主动性、被动性的静拉和牵拉练习，使学生们各相应关节彻底活动开，以避免在主要练习内容训练时肌肉韧带拉伤，并提高关节的柔韧水平；在主要练习内容训练结束后的结束部分，一般采用主动性或被动性的静拉，帮助肌肉放松，缓解因疲劳产生的挛缩，保持肌肉的弹性。

若要保持柔韧性，必须进行不间断的长年练习，并只有与专项体能和专项技术练习紧密结合起来，才能取得良好的效果。

四、练习时间、练习量安排

柔韧素质的练习一般安排在准备活动的后期，运动负荷不大，一般以 5～6 分钟为宜。

特别提示：发展柔韧性要循序渐进、持之以恒，要周身锻炼、保持平衡，要力量适中，切忌用力过猛，要调节体温，避免伤害事故的发生。

第六节　气排球锻炼与灵敏性

一、灵敏素质的特点

灵敏素质是指在各种突然变换的条件下，迅速、准确、协调地改变身体运动速度和运动方向的能力；或理解为练习者按照自己的意志，控制有机体协调而准确地完成各种复杂技巧的协调能力。

在气排球练习中，无论是地面动作还是空中动作，无论是无球技术动作还是有球技术动作，都离不开上下肢及躯干的参与，都依赖于身体高度的灵敏素质。灵敏素质包括协调能力、灵活性和准确性三大基本能力，而协调能力是灵敏素质的核心。

灵敏素质决定练习者的技术水平。排球练习者的灵活性表现在以下几个方面：

（1）球和动作的一致性：能根据不同的来球做出相应的反应动作。

（2）时机和动作的一致性：能在最准确的时机完成应该完成的动作，也就是通常所说的“时空感”。

二、灵敏素质锻炼的特点

（1）灵活性和协调能力是综合的素质能力，称为灵敏协调能力。在训练时应把爆发力、反应力、速度等一系列的动作和要求糅合于单个动作或编组动作之中，使它们相互促进，互为表现形式，使灵敏协调能力得以提高。

（2）由于灵敏协调能力受中枢神经系统的支配，因此，人们应在神经系统处于良性兴奋状态时进行练习。神经疲劳时，练习效果会明显下降。

（3）大学生处于生长发育阶段，灵敏协调能力尚在逐步完善中。只要坚持锻炼，灵敏协调能力就会提高得很快。

三、灵敏素质的练习方法

（一）一般灵敏素质的练习方法

（1）小腿后踢或外踢跑。双手平放在臀部位置，小腿后踢或外踢时用脚跟碰手掌。

（2）原地拍脚跳。体前右手拍左脚，左手拍右脚；体后右手拍左脚，左手拍右脚。由慢到快，依次进行。

（3）原地起跳，最大幅度旋转身体后站立。

（4）各种原地跳绳。单脚跳、双脚跳、双脚交替跳、跳双绳、后跳绳。

（5）各种跑动中跳绳。一步、两步或三步一跳。

（6）各种垫上运动。前滚翻、后滚翻、侧手翻、头手倒立、手倒立、前手翻等。

（二）专项灵敏素质的练习方法

（1）看手势变向移动或变向跑。

（2）多次交替的后退跑或转身跑。

（3）连续左右侧滚翻或鱼跃。

（4）自抛球，转体 360°后接球。

（5）跳起徒手拦网，落地后听指令转身做滚翻或鱼跃，要求动作连贯。

（6）徒手跳起扣球，落地后转身接同伴抛出的不同方向的球。

（三）灵敏素质的游戏练习方法

（1）小组踢毽。3 人或 4 人一组，同踢一个键子，尽量使毽子不落地。

（2）跳“山羊”接力比赛。分两路纵队，各队队员间隔约 1.5 米，均弯腰手扶膝部成“山羊”。各队由一个队员先跳，跳过本队所有“山羊”后马上扶膝成“山羊”，后边队员接力。轮转一次或两次，先完成的队为胜方。

（3）地滚球比赛。分两队，各攻对方球门（球门约 2 米宽，设在两端线后），单手地滚球，球不能离地，全攻全守，不设守门员。在规定时间内入球多者为胜方。

四、练习时间、练习量的安排

灵敏素质锻炼一般以游戏练习较为常见，安排在准备活动中，时间以 10 分钟为宜。当身体素质下降时，应减少灵敏素质的练习量，以避免受伤。

相关知识链接

提高身体素质要有坚强的毅力和持之以恒的信心，是靠不断的运动而逐步提高的。身体素质的含义是身体忍耐和应付各种压力的能力。身体素质的好坏是衡量一个人体质状况的重要因素，身体素质是在校大学生正常参加体育活动的基础，是体质的重要组成部分，同时是在校学生有充沛和旺盛的精力去学习、运动以及娱乐，并能从容不迫地应付各种意外事件的一种自身潜在能力。所以，学校体育课的重要任务之一就是通过各种有效的途径和手段，提高在校大学生的身体素质，并对在校大学生的个性特征和总体特征做出正确的评价。

第七节 气排球锻炼中易发损伤的治疗与预防

一、气排球锻炼中常见的运动损伤

众所周知，气排球运动的特点是在不停地跑动、跳起、上肢伸展（大力扣球、拦网）以及在半蹲状态下向不同方向移动、防守、鱼跃或倒地救球。因此，气排球运动过程中最常见的损伤是机体软组织的损伤。根据损伤部位是否破损，损伤可分为开放性损伤和闭合性损伤。

相关知识链接

何为开放性损伤和闭合性损伤？运动医学上将运动伤后，伤处皮肤或黏膜的完整性遭到破坏、有伤口与外界相通的损伤称为开放性损伤。伤后，伤处皮肤与黏膜仍保持完整的损伤称为闭合性损伤。

气排球比赛时，球不能触地，在球触地以前运动员要不惜一切代价将球救起。前扑、鱼跃和翻滚，使皮肤的表皮组织跟地面发生急剧摩擦，易造成擦伤。擦伤是一种常见的损伤，创口较浅，一般会出血或有组织液渗出。这种损伤属于开放性损伤。

对于初学者而言，由于准备活动不充分、掌握动作不熟练、动作不协调，传球时比较容易出现手指的挫伤。在气排球的发球中，由于缺少肩部和腰部力量，容易造成肩部的拉伤和腰部的扭伤。在扣球中，由于操之过急、用力过猛，往往易造成扣空球，导致肩关节拉伤。在跳跃过程中，易造成膝关节或踝关节的扭伤，或造成上下肢其他关节韧带的拉伤和扭伤甚至骨折。

挫伤、拉伤和扭伤都属于闭合性软组织损伤，即局部皮肤和黏膜完整无裂口的组织内损伤，临床症状表现为疼痛及肌肉保护性痉挛，产生局部红、肿、热、痛及功能障碍等一系列急性炎症的症状。

气排球锻炼的损伤按时间、病程可分为：急性损伤——受致伤因素作用后立即出现异常症状；亚急性损伤——6 小时后出现症状；慢性损伤——急性细微损伤积累成的劳损，或急性损伤迁延不愈而转化成的陈旧性损伤。

二、预防及发生损伤时的症状

（一）预防

气排球是一项隔网对抗项目，不像足球、篮球、手球等直接对抗类项目那样存在身体冲撞的危险，但其运动的特点决定了参加气排球练习和比赛都可能发生运动损伤，给工作、学习带来诸多不便。因此，预防运动损伤十分必要。

（1）要从思想上引起重视，了解气排球运动的特点以及易发生损伤的部位和情境，从而在练习中更好地保护自己。

(2) 重视准备活动，提高机体对气排球运动的适应能力。这是预防运动损伤的一种积极手段，特别是注意加强膝关节、肩关节、手指、手腕等部位的准备活动。

(3) 注重场地器材设备的建设与管理，切勿在场地不平或雨后湿滑的场地上进行气排球运动。切勿衣服鞋袜过于宽松和紧身，以免发生损伤。

(4) 培养预防为主、注意安全、量力而行、适可而止的意识，在练习中不犹豫、不紧张，根据个体的实际活动能力，最大限度地避免伤害事故的发生。

(二) 发生损伤时的症状

1. 肌肉挫伤

最常见的肌肉挫伤部位是大腿、小腿前部。此外，头、脑、腹部及睾丸的挫伤也较常见。

挫伤的症状：一般都会疼痛，初轻后重，约持续 24 小时。疼痛程度与淋巴液和血液在局部积聚的数量、局部实际受损害的情况及部位有关。挫伤后的出血量和部位不同，可分别形成淤点、淤斑和血肿，多数可逐渐自行吸收或消散。少数挫伤部位继发感染、化脓。肌肉挫伤有时继发钙盐沉着骨化，临床称为骨化性肌炎。严重的挫伤可影响局部血液循环，引起局部肌肉的缺血性痉挛，其早期症状是肢体末端的青紫肿胀、麻木发凉和运动障碍，三周后，症状将逐渐消失。

2. 肌肉拉伤

肌肉拉伤的原因有准备活动不当、训练水平不够、疲劳或过度负荷、错误的技术动作、运动时精力不集中、气温过低、湿度过大，以及场地、器材维护不当等。在完成各种动作时，肌肉主动猛烈的收缩超过了肌肉本身的承受能力，或突然被动地过度拉长，超过了它的伸展性，都可能发生拉伤。

大腿后群肌肉的拉伤最常见。此外，大腿内收肌、腰背肌、小腿三头肌、上臂肌等也易拉伤。

症状：局部疼痛、压痛、肿胀、肌肉痉挛、硬度增加，功能障碍，肌肉收缩或被动拉长时疼痛加重，有时伴有大片淤斑。严重时，局部可出现凹陷及隆起。

3. 急性腰部扭伤

负荷重量过大，脊柱过度前屈，突然转体，技术动作错误，如直膝弯腰提重物等都会导致急性腰部扭伤。

症状：绝大多数都有明确的外伤史，局部疼痛或串痛，活动受限等。

4. 慢性腰部扭伤

慢性腰部扭伤是指腰部肌肉、韧带、筋膜反复受牵拉而产生的慢性损伤。常见原因如长期弯腰负荷过多或体位姿势不良；腰部反复细微损伤或急性扭伤愈合不佳；腰部肌力软弱；脊柱畸形等。

症状：腰部酸痛或胀痛。劳损部位有压痛点，有酸、胀、疼反应。

5. 膝关节急性损伤

膝关节的急性损伤常有较严重的骨折与脱位、韧带断裂与半月板损伤等。

(1) 内侧副韧带急性损伤，膝关节屈曲时，小腿突然外展、外旋，或足及小腿固定，大腿突然内收、内旋，都可造成内侧副韧带的损伤，扭力的大小与损伤的程度有极密切的关系。严重扭力会使韧带完全断裂并伴有内侧半月板撕裂、前十字韧带损伤。

症状：膝的内侧感觉疼痛，肿、不稳。轻微受伤时，不稳定性不很明显，而膝关节转向内侧时或按压韧带部位时感觉疼痛。

（2）外侧副韧带急性损伤，膝关节屈曲时，小腿突然内收、内旋，或大腿突然外展、外旋，均可发生外侧副韧带急性损伤。

症状：膝关节的外侧有疼痛、肿胀、热感等症状。严重时有不稳定感，伸展时膝外侧疼痛增加。

（3）十字韧带损伤：膝关节处于半屈曲位时突然完成旋转及内收、外展是最易使十字韧带受损伤的动作。暴力也可使膝关节过度外展，也极易引起膝关节前十字韧带的损伤。例如，屈膝时，外力从前向后加于股骨，或外力从后向前撞击胫骨上端，均可引起前十字韧带断裂。膝关节前脱位常由于过伸引起，必然伤及前十字韧带。例如，膝关节过度外展引起内侧副韧带断裂，前十字韧带损伤合并内侧半月板损伤也较常见。屈膝时，外力从前向后撞击胫骨上端，使胫骨过度向后移位，可引起后十字韧带损伤，甚至发生膝关节后脱位。

症状：膝关节剧烈疼痛，明显肿胀，关节内积血，对屈伸活动产生障碍。

（4）半月板损伤：膝关节半屈曲位，小腿外展、外旋或内收、内旋时，两块半月板滑动不协调，就会使半月板夹在股骨髁和胫骨之间，因受到急剧的研磨、捻转而撕裂。

症状：多数有明显外伤史。急性期关节有剧痛感，不能自动伸展，肿胀，有积液，急性期过后，肿胀和积液自行消退，但活动时关节仍伴有疼痛或在膝关节屈伸时有弹响。

6. 踝关节外侧韧带损伤

外侧副韧带为最易受损伤的踝关节韧带，严重的踝关节损伤往往包括韧带断裂、胫腓韧带联合撕脱、分离。

症状：外侧副韧带损伤常伴有足内翻受伤史。踝外侧疼痛、肿胀，有淤斑甚至血肿。

三、发生损伤后的应急处理与治疗方法

（一）开放性软组织损伤的处理和治疗方法

（1）止血：一般毛细血管出血，几分钟内会自行停止。伤口出血较多时，现场用干净的手帕覆盖创口，再直接压迫或加压包扎止血。若手指出血，则用力压住指根两侧或扎紧指根部止血。注意，未看清伤口前不要盲目按压。

（2）减少伤口污染，保持伤口清洁，尽可能减少不洁物品接触伤口。

（3）伤口小，边缘对合性好的，可在消毒后直接用胶布牵拉固定；伤口大或位于面部的伤口要缝合。

（4）必要时口服消炎药物，以防感染。对于较深的污染伤口，应在清创后注射破伤风抗毒素。关节附近擦伤，用消炎软膏包扎较好，这样可防止出现关节活动时创面干裂影响愈合的现象。

（二）闭合性软组织损伤的处理和治疗方法

一般通用有效的方法包括静止法、冷敷法、压迫法、举高法。

（1）静止法：受伤部位移动会产生疼痛。疼痛是受伤的信号，无视受伤信号而继续运动（活动）将使伤情恶化，应该让受伤部位平放，静养或是采用不影响受伤部位的方法进行活动。

（2）冷敷法：是在受伤或运动之后进行的。简易冰袋等应急用品是气排球练习和比赛中的常备物品。使用冷敷可以降低受伤部位的细胞代谢，防止细胞死亡和伤势恶化，还可以起到止血、防止肿胀等作用。冷敷通常所用的时间为 15～20 分钟，最长不超过 30 分钟，以防治冻伤，也可根据个体差异而定。该方法结合包扎和平放，效果会更好。

（3）压迫法：可以与冷敷同时使用也可冷敷后使用，起到止血、防止肿胀的作用，压迫法常使用扎带、绷带、护套包扎等。

（4）举高法：是将受伤部位置于比心脏位置高的地方，借助重力作用，使血液返回静脉，有利于伤情的恢复。

以上四种应急方法不包括对骨折、脱臼的处置，若发生此类损伤，应用救护车及时送往医院接受治疗。

气排球练习者急性损伤后除少数需要卧床休息外，绝大多数只需让受伤部位局部休息即可。即使休息，受伤的肢体也要进行功能性锻炼，以利于伤处愈合和功能的恢复。慢性损伤包括劳损，一般不需要休息，可以将锻炼和治疗相结合。

确定伤后恢复锻炼时机的一般原则是：

（1）要依照组织损伤后大致的愈合时间来确定。一般肌肉损伤，7 天～10 天；韧带损伤，7 天～14 天；肌肉韧带断裂，3 周～6 周；骨折，4 周～12 周。组织损伤的愈合时间受损伤程度、治疗是否得当以及个体差异等多种因素影响。

（2）运动员受到肌肉损伤，要待肌肉抗阻试验呈阴性后方可重新参加运动。恢复运动时，应先进行主动性和静力性练习，逐步过渡到负重和激烈运动。运动负荷应从小到大，不可操之过急。

（3）骨折临床愈合，先进行功能性锻炼，待该部位恢复到活动无疼痛时，方可参加运动。

（4）恢复练习时，损伤处可用保护带加以预防性保护，如使用护膝、护踝、护肘等。

相关知识链接

一般人都会有这样的体验，当急速地停止剧烈的运动时，会产生恶心呕吐、头晕眼花等感觉，或遗留下严重的疲劳感。其原因是运动中持续亢进的机体生理功能，不可能一下子恢复到正常水平，恢复过程是需要一段时间的。突然停止运动，各器官功能之间失去平衡，自主神经功能就会紊乱，所以产生上述症状。国外有人做过实验，让 100 名健康男子在活动平板上做极限强度运动，完成规定运动负荷后，一下跑台就让他们站立不动，结果当即就有 17 人昏倒在地。这是因为，在剧烈运动时，大部分血液集中到下肢，骤然停止运动时，下肢肌肉中就有大量血液淤滞，血液没有及时返回心脏参加由心脏完成的血液循环。有效血液循环明显减少，导致了心脏和大脑暂时性缺血，即发生“重力性休克”，甚至可以造成死亡。

为了预防这种不良症状的发生，应当注意在剧烈运动后不可立即进入安静状态，而应继续进行一段时间的轻量运动，使亢进的功能逐渐恢复到常态水平。这种在高强度运动之后的轻量运动称为整理体操或整理运动。

第十章　气排球锻炼与心理健康

第一节　气排球锻炼与心理健康的关系

一、气排球锻炼对心理健康的作用

（一）气排球锻炼对心理健康发展的促进作用

对于大学生来说，进行长期的、科学的、适宜的气排球锻炼，可以提高其心理健康水平，降低焦虑水平，还可以发展积极的情绪。对于有心理障碍的学生来说，通过长期、科学、适宜的气排球锻炼，能较大程度地改善心理状态。

（1）气排球锻炼与其他有效的锻炼方法一样，是控制人类社会进化的有效手段之一。人类的进化基本上处于一种自然发展的状态，不由人类所控制，而社会的进步和科学的发展，使人类认识到人类的发展是可以控制的。身体锻炼是控制人类社会进化的一种有效手段。身体锻炼不仅是身体和心理的磨炼，更是一种愉悦的享受。它使人身体健康，心情舒畅。

（2）气排球锻炼是促进大学生个性、心理良性发展的重要途径之一。大学生这一群体的文化背景、年龄特征和社会角色特征决定了他们心理健康的自身特点。大学生具有较高的智力水平，富有活力，朝气蓬勃，他们在激烈的竞争和完善自我的奋斗中承受着巨大的压力。气排球锻炼对缓解压力、消除精神紧张具有重要作用。

（3）气排球锻炼具有调节人的紧张情绪的作用，能够改善生理和心理状态，有利于恢复体力和精力。

（4）气排球锻炼能增进身体健康，使大脑疲劳得到积极的恢复，使人精力充沛地学习、工作。

（5）气排球锻炼可以陶冶性情，使人保持健康的心态，充分发挥个体的积极性、自主性和创造性，从而提高自信心，端正价值观，使个性在融洽的氛围中获得健康、和谐的发展。

（6）气排球锻炼属于集体项目，通过组织竞赛活动，可以培养人的团结协作及集体主义精神。

（二）气排球锻炼对心理障碍的预防和治疗作用

对于一个正常人来说，长期进行气排球锻炼可以促进心理健康；对于一个有心理障碍的人来说，这种效果更明显。

美国精神分析学家哈内认为，许多人的心理变态是因对环境的不良适应而引起的。现代社会中，人们面临的挑战很多，心理上存在着多方面的压力：来自社会责任的压力，来自生活本身的压力，来自竞争的压力，来自整个社会不断加快的节奏的压力。它们迫使人们改变原有的生活方式，加快生活节奏。人们的进取心越强，这种压力感也就越明显，这种压力若过于沉重，就会出现种种心理障碍。长期进行气排球锻炼是预防和治疗心理病患的有效措施。

1. 气排球锻炼能治疗焦虑和抑郁

焦虑和抑郁是大学生遇到的最常见的情绪困扰。焦虑者常常无端地感到心烦意乱，惶惶不安，甚至产生恐惧。它们不是由具体事物引起的，患者往往找不到引起焦虑的具体对象和理由。随着焦虑的产生，常常伴有心慌、头昏、恶心、手脚冰凉等症状，从而导致注意力不集中，正常的学习和工作几乎不能进行等后果。

坚持一个学期以上的气排球有氧练习可以有效地降低焦虑水平。1991 年，彼特鲁茨多等人进行的 104 项研究表明，20 分钟有氧练习（如排球锻炼）可降低焦虑水平。同时，锻炼又能降低心率和血压，减轻特定应激源对生理的影响。

另一项研究表明，有氧练习（适量的气排球锻炼）或不强烈的身体锻炼有助于降低轻度和中度精神抑郁水平，甚至比放松练习和其他愉快的活动更有效，如果能与心理治疗相结合，就能更有效地降低抑郁水平。

长期适量的锻炼既可以降低特质性（长期、稳定的）抑郁，也可降低状态性（短期、活动的）抑郁，因此，身体锻炼既可降低正常人的抑郁水平，又可降低精神病患者的抑郁水平。

2. 气排球锻炼有助于促进性格、气质的形成和发展

有研究表明，通过气排球运动可以塑造人的心灵，促进个性气质的发展。两千多年前，荀子曰："形具面神生"，即精神要依赖于身体，有了身体才有精神。18 世纪法国医生兼哲学家拉美特里曾说："有多少种体质，就有多少种精神、性格和风习。心灵随着肉体的进展而进展，就像随着教育程度而进展一样。"现代体育的发展进一步证实了前人的观点，它告诉我们，在创造健壮形体的同时，体育也在塑造着和谐的心灵和精神。气排球锻炼可以坚定意志，而有坚强的意志品质才能坚持锻炼，二者相辅相成、互相促进。

3. 气排球锻炼能培养对个体、集体、社会的责任感

气排球锻炼过程就是人的新价值的形成过程，而这种价值积累是其他任何社会教育活动所不可代替的，它具有一种培育人的特殊作用。

丰富多样的气排球锻炼形式能促进人与人之间的交往，使学生们不仅接受自我、接受他人、容纳他人，也能认可别人存在的重要性和作用，同时能为他人所理解，为他人和集体所接受，使人际关系和谐，家庭幸福美满。

气排球锻炼使个人和集体紧紧地融为一体，既能共同享受胜利的快乐，又能共同分担失败的痛苦。这种气氛能使人产生安全感，对自己充满信心，从而使人们能正确对待生活、学习和工作中的各种困难和挑战，待人接物适当、灵活，对外界刺激的反应不偏颇，能够与社会的步调合拍，也能和社会、集体融为一体。这是当代大学生应该具备的优良品质。

二、气排球锻炼与情商培养

情商是指人对情绪的表达和处理能力，情商是情绪的智力，是个人在情绪方面的整体管理能力的一个综合概念。成功的人生，20%取决于智商，80%取决于情商。

情商包含五方面的能力：认识自身情绪的能力；改善、管理情绪的能力；自我激励的能力；认识他人情绪的能力；人际关系的管理能力。

经常进行气排球锻炼的学生，会在逐步提高自己技术和战术能力的同时，注意从小事做起，注重事物的细节，培养出良好的个人行为习惯，塑造积极向上的自我形象。学生们在排球场上一次善意的微笑，赢球时相互之间有力的击掌，失败后相互之间的安慰与理解，都会对情商的培养有很大的帮助。这是对整体情商、心态、观念的调整。情商得到了提高，就能在日常生活中及时调整自己，获得快乐。

三、气排球锻炼与智力发展

正常的智力是正确认识世界的前提，是心理健康的基础，是心理健康的第一标准。一方面，经常参加体育运动（例如气排球锻炼），可以促进大脑的开发，增强神经系统功能。现代医学研究表明，人的右脑的信息容量、记忆容量和形象思维能力大大超过左脑，而体育锻炼可以使右脑得到充分的锻炼，提高人的记忆力和形象思维能力。另一方面，体育锻炼（例如气排球练习时的助跑、起跳、拦网、大力扣球等动作）可以使神经系统的兴奋和抑制过程更加集中，对外界刺激的反应更加迅速、准确，还可以提高人的视觉、听觉、感觉、神经传导速度、神经过程的均衡性和灵活性，促进神经系统功能的增强。大学生在学习过程中，大脑皮层的有关区域处于高度兴奋状态，随着学习时间的延长而产生疲劳，导致学习效率下降。这时参加运动练习，由于体力活动和脑力活动的合理交替，使运动神经中枢兴奋，使得与文化学习有关区域的脑细胞得到休息，这样就能消除脑力劳动所产生的疲劳，提高学习效率。

四、气排球锻炼与情感体验

情感与情绪是人对客观现实态度的体验，也是心理健康标准的一个方面。人生活在错

综复杂的社会中，经常会产生忧郁、紧张等情绪反应。体育运动不但可以转移不愉快的意识、情绪和行为，使人从烦恼和痛苦中解脱出来，而且可以使不良情绪得到及时的宣泄。因此，适当的体育锻炼可以改善人的情绪。人的情绪是对客观事物是否符合自己的需要而产生的体验，符合自己的需要就会产生愉快情绪，反之，就会产生烦恼或忧郁等情绪。人在受到某种挫折时，在大脑里形成一个强刺激，从而引起一个兴奋灶，使人陷入痛苦和懊丧之中。如果能积极参加体育锻炼（例如气排球锻炼），就可以转移大脑皮质的兴奋中心。

也就是说，人在参加体育锻炼时往往只注意身体的运动，而把烦恼抛在脑后，起到转移注意力的作用，有益于大脑活动的调节。同时，气排球练习还可以提高人际交往能力，改变孤独、抑郁、自卑等心态，使整个神经系统得到调节，从而维护心理健康。无论是长期还是短期的气排球锻炼，都可产生良好的情绪效益。长期的锻炼是指每天都进行或者定期进行活动，这种锻炼活动会持续较长的时间，一般为 10 个月～12 个月。短期活动是指短期的，每次大约 60 分钟的身体活动。2004 年全国高校体育工作座谈会上，提出“每天锻炼 1 小时，健康工作 50 年，幸福生活一辈子”的口号，倡导了新时代大学生健康生活的理念。

（一）身体活动后的短期效益

短期身体活动的心理效益一般是在运动后即刻进行测量的。测量的主要内容包括活动后的良好心理感受以及身体紧张、焦虑以及抑郁状况等。

1. 与心境状态的改善有关

心境是指具有微弱感染力而较持久的情绪状态。保持良好的主导心境是心理健康的重要标志之一。有研究表明，半分钟的跑步可以使紧张、困惑、疲劳、焦虑、抑郁和愤怒等不良情绪状态显著改善，同时使精力保持在较高的水平。

2. 与焦虑水平的下降有关

焦虑是一种对当前或预计的威胁所反映出的恐惧和不安的情绪状态。一项研究对三组被试者进行测试，一组以最大心率的 70%在跑步机上行走；一组进行冥想；一组在舒适的沙发上休息。比较 20 分钟后的焦虑水平，其结果是三组被试者的焦虑水平均下降。

3. 与应激和紧张的减轻有关

应激有两方面的含义：第一，可能提高焦虑和唤醒水平的任何情境；第二，因觉察到情境的威胁而造成的与自主神经系统唤醒有关的不愉快的情绪反应，通常是在个体感知的环境要求和个体自身反应能力间不平衡时发生。紧张则是应激的一种表现形式。一项对被试者肌肉紧张和焦虑的研究考察了身体活动对 10 名焦虑的被试者的镇静效应。结果表明，在心率 100 次/分、步行 15 分钟的情况下，应激减少。它提示身体活动的情绪效益并非自动产生，身体活动负荷必须适量，否则可能没有心理效益。尽管大量研究报告显示，短期身体活动具有降低消极情绪并提高积极情绪的作用，但这些作用并不明显和稳定。

（二）长期身体锻炼的情绪效益

短期身体活动和（或）身体锻炼对于正常人的应激症状（焦虑、抑郁和愤怒）只起短时间的降低作用，而长期锻炼计划则对心理障碍患者的焦虑产生明显影响。

第二节　气排球锻炼与个性形成、协作意识及人际关系

一、气排球锻炼对个性形成的作用

个性是指个人在其生理和心理素质的基础上，在一定社会环境条件下，通过实践锻炼，逐渐形成的观念、态度、习惯和行为。它是一个人比较稳定的心理、生理素质和社会行为特征的总和，是一个人能否适应社会或能否被社会接受的关键因素。

人们的个性心理特征包括人的能力、气质和性格等内容。其中，决定一个人个性的重要因素是一个人的性格。人的性格多种多样，有的人热情、坚定、果断，有的人冷漠、懦弱，有的人固执、自信，也有的人自卑、谦和。但不管哪一种性格，其形成都与身体锻炼有着密切关系。

气排球锻炼对学生个性的培养因人而异。学生来自不同的地域，受当地不同文化及家庭背景环境因素的影响。因此，所表现出来的个性特征千差万别。内向型学生的个性特征是：一般心理活动倾向于内部世界，珍惜自己内心的情感体验，对内部心理活动的体验深刻且持久。他们一般都意志顽强，能吃苦，记忆力、判断力较好，善于观察，勤于思考，乐于助人，能虚心吸取别人的长处，情绪稳定，自制力强，能够认真地按照老师的要求圆满完成任务，但容易形成冷漠、迟缓等弊病。因此，通过气排球锻炼可使他们的个性特征得到稳定持续的发展。具有外向型特征的学生，他们的心理活动倾向于外部世界。对客观世界表现出关心和有兴趣，性格开朗、活泼、敏捷、好动，具有较好的观察、想象、反应、模仿和创新的能力，思想活跃，但抑制能力差，不善于控制自己的言行，在练习中好显示自己，易冲动，情绪不稳定，常常过高估计自己，喜欢冒险，急于求成，粗枝大叶。在学习气排球时，表现出很高的积极性，但在输球的情况下，易冲动，情绪不稳定。因此，可以通过气排球运动特有的场地和规则要求，培养练习者的自我约束能力，把冲动、好表现转化成爱集体的品质，同时克服急躁情绪，培养自己注意力集中等良好的品质。

首先，气排球锻炼对学生的个性形成有一定的约束作用。在气排球练习和比赛中，每一位参与者都会受到本队和对方的约束和限制，受到来自本队的督促与激励。这促使每一位练习者适应群体的需要，这其中不仅是技术、技能上的，还包括精神上的。在这种群体活动中，不遵守群体规范的行为，可能要受到比较严厉的制裁或惩罚。为了与群体保持一致，练习者心甘情愿接受来自群体的约束，而这些约束迫使成员改变自己的某些个性特征。

其次，气排球锻炼对人的个性形成具有调整功能。气排球锻炼需要有体力、智力、情感和行为的参与，同时要求练习者有较高的体能和技能。因此，每次参加气排球锻炼时，学生们应尽其所能完成好动作。这一过程，使得每位练习者都有机会发现自己个性中的优秀部分，找出自己的不足，采用最佳方式巩固、发扬自己的优点，克服、改进自己的缺点。气排球锻炼能够帮助学生形成正确的自我认识和自我意识，不断地完善自我，也正是

这种锻炼方式使学生形成和发展个性并实现其社会化的过程。

最后，气排球锻炼可以丰富人们的情感生活。参与者在气排球活动中体验到的自我意识感、群体约束感和主动积极感，能激励他们以高度的责任感与同伴协同合作，以执着的追求驱动自己竭尽全力去实现奋斗目标。气排球运动给人们提供的情感体验是复杂多样的，顺应了当代大学生对情感的多方面需求。

二、气排球锻炼对协作意识形成的作用

气排球是有着较为严格分工的集体体育运动项目，气排球规则明确规定在比赛中，任何人均不得连续两次击球（拦网除外）。因此，协作意识、团队精神是取胜的关键，主攻手、副攻手、二传、一传缺一不可。只靠个人技术、个人拼搏是不能获胜的，只有遵循有序性、有机关联性等规律，本队队员之间密切合作，齐心协力，并运用周密娴熟的战术配合，才能使这个集体协作运转，获得大于个体运作之和的整体效益，达到比赛所期望的目的。

例如，曾经夺取“五连冠”的中国女排，论个人技术和身体条件，并不强于当时的美国队和古巴队，她们获胜的关键就是依赖了队员相互之间、队员与教练之间的密切协作，从而形成了势不可挡的集体效能。由此更进一步证实，气排球需要集体力量，需要协作。然而，协作意识并不是一朝一夕形成的，必须通过参与排球教学、练习、竞赛等活动，并不断地重复磨炼，才能在潜移默化中逐步培养与增强，并使之“生活化”，融入我们的工作和学习之中，改善我们的社会适应能力。气排球运动对协作意识和协作能力的锻炼与培养是由气排球本身属性所决定的，它对造就未来社会大量需要的协作型人才起到了其他教育方式难以比拟的效果。

三、气排球锻炼与人际关系

所谓人际关系，是指在社会交往过程中，人与人之间所形成的和谐或抵触的情感关系。它表现为人与人之间心理上的距离，反映着人们寻求满足需要的心理状态。当今社会中，人际关系的好坏与否，往往能影响人们的学习、生活及事业。

既然人际关系对人的生活具有如此大的影响，那么，通过何种途径才能有效地培养和提高当代大学生的人际交往能力呢？答案是：气排球运动可以起到良好的正相关作用。

社会学研究曾指出，影响人际关系改善的主要因素有沟通能力、对身体语言的理解和使用能力、自我意识水平和移情能力等。而气排球锻炼又恰恰对影响人际关系的主要因素具有直接作用。气排球场上，队员之间传递信息的眼神和手势，鼓励与安慰的语言，有力的击掌和彼此的关心，都有利于培养和提高人际交往能力。

气排球比赛中，队员之间的身体语言起着相互沟通的重要作用。我们通过身体语言得知同伴的意图，同时反馈自己的信息，还在技术、战术的创新和实践中不断地丰富着它的内涵。因此，气排球锻炼可以发展学生们的身体语言，并使之在社会交往中发挥作用。同时，在气排球锻炼时所形成的自我意识行为在不断运动实践中将变成一个人的自觉行动。锻炼者将这种能力运用到社会交往中，就可以更真实地了解自己和别人对自己言行的反映，提高自己的社交技能。

大学生人际关系具有以下特点：第一，大学生之间的关系应该是一种团结友爱、平等互助的关系；第二，大学生的人际交往具有浓厚的理想色彩，比较理性、纯洁、真诚；第三，大学生人际交往相对比较简单、稳定；第四，认知因素在大学生的人际关系中起着主导作用。

气排球锻炼以其特有的方式满足了大学生身心发展的需要。

第三节　气排球锻炼与现代生活方式及民主意识

一、气排球锻炼与现代生活方式

何为生活方式？生活方式不仅是一个综合性概念，而且在不同的时代，其内涵与外延不断发生变化 。一般来说，生活方式是人们日常生活内容的总称，不同的生活内容表现出不同的生活方式，反映出人们生活的价值取向。现代生活方式与现代生产劳动方式有直接关系，不同的社会历史阶段的生产劳动方式决定不同的社会生活方式，不同的社会经济发展水平和物质生产的发达程度决定生活方式的主要内容。现代生活方式是现代社会条件下，人们的生产、生活活动本质特征的总和。它包括人们的劳动生产方式、日常生活方式、精神生活方式、物质生活方式等各方面，而且它们之间相互影响、相互作用，其中劳动生产方式起基础性和决定性的作用。在当代社会的生产劳动过程中，人们的体力劳动逐渐被脑力劳动所代替，并且有不断发展的趋势。与此同时，这也带来了人们在生产劳动过程中紧张程度的提高和工作压力的加大，人们日常生活和劳动中的体力活动大幅度减少，从而给人们的身体健康和生产劳动过程本身带来了诸多不利的影响。以当代大学生为例，由于社会的不断发展，大学生在学习等各方面的脑力劳动增加，有可能造成身体的不适应和体力的下降。因脑力劳动而产生的疲劳，从全身转向大脑局部和高级神经系统，而繁重的脑力劳动又势必导致大学生生活方式的变化，并对其身心健康产生不良影响。经常进行气排球锻炼，不仅可以通过肢体的运动使高度疲劳的神经系统得以休息，使疲劳发生转移，还可以缓解精神紧张。气排球锻炼可弥补和协调当代大学生生理和心理上的紧张。

气排球锻炼者在完成各种复杂的动作时，要做到准确、协调、敏捷、不重复。参加气排球锻炼可以锻炼人体的神经系统、心血管系统，还可以提高人体对快速生活节奏的应变能力和耐受能力，同时可以帮助学生克服对快节奏生活的抵触、恐惧、烦躁和焦虑等心理障碍，抑制身心紧张。气排球运动还可以扩展人们的生活空间，它号召人们到户外去（如沙滩排球），到大自然的怀抱中去，充分享受阳光。

有效的手段是提高人们身体素质的重要方法。气排球锻炼有助于智力发展，消除脑力疲劳，提高学习和工作效率。这种认识使人们特别是广大青少年抛弃了那种“体育锻炼耽误时间，妨碍学习”的陈旧观念。在生产、生活、学习、工作智力化的今天，气排球运动显示出了它特有的作用和活力。

总之，可以调节人们生活节奏、扩展人们生活空间的气排球锻炼，将会在现代人的生活方式中发挥越来越大的作用。

二、气排球锻炼与民主意识

民主是指人们对事情具有参与、自由发表意见的权利。民主是社会进步和文明的象征，是社会公德和法律要求的具体体现。不适应社会需要的民主意识和民主行为，将受到社会公众和法律的约束和限制。气排球运动参与的大众性和比赛结果评定的公开性，决定了气排球比赛是一个民主过程。人人都可以平等地参加气排球运动，并在活动中获取与其天赋相适应的运动成就。同时，人人可以平等地参加每一项气排球活动已成为一种民主权利。气排球规则的制定、竞赛的组织、胜负的判断、人才的选拔都能充分体现民主性。众所周知，气排球比赛的结果是在严格规则的控制下，公平公正地产生的，这种公开性和透明度是气排球运动得以发展的保证。同时，气排球运动民主化的产生也影响着人们民主行为的养成，是教育和引导学生成为民主法制社会的成员的有效方式。所以，气排球锻炼对培养人们适应社会的民主意识、养成民主行为具有示范作用。

第四节　气排球锻炼与和谐氛围营造

推进素质教育的全面实施，是我国高等教育改革和发展的主旋律。社会需要德、智、体三方面均衡发展的综合性人才，体育教育则显得尤为重要。因为体育教育不仅增强了大学生的体质，给德育、智育打下了坚实的基础，又为大学四年的学习、生活及步入社会营造了和谐氛围。

一、创设和谐、愉快的课堂情境，教与学形式多样

现代社会所倡导的是以人为本的新思路，尊重学生的选择，以学生为主体。教师应把整个教学过程转变成学生的学习过程，教师的“教”应从学生实际出发来促进学生的“学”，充分发挥教师在课堂教学中的主导作用。教师要有良好的教态、优美正确的示范动作和精练的讲解；同时，还要充分了解学生、关心学生、爱护学生、信任学生，跟学生做好朋友。和蔼可亲的教学态度，良好的精神面貌，融洽的师生关系，会使学生在课堂的学习情绪也受到鼓舞，学习兴趣得以激发，有利于学生联想、分析、推理和进行创造性学习。正如爱因斯坦所说的：“兴趣是最好的老师。”在气排球锻炼时，教师应结合学生的兴趣，采用多样化的形式，进行丰富多彩的视听教学，并从实际出发，制定一系列切实可行的考核制度，使学生的自主性得到最大的发挥，充分享受人与人之间平等、和谐的良好氛围。

二、采取比赛形式营造良好的学习氛围

在气排球锻炼的准备部分，教师可有意识地将学生分组进行练习，并对完成较好的组给予表扬。在气排球锻炼的基本部分，通过比赛来营造团结、拼搏和进取的课堂气氛，有利于学生们互助互爱，并在这种和谐氛围中掌握气排球锻炼的知识与技能。研究表明，一个人如果没有受到激励，则只能发挥自身能力的30%，如果得到激励，则能发挥出90%。

教师应通过激励机制来提高课堂的效率，创造出良好的学习氛围。课堂上，教师对学生良好的表现应立即做出表扬和鼓励，如鼓掌鼓励和语言鼓励等。教师的期盼与支持，能激励学生主动学习知识和形成勇于进取的体育精神，提高学生学习的信心和积极性。这样，学生会感觉到在气排球锻炼中的自我价值和成就感，会更努力地投入到课堂学习中。这有利于学生掌握运动技能和营造良好的学习氛围，也有利于学生终身体育目标的实现。

第五节　气排球锻炼与体育道德精神

一、体育道德精神的含义

体育道德是社会道德的一部分，是个体的品德（思想道德品质）在体育活动中的反映。良好的体育道德是一个国家和民族精神文明的具体体现。一个没有强大精神支柱的民族，不可能自立于世界民族之林。任何体育比赛都需要有强大的精神动力作为支持。作为运动参与者，良好的体育道德包括：尊重他人对体育活动的兴趣和需要；在体育比赛中遵守规则和服从裁判；在体育活动中不故意伤害他人。体育道德的内容表现形式包括体育道德意识、体育道德行为和体育道德规范三部分。体育道德意识是指体育活动参与者所具有的道德情感、道德意志、道德信念和道德伦理。体育道德行为是指体育活动参与者所表现出来的对社会或他人有一定影响的体育行为。体育道德规范是指体育活动参与者体育道德行为的准则。它们不仅是正规比赛中参与者必须遵守的道德准则，也是非正规比赛和体育游戏中参与者应该遵守的行为规范。

体育既是物质的，又是精神的。古代奥林匹克运动的创立和现代奥林匹克的重建，主要目的之一是弘扬人类的人文精神。现代经济活动多以一定的人文活动形式进行或表现为一定的人文活动。但在当代众多的人文活动因素中，几乎没有几种活动可以像体育那样极大地影响经济活动，可以说当代体育文化“弥漫”于整个经济领域，既表现为动力、资源，又体现为一种推进器和润滑剂。体育文化的这种看不见、摸不着的作用，是社会发展潜在的、深层的推动力。

高校体育课中的气排球锻炼具有特殊的精神作用，它能把人们团结在一起，使人积极向上、勇于创新，促使练习者个性、独特气质的形成。所以，学校体育教育不仅可以强体魄、长知识、增技能，更重要的是让学生的思想道德素质得到培养和发展。在体育教学中渗透德育，关键是要解放思想，转变观念，结合学校和学生的实际情况，充分利用气排球锻炼所具备的自身优势，大胆创新，有的放矢地使德育工作贯穿于高校体育教学的各个环节之中。

二、如何培养体育道德

首先，要提高对体育道德的认识，树立正确的体育道德观念。只有观念正确，才能识别哪些言行是道德的，哪些言行是不道德的。有了这种识别能力，才能在比赛中规范自己的言行，在观看排球比赛时，自觉遵守赛场规定，做文明观众。

其次，加强自己的道德修养，形成良好的体育道德习惯。气排球锻炼中，个人的道德表现是现实生活的缩影，最能真实地反映一个人的思想品德状况。如果一个人平时对自己要求很严格，养成了遵守纪律的良好习惯，在排球比赛中就会很自然地遵守比赛规则，毫无条件地服从裁判员的判罚，同时，也会把这种良好的行为习惯迁移到学习和生活中；相反，如果一个人平时对自己的要求很松，经常违反纪律，在气排球比赛中他也不会表现出良好的体育道德，这就是所说的习惯成自然。

最后，要大胆实践。因为体育道德是在体育活动（例如气排球比赛）中非常自然地表现出来的，所以，要在实践中加强锻炼，提高自己的道德水平。

综上所述，良好的体育道德精神，并不是在一次排球锻炼中就能形成的，需要教师和学生共同努力，不断修正自己的行为规范，从小事做起，一点一滴慢慢形成。但可以肯定地说，气排球锻炼对体育道德精神的形成能起到重要的作用。

第十一章　气排球运动的观赏

第一节　气排球观赏的意义和作用

观赏（view and admire）是观看、鉴别和欣赏的一个过程。气排球观赏能丰富人们的文化生活、满足人们精神上的需要。精彩的气排球比赛和表演吸引着亿万观众，紧张、激烈、惊险、拼搏的场面紧扣心弦，使人赏心悦目，激励和感染着人们不断进取。

在大力加强物质文明和精神文明建设的今天，体育运动起到越来越重要的作用。气排球作为体育大家族中的重要成员之一，对它进行观赏可以给个人及家庭带来乐趣和幸福，有利于社会安定。通过这项活动，能使更多的人认识和参与到气排球运动中来，从而促进气排球运动的进一步发展。

人们在工作、学习之余，观赏体育表演和比赛能陶冶情操。运动员尽善尽美的表演，健、力、美和谐的统一，鲜明的节奏，默契的配合，艺术的造型，给人以美的享受，从而令人忘掉忧愁和烦恼，改善心理和情绪，使人朝气蓬勃、充满活力，增进人的健康。人们在观赏气排球比赛的过程中，可看到运动员之间、运动员和裁判员之间、观众和运动员之间发生着频繁且激烈的思想感情或行为上的交流，可从中看到个人与集体的关系及人与人之间的合作精神、相互鼓励的精神。因此，观赏气排球运动能培养人们团结合作精神、豁达的性格、愉快乐观的情绪。

在观赏气排球运动的过程中，可以学到许多有关气排球方面的知识。通过讲解员的现场解说和观众之间的互相交流，我们可以了解到气排球运动的起源和发展，一些优秀运动员的情况，一些国家和地区的风土人情，以及这个项目的比赛规则等，这些可以开阔我们的眼界，增长体育知识，增进各国运动员和人民之间的了解和友谊。

在大型的国际比赛中，规定给获胜的运动员或运动队升国旗和奏国歌，这更能激发人们的爱国热情和民族自豪感。我国女排健儿 1981 年在世界杯排球赛上，实现了三大球比赛金牌“零”的突破，在“冲出亚洲，走向世界”的征途中，为祖国夺得了一项世界冠军，给正在建设有中国特色的社会主义的中国人民以极大的鼓舞。20 世纪 80 年代初，当中国排球运动员在国际比赛中战胜强队获取胜利后，北京大学的学生欣喜若狂，喊出了“团结起来，振兴中华”的口号，使我们整个民族具有更强的凝聚力，使我们的民族朝气蓬勃、充满生机，使人民对生活、对国家的前途充满信心。因此，气排球观赏对社会主义精神文明建设有着重要的作用。

气排球观赏给我们提供了一个学习运动员拼搏进取、无私奉献、为国争光精神的机会。1981 年，中国女排的姑娘们经过顽强拼搏，最终站在冠军领奖台上，含着热泪望着在庄严的国歌声中冉冉升起的五星红旗，她们没有在掌声和鲜花中陶醉，首先想到的是自己的祖国，想到教练的辛勤培养和同志们的热情鼓励。她们把自己比喻成大海里的一滴水，之所以永不干涸，是因为寄身于海洋；比喻成岸边的礁石，之所以能经受住风浪的考验，是因为祖国和人民的培养；比喻成一棵树木，之所以枝叶茂盛，是因为植根于祖国肥沃的土壤。媒体称赞中国女排表现了中华民族的精神，是中国最美的人，是民族美的化身。这种精神、这种美正是我们观赏排球比赛时要学习和追求的。在排球比赛中，运动员每分必争，每球必夺，不经过奋力拼搏，要战胜对手、夺取胜利是不可能的。正因为如此，排球比赛充分表现了“更快、更高、更强”的现代奥林匹克运动精神，也充分表现出了强烈的竞争意识。这种竞争意识反映了人类勇于接受挑战、敢于拼搏的气概和人们征服自然、改造社会、超越自我的理想。

相关知识链接

昔日辉煌荣膺“五连冠”　中国女排 20 世纪 80 年代夺冠历程回顾

1981 年首夺世界杯赛冠军：1981 年，中国女排以亚洲冠军的身份，参加了 11 月在日本举行的第三届世界杯排球赛。比赛采用单循环制，经过了 7 轮 28 场激烈的比赛，1981 年 11 月 16 日，中国队以 7 战全胜的成绩首次夺得世界杯赛冠军。袁伟民获“最佳教练奖”，孙晋芳获“最佳运动员奖”“最佳二传手奖”“优秀运动员奖”，郎平获“优秀运动员奖”。

1982 年秘鲁世锦赛再度登顶：中国女排带着一场负分进入复赛，形势十分严峻。主教练袁伟民果断起用年轻队员梁艳、郑美珠，替下周晓兰、陈招娣，结果以 3∶0 轻取古巴，赢得了扭转战局的关键一役，此后中国女排又以 3∶0 战胜苏联队，杀入四强，并最终在与东道主秘鲁队的冠亚军决战中以 3∶0 全胜，获得这届锦标赛冠军。

1984年折桂洛杉矶：在1984年的美国洛杉矶奥运会，预赛的最后一场中国队对美国队，中国队以1∶3失利。半决赛中国队以3∶0轻取日本后，8月8日的中美决战上中国女排丝毫没有受到小组赛失利的影响，以3∶0战胜对手，取得了“三连冠”。

1985年再夺世界杯赛冠军：在这次世界大赛中，中国与古巴之战是世人关注的焦点。赛前双方均以3∶0击败了实力雄厚的苏联队，最后中国女排以3∶1获胜。邓若曾获“优秀教练员奖”，郎平获“最佳选手奖”及“优秀选手奖”，杨锡兰获“最佳二传奖”及“优秀选手奖”，郑美珠获“优秀选手奖”。

1986年荣膺“五连冠”：1986年9月，在捷克斯洛伐克举行的第十届世界女排锦标赛上，中国女排在极为困难的情形之下出征，克服了重重困难，最终以8战8胜的出色战绩蝉联冠军，成为世界排球史上第一支获得“五连冠”的队伍。在这一届锦标赛上，张蓉芳获得“最佳教练员奖”，杨锡兰获得“最佳运动员奖”和“最佳二传手奖”，杨晓君获得“最佳一传奖”。

第二节　气排球观赏的心理和生理机制

一、气排球观赏的心理机制

气排球观赏是主体对体育实践过程进行自由观看时的动态心理过程。在这个过程中，感知、想象、情感和理解等多种心理要素共同发生作用，它们相互交错、相互补充、相互诱发和相互交融，最终形成主体的观赏感受。下面对这几种心理要素分别加以说明。

(一) 感知

感知是气排球观赏的第一个心理要素，它包括感觉和知觉两种心理过程。感觉是对事物个别属性的反映，知觉是在感觉的基础上对客观事物的多种属性及其相互关系综合的、整体的反映。只有通过感知，才能对客观事物进行整体把握。

客观事物总是由许多个别属性组成的，没有反映个别属性的感觉，就不可能有反映事物整体的知觉。同样，感觉到的个别属性越丰富、精确，对事物的知觉也就越完整、正确。例如，在观赏气排球扣球动作的过程中，观赏者可通过感觉（主要是眼睛的感觉）弄清它的个别属性（如动作的方向、路线、身体姿势、运动部位等），然后才能从知觉上对该动作进行整体把握。这时候，如果观赏者能将运动员起跳高度、扣球的时间、扣球的角度和球的落点等个别属性都看得一清二楚，那么就会更完整、更准确地认识和理解这一扣球动作，而不至于被弄得眼花缭乱了。事实上，任何事物的个别属性都是离不开事物的整体而存在的。人在具体的观赏活动中，都是以知觉的形式直觉地反映事物，感觉只是作为组成部分存在于知觉中，很少有孤立的感觉存在。因此，人们通常把感觉和知觉统称为感知，并把它视为气排球观赏的最基本的要素。

（二）想象

想象是在头脑中对过去事物的表象重新改造而构成新形象的过程。人们在锻炼实践中，不仅能感知当前作用于自己的事物，能回忆起过去经历过的事物，而且能在已有表象的基础上，在头脑中创造出没有直接感知的新形象。例如，气排球运动员对头脑中保存的各式各样的气排球动作表象进行加工改造，设计出一套新的气排球动作，这种心理活动就是想象。

想象过程所产生的形象，虽然不再是人们已感知过的具体形象，但这并不等于说想象不是客观现实的反映。从来没有练过气排球或没有看过气排球比赛的人，在想象中不会有任何气排球动作的表象，正如生来就双目失明的人，在想象中不会有颜色的表象。所以，想象不是凭空产生的，而是在人们已有的知识和生活基础上形成的，想象中的事物形象无论多么新颖独特，都可以在现实生活中找到其根源。想象既不脱离感性材料，又具有理性认识的因素，既以表象作为基础，又与思维相联系。

（三）情感

情感是人对客观事物与人的需要之间关系的反映。当客观事物符合或违背人的某种需要时，人们便会表现出这样或那样的态度，产生主观情绪体验，这种由事物是否符合人的需要所产生的态度和体验，在心理学上称为情感。日常生活中的情感是建立在人和客观事物的物质关系上，属于低级情感，而观赏活动中的情感则是建立在精神关系上，属于高级情感。例如在观赏排球比赛的时候，人们会因为自己喜欢的球队获胜而兴奋，也会因为球队失利而懊恼，同时会为球场上出现的不良现象感到不满和义愤等。这些主观的情绪体验，都是高级情感的具体表现。

情感存在于整个排球观赏过程中，观赏主体总是或多或少地进行着各类情感的体验。例如，在 2004 年雅典奥运会上，女子排球决赛在中国队与俄罗斯队之间进行，最终中国队战胜俄罗斯队。在整场比赛中，球迷用欢呼声、掌声、标语等不同形式支持着自己喜欢的球队，表现出高昂的情绪。对比赛的结果，华人欣喜若狂，俄罗斯人黯然神伤。作为中国与俄罗斯等的不同国家的球迷来说，对比赛结果也有不同的情感体验，有的高兴，有的伤心。因此，在排球观赏活动中，自始至终充溢着强烈的情感色彩。

情感在观赏活动中的作用，在于它广泛地渗透在其他心理要素之中，成为触发其他心理要素的诱因，并且充当它们的中介和动力。以观赏排球比赛为例，当观众看到运动员在网前进行进攻与防守时，观赏兴致会特别浓厚，并会产生丰富想象：攻方采取哪种进攻配合，才能产生有效的进攻。而守方会采取何种防守战术，才能化险为夷。这种想象常常会使人产生巨大的疑问，从而情绪更加高涨。但是，在观赏过程中，情感的发展不是无节制的，理解对情感有控制和引导作用。

（四）理解

理解是通过揭示事物间的联系而认识新事物的心理过程。观赏气排球时，理解不是依靠概念、判断和推理的逻辑思维形式进行的，而是与感知、想象、情感等心理要素密切联系在一起，人们在感性直觉过程中直接领悟运动实践的理性内涵。这里所说的直觉，不是动物式的单纯感官的生理反应，而是一种具有高度理性识别能力的感觉，是在长期的生活中积累丰富的观赏经验后才具有的一种完善的感觉能力。这是直接领悟气排球美的前提和基础。

在观赏活动中，感知、想象和情感诸因素处于自由和谐的运动状态，它们共同组成完整的心理过程。也就是说，在进行观赏活动时，人们没必要中断自己的感受，停下来作判断和推理，也不需要把气排球观赏这种感性活动处处都翻译成相应的概念。相反。人们总是不假思索地让自己的感知、想象和情感遵循着观赏对象的指引，自由和谐地活动，在最终获得的愉悦性感受中，对理性内容进行理解和认识。

在气排球观赏活动中，理解活动的进行，首先需要主体对气排球观赏对象采取自觉的观赏态度，其次，主体具有与观赏对象相关的知识和经验储备。例如，同样观赏一场排球比赛，有的人兴致不高，有的人却聚精会神，对场上队员的技术、战术、意志等都能做出恰当的评价。这说明后者对观赏对象有了理性认识，理解发挥了作用，而前者的观赏仅仅停留在感知阶段。

二、气排球观赏的生理机制

作为有机体活动的一种类型，气排球观赏所依赖的生理机制与主体感知客观世界的其他方式相同，主要是由视觉、听觉、触觉、嗅觉、味觉五大感官构成的感官系统，其中的视觉、听觉占据重要的地位，是欣赏气排球的主要感官系统，触觉、嗅觉、味觉是起辅助作用的感官系统。

气排球欣赏的主要对象是气排球运动中具有美的性质的事物，这种事物所特有的时空存在方式，决定了主体与客体之间必然存在一定的观赏距离。例如观赏一场高水平的气排球比赛，观众要在运动场地之外才能更好地感受比赛的紧张和激烈。也就是说，主体只有与客体保持一定的空间距离，才能更好地进行观赏活动。而眼睛是一种远距离感觉器官，在这种情况下，能感知到存在于主体之外的客体。因此，眼睛是体育观赏中最先启动的器官，也是最重要的感受器官。

在观赏气排球比赛时，观众不仅要关注场上队员的比赛情况，还要注意聆听裁判员的哨音和场外替补席随时发出的暂停、换人等信号。因此，观赏气排球除了凭借视觉外，听觉也必不可少。在观赏气排球时，观赏者必须同时启动视觉、听觉感官系统，才能完整地感受和理解整场比赛的气氛。

在气排球观赏中，触觉、嗅觉、味觉起辅助作用，它们在一定程度上影响着美感的形成和视听感知的范围。在多数情况下，触觉、嗅觉、味觉不是单独地在观赏中起作用，而是不自觉地参与视听的感知过程，从而丰富了主体所获取的信息。

第三节　气排球运动的评价

一、气排球运动评价的客观标准

在观赏气排球的过程中，当对某一对象做出“它是美的”判断之后，应该想到，我们根据什么做出这样的判断？为什么不同的人会对同一对象感受到美？这主要是由观赏气排球的客观标准决定的。该标准是用以判断观赏对象的美与丑、观赏价值的高与低的尺度，在长期受到人类运动实践和观赏实践的衡量、比较和修正后，逐渐形成了其客观内涵。主要包括以下三个方面的内容。

（一）对“真”的要求，即真实性

“真”是指客观世界及其固有的规律。当观赏对象符合事物的内在真实规律的时候，才有可能是美的。美本身蕴含“真”，是“真”的生动的形象体现。

在气排球运动中，“真”主要是指人的身体活动符合体育运动的规律和人体解剖生理特点，以及遵守气排球比赛的规则等。例如，现在比赛中，假球与“黑哨”偶尔会出现在赛场上，导致一些场次的比赛成绩不真实，当人们知道真相后，不仅不会觉得比赛精彩，反而会对比赛感到反感，认为其是丑陋的。

另外，气排球比赛规则的确立，也都是以“真”为出发点去表现美的。气排球比赛规则是在长期的气排球实践过程中形成的行为规范，符合气排球比赛的规律。例如，气排球运动规定“持球和连击”、后排队员到前排拦网及后排队员在三米线以内跳起扣球等属于违例现象，这些规则的制定都是为了约束运动员的场上行为，使比赛打得更精彩、更紧张和更激烈。

（二）对“善”的要求，即功利性

“善”是指客观对象对于人的功利价值，是人类实践活动的目的性。“善”的起源表明，“善”是规律性与目的性的统一，所以某一观赏对象是否符合人的功利目的，就成为判断它是否“善”的客观标准。

气排球运动中的“善”，是指对造就健美的体格和健康的人格有益，对开发人的生物潜力、聪明才智，以及表现人的积极进取的精神有利。“善”是气排球美的基本前提。

在气排球运动中，如果一个技术动作对人的健康无益，对人的身形塑造没有好处，这就意味着不善，也就谈不上美了。此外，若是采用不正当的手段和行为，不论取得多么好的运动成绩，都得不到世人的承认，都被视为不美，其原因也是违背了“善”的标准和要求。

（三）对感性形式的要求，即形象性

在运动实践中，美是真、善和感性形式的辩证统一。无论是真还是善，它自身并不是美的对象，要成为美，必须以感性形式呈现出来，即美的形象性。形象性在气排球运动中体现得特别突出。例如，在气排球配合中，背溜是在接对方发球或扣球，一传稳定的情况下，由二传将球分给他身后的扣球队员，由扣球队员将球扣在对方场地上而完成的，而单一的接发球或单一的传球很难表达十分确定的美的内容。观众从以上配合中就能感受到运动员高超的排球技能等。从上述分析中可以看出，具有完整性、独创性、生动性的感性形式是构成体育形象美的一个基本条件。

二、气排球比赛的美学价值

气排球比赛为我们展现了一个绚丽多彩的艺术美的世界，它能激发人们的种种联想，使人得到精神上的愉悦和美的享受，这就是气排球美学的作用。

气排球美学是论述气排球运动之美的审美情趣的科学。随着科学技术在各个领域的新发展，运动技术水平的不断提高，在气排球美和气排球审美观的作用下，气排球运动坚持不懈地追求美，无论是自然美、社会美、艺术美还是在此基础上产生的运动美。从人体是自然物的属性来说，健康是自然美。人又是社会的人，具有社会属性，经历长期社会生活的熏陶，人体健康又是社会生活的需要，从这个意义上说，健康又是社会美。人体机能组织结构的均衡、比例对称等形式美，是天赋的艺术美，由健康的人体所进行的气排球竞赛又构成了运动美。

法国著名雕塑艺术大师罗丹曾经说过："自然界中没有任何东西比人体更美。"苏联艺术家马雅可夫斯基也进一步指出："世界上没有任何一件衣衫能比健康的皮肤和发达的肌肉更美丽。"古希腊雕像"维纳斯"，下身侧立，左腿微微抬起，潇洒自如，轮廓清晰的面部，那双充满智慧的眼睛似乎给人类带来幸福和希望，她体态匀称、优美，表情庄重和安详，美得高尚、美得令人崇敬。我国女排首次获得世界冠军后，中国邮政发行了一套两枚特种体育纪念邮票，其中一枚是女排主攻手郎平跳起大力扣球时的动作造型，它刻画了运动员全神贯注、排球即将出手的刹那姿态，全身动作的协调、力点的发挥、肌肉的强劲，把人体的运动美表现得淋漓尽致，使人不知不觉对健美体魄产生羡慕和向往，这既是体态之美，也是精神之美。中华民族有几千年的灿烂文化，我们的祖先是讲究美的。例如孔子说的"尽善尽美"，"善"是完善的意思，"尽善尽美"意为完美到没有一点缺点。当然，封建时代的美不可避免地带有封建的色彩。但是，我们今天的气排球审美观正是继承和发展了历史的、本民族以及其他民族的合乎人类社会发展的审美理想和情趣。

气排球运动使人体美得到了充分的展现。在观赏气排球比赛时，运动员在赛场上所展现的雕塑般的身躯、匀称的线条、优美的动作不能不使人们陶醉在美的享受之中。就人体美的本质而言，美必须充分体现人类蓬勃向上的生命活力。通过运动员的表情和动作变化，表现出丰富多样的内心世界。

气排球运动中的技术美包括技巧美、统一美、韵律美、力量美和适应美等要素。也就是指技术结构、技术流程、力量的统一要素，以及与技术相适应的要素。

气排球比赛紧张激烈、高潮迭起、精彩纷呈，日趋激烈的网上争夺，严密的后排防守，快速多变的战术，漂亮的背飞、快抹等绝技，让人赞不绝口。

三、在气排球观赏中培养文明高尚的体育道德

气排球比赛的目的是增强人民体质，推动运动技术水平的不断提高，丰富人民群众的文化生活和增进友谊。因此，它是社会主义精神文明的重要组成部分。观赏气排球比赛要做到言谈举止文明。言谈举止体现出一个人的思想修养和道德水准，文明礼貌体现了一种美的气质，在社会交往中使人感到和谐和亲近。反之，粗鲁、野蛮的举止使人感到厌恶，造成人与人之间的不愉快，还会带坏社会风气，甚至造成人民生命财产的损失。因此，我们在观赏气排球比赛时，既要对运动员的精彩表演和高超技艺报以热烈的掌声，又要对运动员的偶尔失误表示理解和鼓励。同时，应增强法制观念，遵纪守法，遵守赛场纪律，用文明的举止和高尚的体育道德去推动社会主义精神文明建设和体育运动的健康发展，要同不文明的行为坚决做斗争。

第四节　如何观赏气排球运动

一、气排球观赏的阶段

气排球观赏，首先是利用人们的视觉系统和听觉系统，逐渐过渡到整个感官系统，尔后引起大脑的思维活动，最终使观赏者全身心地投入到气排球运动中，心情愉悦，获得心理上的满足。对气排球的观赏可以从以下三个阶段来分析。

（一）感性认识阶段

首先，观赏者通过感官系统接受气排球竞赛，引起大脑的思维活动，而后随着个人的喜好和心情产生不同的感受。例如，在观赏气排球比赛时，有的人喜欢看男子比赛，有的人喜欢看女子比赛，男、女各队的比赛节奏、速度、力量和动作的变化都各有不同，每一位观众在心里感受上会产生不同的反应。

（二）理性认识阶段

气排球运动来源于生活，是日常生活中的一种活动、游戏，又是高于日常生活的一种艺术展示。在美国，排球的发明者威廉·摩根当时只是为了人们的娱乐，而在生活中创造了排球。它能给人以无限的遐想和美的享受。这就说明观赏排球，使观赏者不但享有竞赛获胜的优越感，而且获得精神享受。

（三）参与气排球活动阶段

气排球比赛不但有令人振奋的场面，而且有让人悦目的表演。这就使人们在观赏之余去主动参与体育活动，亲身感受体育活动带来的兴奋和快感。观赏气排球运动能够激发人们参与气排球运动的欲望。我国著名排球运动员汪嘉伟说："排球是我生命中最重要的部分，它促使我去拼搏、进取。"这种强烈的参与感、享受感，使人们在观赏气排球运动之后，积极参与该运动，从中去感受它的真正魅力。

二、气排球观赏的基本内容

观赏气排球的内容十分丰富，有的人观赏竞技运动比赛的激烈场面、运动技巧及双方的排兵布阵等，有的人观赏气排球竞技运动中教练的指挥艺术及裁判员的裁判水平，有的人观赏气排球的运动之美，还有的人观赏体育运动的器材、服装和其他用品。

（一）比赛开始前了解有关气排球方面的知识

（1）了解气排球比赛的性质。在观赏一场气排球比赛前，要了解这场比赛的基本性质，即比赛是友谊赛还是锦标赛，是半决赛还是冠亚军决赛等。

（2）了解比赛双方的战术打法和双方球员的重点人物。气排球爱好者应对现代排球的阵容配备和接发球进攻中的 5 人接发球、4 人接发球及 3 人接发球站位阵形有个大概的了解，还应对"中一二"、"边一二"进攻及二传插上前排三点进攻和前、后排立体进攻的阵形有所了解。对接发球及其进攻、接扣球及其进攻、接拦回球和接传垫球及其进攻战术也应有所知晓。只有这样，在观看高水平比赛时，才能发现气排球运动之美，给观赏带来更大的乐趣。

（3）了解气排球比赛的基本规则与裁判规则。

（4）了解当今气排球运动的发展趋势。

（二）观看比赛时观察双方的排兵布阵

在双方主力队员上场，按既定位置站好后，观众可注意观察双方的排兵布阵情况。根据进攻队员和二传队员所站的位置，大致可判断出双方的阵容配备、教练的战略意图和战术思想，为进一步观赏比赛打下基础。

（三）观赏比赛双方的发球

现代气排球的发球技术和战术发展很快。从原始的下手发球、上手发球、上手发飘球、勾手发飘球、勾手大力发球，发展到现在的跳起前冲大力发球及跳起发飘球等技术，无不体现了气排球发球技术的迅猛进步。气排球的发球战术在比赛中则体现在：发不同性能的球；发控制落点的球；发有变化节奏的球；发变线路的球；根据临场比赛的变化采取不同的发球等。比赛时，水平越高的队发球的进攻性越强，发球的竞争越激烈，观赏性越强。

（四）观赏双方的进攻水平

气排球比赛中，进攻战术是最精彩的部分，它包括接发球前的攻手和二传之间的信号联络，接发球及其进攻战术等环节，这些环节环环相扣，如果有一个环节联结不紧密，就会造成进攻失利。进攻是展示各种各样进攻战术的平台，从前排队员的两点进攻到三点进攻，从前排队员的各种跑动进攻到当今高水平运动员普遍使用的前排跑动进攻加后排进攻，使观众眼花缭乱，目不暇接。

（五）观赏双方的防守反击

接扣球后的进攻又称防反，它是由拦网、后排防守、防守后的反攻等环节组成。在观赏时，首先观赏网上扣球和拦网相对抗。随着进攻战术的不断创新和演变，气排球拦网的技术和战术也在不断地发展，从前排一对一的平面拦网，到双人、三人拦网，演变到单人连续起跳拦网和集体重叠拦阻、立体进攻的拦网，发展之迅速，让人耳目一新。其次，在观赏前排队员拦网的同时，还要注意观赏后排的接扣球防守阵形，以及在前排投入不同数量的拦网队员时，后排如何合理地运用接扣球防守的布局。应重点观赏在严密防守下，接起对方扣、吊球后，二传怎样合理分球，组成集体防守反击战术。

（六）观赏双方顽强的防守和摔救球技巧

在气排球比赛中，最扣人心弦的是多次来回球中顽强的防守和抢救险球时奋不顾身的摔救。防守中连续救起球的次数越多，观众的情绪越激昂。观众的激昂情绪激励着运动员，运动员可能超水平发挥，使比赛更加精彩。平时训练中少见的滚翻救球、鱼跃救球等高难度倒地救球技术展现在观众面前，大大地提高了比赛的观赏价值。

（七）观赏裁判员的裁判水平

在所有体育运动竞赛中，裁判员的裁判水平不但影响着比赛的结果，而且影响着观众的观赏情绪。特别是在比赛节奏快的项目中，裁判的正确判断显得格外重要。例如，在足球比赛中，场地范围大、比赛节奏快、激烈程度强、观众多，因此，就需要裁判员具备公正、严肃、认真的作风，灵活机智、冷静的临场判断能力，良好的身体素质和精神状态。

只有这样才可以保持比赛的节奏，把比赛推向一个个高潮，同时把观众的观赏情绪不断推向新的高潮。所以说，裁判员裁判水平的高低不仅影响着比赛的公正性，而且影响着观众的观赏情绪。

（八）观赏教练的临场指挥艺术

教练在一场比赛中至关重要。在观看比赛时，首先要看教练如何在开局排兵布阵。其次，要看教练的用人艺术。例如如何使用自由防守队员和替补队员，这往往是实力相当的球队取得最后胜利的关键。最后，要看教练使用暂停的艺术，在我方比分落后时、在对方连续得分士气正旺时、在我方被眼前局部的胜利冲昏头脑时，均是教练使用暂停的最佳时机。

（九）从美学角度来观赏气排球比赛

1. 气排球运动员的身体美和素质美

气排球运动是在一定高度的网上进行争夺对抗的，所以它非常强调空中优势，既要求运动员跳得高，又要求运动员具备高度灵活的身体移动能力，这样就对气排球运动员的身体形态提出了特殊要求。多数气排球运动员骨骼发育偏长，他们给人的印象是颀长、魁梧、健壮、伟岸、灵巧，展现力量、勇气、姿态等结合的美。气排球运动员的素质美最能体现人的自然美，它包括力量美、速度美、协调美、柔韧美。

（1）力量美：力和美往往结合在一起，而真正的美总是有力的。一些世界排球运动员具有惊人的力量，表现了人类强大的生命力，使观众受到鼓舞，体会到勇猛、强健的力量之美。

（2）速度美：在比赛中，快速无穷的变化令人眼花缭乱，它体现了速度美，给人以激动、振奋的情感体验。

（3）协调美：优秀气排球运动员都具有良好的协调性。在比赛场上，运动员时而腾起扣球，时而移动保护，时而跳起拦网，时而飞身救球，这一连串的动作是那样的协调，那样的轻盈，那样的优美。

（4）柔韧美：气排球运动员无论是飞身救球还是腾空扣球，全身各种大幅度的动作都表现出各关节有较大的灵活性，肌肉和关节韧带具有良好的伸展性和弹性，体现了柔和、轻盈、舒展的柔韧之美。

2. 气排球运动的技术美

气排球运动的技术美是气排球之美的重要体现，是技术水平以及体态美、素质美、动作造型美的综合体现。它是运动动作准确与效果良好的相互统一。技术美有它自身所具有的特征。

（1）动态美：气排球技术动作随意自然，富有动感，防守前扑，如猛虎下山。鱼跃救球，舒展协调，如海底捞月。扣球时身体后仰，强劲有力，富有弹力，犹如一张弓。身体前倾、低重心的可攻可守的准备姿势，就像饿虎扑食，大有一触即发之势。这一个个技术动作，富有艺术韵味，是运动员的动态之美。

（2）技术风格美：气排球运动虽然是集体项目，讲究集体配合，但在比赛中，运动员也表现出个人的技术特点。有“怪球手”之称的前国家女排队员张蓉芳，她拥有超群绝伦的全面技术，进攻中既能采用多变的路线进行强攻，又能快速地突袭对方，更能以轻吊、打手出界等绝招，使对手经常处于穷于应付的局面，防不胜防。前国家男排运动员汪嘉伟在全队快攻集体配合中那富于变化的前飞、背飞，与众不同，如空中飞人，出神入化，潇洒自如。在气排球运动中，这种技术风格得到了张扬，更增添了排球运动的魅力，提高了排球运动的观赏和审美价值。

（3）智慧美：当今气排球比赛竞争激烈，运动技术和战术越来越复杂化，比赛不仅是体力、技术和战术及意志的拼搏，而且是智慧的较量。在高速变化的对抗中，主攻手要根据拦网者的手形，防守布局，在一瞬间观察、判断，然后随机应变，选择线路变化，或扣或吊，达到突破目的。这些灵活多变的技术动作表现了判断和应变能力的智慧之美。

（4）和谐美：气排球技术集力量、速度、柔韧、灵敏于一体。素质、协调、技巧的统一，表现了和谐之美。轻盈矫健、潇洒优美的气排球动作技术是一种艺术，观众从中可体验到情感的宣泄，领悟和品味出一定的美的意蕴。这即是气排球技术的和谐美。

技术美体现了人的自身价值。气排球比赛运动员在忘我境地中，克服生理负荷，充分展示精湛、娴熟、准确、优美的技术，使人从中获得一种艺术力量，产生审美效应，使运动员和观众达到一种默契，运动员每完成一个漂亮的技术动作，观众就会为之喝彩。优美的体态不仅表现了运动自身的力量、目的和水平，提高了运动员的自信心，而且使运动员在心理上、情感上得到了充分满足，这无形又变为一种动力，加倍激发运动员去掌握更规范、完美的技术动作。技术的不断发展，充分显示了人自由创造的本质，显示了人改造世界、改造自身、不断挖掘机体潜力的能力，也充分体现了人的自身价值。

3. 气排球运动的战术美

气排球运动中的战术美是其最核心的部分，它包括几点：首先是接发球前的攻手和二传手之间的信号联络，接发球后二者之间的密切配合等。这些环节环环相扣，完成了气排球进攻战术的整体构想。随着气排球技术的不断发展，进攻战术也从前排队员的两点进攻发展到三点进攻，从前排队员的各种跑动进攻发展到当今高水平运动员普遍采用的前排跑动进攻加后排纵深进攻。观众能感受到气排球战术中力与力碰撞所体现出来的强劲之美和运动员之间默契配合所体现出来的和谐之美。其次是防反战术。它是由拦网、后排防守、防守后反攻等环节组成。随着进攻战术的不断创新和演变，气排球拦网也不断发展，从前排一对一的平面拦网，到双人、三人拦网，再演变到单人连续跳起拦网技术和集体重叠拦阻立体进攻的拦网战术，处处能体现出默契之美。后排防守阵形的演变，使防守进入“智能化”时代；队员在后排防守中随机应变，救起即将落地的险球，给观众带来绝处逢生的喜悦之美。

此外，在充满配合的攻守对抗中，进攻方高快结合，忽快忽慢，拉开、集中结合，忽左忽右，犹如一曲在二传手指挥下的交响乐。防守一方拦网、地面防守，层层设防，犹如铜墙铁壁。攻与守以一定的节奏进行，时起时落，浑然一体。在单个技术处理中，也表现出一定的节奏美。运动员在扣球或拦网时，观众有时也有节奏地喊“一二三，扣”，为运动员鼓劲，于是又形成了另一种节奏，时而鼓号齐鸣，欢声雷动，时而鸦雀无声，场上、场下互相感染，更显示了一种节奏美。

（十）观赏气排球运动的器材和服装

体育运动器材的发展，体现了一个国家的经济和科技的发展水平。例如排球的网柱，无论是其外观还是性能都有了质的飞跃。当观赏者看到运动员使用的器材是本国制造的时，会从内心深处升起对自己国家的热爱之情，感到由衷的骄傲。运动服饰，如帽子、鞋子、运动包等也同样标志着一个国家的文化水平。运动员穿上和谐、美观、大方的运动服装，会给人一种精神抖擞、朝气蓬勃的感觉。在 2000 年悉尼奥运会上，我国排球运动员所穿的李宁牌运动服，在上衣的背后画有一条金黄色和火红色相间的龙，形似“China”，这不但点缀了服装，使服装协调美观，而且让各国运动员和观众都知道，世界的东方屹立着一条伟大的中国巨龙。

三、气排球运动的美学特征

（1）气排球运动使参与气排球竞赛的运动主体认识到，人的活动自身有巨大的力量，而这个活动正表现出人的创造力。通过运动竞赛表现出的运动主体的创造力是气排球竞赛之美的一个源泉，运动主体理解到只有敢于创新才会有进步和骄人的战绩。

（2）气排球运动使进行审美欣赏活动的主体认识到，气排球竞赛之美有极为丰富的内容，生动的形象、具体的形式、真挚的情感是运动主体的贡献，使审美欣赏主体不仅得到赏心悦目的享受，而且看到人的创造力、意志力和崇高的美学价值，从而关心气排球、热爱气排球、参与并支持气排球运动，有利于气排球运动的蓬勃发展。

（3）通过气排球运动，社会生活中的人们认识到，它不仅仅是参与者的贡献，同时是社会生活的一种需要。2015 年排球世界杯赛，中国女排在阔别 10 多年后又一次夺得久违的世界杯赛冠军，其分量之重、影响之大，均不亚于她们第一次夺冠，这是女排精神的继承和发扬，是排球运动社会美的升华，是新时代中国青年风采的体现，这鼓舞着国人与时俱进，坚定共同创造美好未来的决心与信心。由此可见，气排球运动之美已远远超过了其原有意义上的美，是美的升华。

相关知识链接

开设体育欣赏课“五要”

在全面实施新课标的今天，体育欣赏课已成为学校体育教学的重要内容之一。那么，如何才能开设好体育欣赏课呢？

1. 要精心准备

事先应准备好欣赏内容，欣赏内容要丰富多彩，具有一定的欣赏性。同时，要准备好多媒体，使欣赏的内容具有很好的视觉、听觉效果。当然还要准备好精美、漂亮的多媒体课件。

2. 要让学生掌握体育欣赏的一般方法

体育欣赏不仅仅停留在看热闹上，而应注意多层次、多角度地去感受、体验，使学生看出门道。比如可从以下角度欣赏：

（1）欣赏体育精神。从整体上说，我们应该注意欣赏蕴含在体育比赛中的那种竞争精神、自我超越精神和团结协作精神。

（2）欣赏比赛的形式和过程。在欣赏不同类型的比赛时，应注意不同的欣赏角度。直接对抗类项目，应注意欣赏比赛过程中个人技术的运用和整体战术的配合，以及运动员所表现出的那种视野开阔、豁达合群和大智大勇的精神状态；对比类项目，应注意欣赏比赛过程中富于艺术的美感，即运动员在一定的空间和时间内，如何控制身体，并使之达到尽善尽美的程度，使健、力、美得到高度的统一，其和谐的韵律和鲜明的节奏又是如何微妙地配合，给人以强烈的美感；纪录类项目，应注意欣赏比赛过程中那种你追我赶的拼搏精神及勇敢坚毅的优良品质。

（3）欣赏比赛结果。应注意欣赏运动员得到比赛结果时的那种满足感、成功感。

3. 要让学生树立正确的体育欣赏观念

教师不仅要让学生懂得体育欣赏，更要让学生在欣赏中克服不良的行为习惯，要有正确的态度和文明的举止，树立起正确的体育欣赏观。只有做到这些，才能保持良好的审美心境，才能对精彩的比赛越看越有趣，越看越感到愉悦和振奋。

4. 要让学生了解欣赏体育项目的比赛方法和规则

这是学生有兴趣去欣赏的前提。教师在欣赏前应给学生介绍清楚相关体育项目的比赛方法和规则，并在欣赏过程中给以适当的讲解。

5. 要让学生在欣赏后写出观后感

这种做法不仅有利于加深学生对所欣赏项目的理解，提高学生的欣赏水平，而且有利于教师改进以后的体育欣赏课教学，提升体育欣赏课的课堂效果。

第十二章　气排球竞赛组织与编排工作

第一节　气排球竞赛组织工作

赛事的组织与管理是一项复杂细致的工作。管理与组织工作的好坏，直接影响比赛能否顺利进行。

一、组织比赛的一般要求

一场比赛或一次比赛的进行，有三个因素需要考虑，即比赛的时间、地点、规模。

（一）比赛时间的确定

主要考虑几个因素：一是本次比赛所需的时间长度；二是比赛时间安排同有关赛事的衔接；三是赛事时间安排与项目特点相吻合；四是运动员的实际情况。

（二）比赛地点的选择

对比赛地点的选择，要综合下列因素进行：

（1）交通、接待条件；

（2）体育设施、场馆条件；

（3）举办地对该项目的兴趣；

（4）考虑与上一级比赛在条件（地点、气候）上的相同之处；

（5）各方举办比赛的积极性。

（6）商业化、社会化效益。

（三）比赛规模的确定

对一个比赛的规模应当统筹考虑，规模可大可小，要兼顾社会效益和经济效益。对比赛规模的确定，通常受两方面因素影响：一是比赛任务，二是比赛人数。

二、气排球比赛的组织与管理

气排球比赛的组织管理主要体现在赛前、赛中、赛后三个环节上。

在管理上，主要有两个层面的工作。其一，比赛组织策划者对比赛的组织与管理，主要内容是对比赛时间、地点、规模的确定，对比赛组织机构的建立及策划，竞赛中协调各部门的工作，对大型比赛的开、闭幕式的要求与操作，对赛场的管理（观众、场地、器材、广告等）。其二，比赛业务部门的管理工作。

三、比赛组织、策划者对比赛的组织与管理

（一）赛前组织与管理的主要任务

（1）确定比赛的组织方案。

（2）审定比赛工作计划。内容包含工作计划细则、组织机构、经费预算和比赛规程。

（3）确定组织机构。

1）一般规模比赛的组织机构：成立组织委员会或比赛领导小组，下设办公室、比赛组、裁判组和总务组四个小组，在组织委员会或比赛领导小组的领导下工作，保证赛事顺利进行。

2）较大规模比赛的组织机构：成立组织委员会，下设办公室、比赛处、新闻宣传处、行政接待处、安全保卫处、电子技术处、仲裁委员会、裁判委员会八个分支机构。

组织委员会负责制订、执行比赛计划，审查和协调各分支机构的工作，处理和解决比赛中出现的重大问题和总结工作。各分支机构在组委会的领导下各司其职，保证赛事各项工作的正常进行。

（4）组织开好赛前的两个重要会议。

1）组织委员会、各部门负责人、各队负责人的联席会议，一般由办公室主持。

2）裁判长、教练员联席会议，一般由比赛组主持。

（二）比赛中的管理

（1）开、闭幕式的一般步骤与内容。

（2）对场馆、设施、场地的布置与要求的管理。

比赛中，组织管理者应当做好如下几点：

1）注意获取比赛中各种反馈信息，控制比赛过程；

2）注意协调各部门工作；

3）能较好地处理各部门分工职能与协调关系；

4）能较好地处理组织委员会同运动队之间的关系；

5）对突发情况有应变处理能力。

四、比赛业务部门（比赛组）的主要工作

（1）赛前主要工作：拟定比赛规则、组织报名、编排印刷秩序册、准备比赛用表格、安排练习场地、安排裁判员业务学习、安排教练员及裁判长会议。

（2）赛中主要工作：安排比赛工作、协调组织裁判员工作、审查运动员资格、处理比赛问题、登记发布成绩。

（3）赛后主要工作：印刷成绩册、参加裁判员总结会、处理比赛善后工作、总结比赛工作。

第二节 气排球竞赛编排工作

一、编排工作的基本知识与工作程序

（一）编排工作的基本知识

（1）竞赛编排：指根据参赛队和竞赛规则，按一定的方法编排各队的比赛场次及日程。

（2）轮次：是控制比赛负担量和估算比赛时间的重要参数之一。一般认为，参赛队都相应地赛完一场球即比赛进行一轮。

（3）场数：估计比赛时间和比赛场地的重要参数之一，即一次赛事总计比赛场数。

（4）节数：比赛时间的计算单位，一般将一天时间分为上午、下午、晚上三节，是估计场地、时间的重要参数之一。

（5）场地容量：即一块场地在一节时间里可以安排的比赛场数，是编排工作中的基本量度概念。

（6）抽签：是编排工作中必须采用的一种机遇性手段，也是确定参赛队在比赛中所处位置号的一种重要手段。

（7）种子队：种子队的编排方法在淘汰赛中经常运用。为了克服淘汰赛的不合理性，采用种子队编排方法，以保证水平高的队有较大的机会进入下一轮比赛。

（8）位置号：是指运动员在比赛秩序表中所处的位置号码。例如，单循环编排时，1-2、3-4……

（9）竞赛负担量：是指一个参赛队根据规则在一定时间的比赛场数（次），是控制比赛运动量和保证比赛进行的主要依据。

（二）编排工作的基本程序

（1）编制比赛的每一轮比赛秩序：根据特定方法，编制出淘汰成循环制的比赛秩序。

（2）抽签进入自己的位置号：通过抽签等方法，确定参赛队在比赛秩序中所处的数字位置，从而明确自己每一轮比赛的对手。

（3）编排竞赛日程：根据公开、合理原则，在准确掌握竞赛的轮数、场数、天数和场地使用情况及运动员运动负荷量等因素后，将比赛秩序日程化，是将比赛秩序落实到具体

时段的一种方法。

（4）编印秩序册：秩序册是竞赛工作的指南。秩序册一般包括比赛的竞赛规程、组织委员会名单、办事机构名单、仲裁委员会和裁判委员会名单、参赛队名单、活动日程表、竞赛日程表、成绩表等。

二、气排球竞赛制度、编排工作及成绩计算方法

（一）选择赛制的方法

在组织一次比赛时，要权衡利弊，选择最佳的竞赛制度。一般要考虑五个要素或五个重要的变量：一是完成全部比赛的比赛场次；二是完成全部比赛所需的时间；三是完成全部比赛所需的场地；四是比赛组织的公平性体现；五是比赛编排的可操作性或客观性体现。

（二）循环制的编排方法

循环制有单循环、双循环、分组循环。循环制的优点是各队比赛场次相同，公平竞争，机会均等，决定名次办法合理，能客观反映队伍成绩；不足之处是比赛场次多，比赛周期长，对人力、财力、物力均有一定要求。

1. 单循环赛

参加比赛的各队之间均相互比赛一次，即为单循环赛。

（1）循环赛的比赛场数计算公式：场数＝队数×（队数－1）÷2。

（2）循环赛的比赛轮数计算方法：参赛队为奇数时，比赛轮数等于队数，参赛队为偶数时，比赛轮数等于队数减1。

（3）单循环赛的编排方法：

1）一般编排方法：采用逆时针轮转方法进行编排，先以阿拉伯数字代替队名进行编排。把队数按U形走向分成均等两边，如遇单数队，最后一位数字为0。第一轮只要在U形相对队数之间划横线，即为第一轮比赛秩序。第二轮开始，固定在左上角的数字不动，其余数字均按逆时针方向移动一个位置，即为该轮比赛秩序。如遇0队，即该轮轮空。表12－1是7个队参加比赛的比赛秩序编排表。

表12－1　　7个队单循环赛的传统编排方法

第一轮	第二轮	第三轮	第四轮	第五轮	第六轮	第七轮
1－0	1－7	1－6	1－5	1－4	1－3	1－2
2－7	0－6	7－5	6－4	5－3	4－2	3－0
3－6	2－5	0－4	7－3	6－2	5－0	4－7
4－5	3－4	2－3	0－2	7－0	6－7	5－6

采用该方法编排的优点是：参赛各队进度一致，编排方法简单，易操作。缺点是：当单数队为5个及以上个数参赛时，抽签为倒数第2个数字的那个队，在第四轮开始每轮均是同轮空队进行比赛。为了解决这一问题，目前，气排球比赛大多采用国际上的一种编排方法——“贝格尔”编排法。

2）“贝格尔”编排法（beiger arrangement）：第一轮同传统方法，从第二轮开始，编排方法与传统方法大相径庭。第一步，将最大号数（或0数）左右规则移动摆放在第一行的左边或右边位置上，如第一轮该数位于右边，第二轮则摆放到左边，第三轮又移动到右边，如此反复。第二步，将上一轮右下角数字提到该轮第一行同最大数（或0数）相对应。第三步，将其他数字按与右下角提到第一行的这个数字的前后顺序关系摆在相应位置。表12－2是7个队比赛的编排秩序。

表12－2　　7个队单循环比赛“贝格尔”编排法

第一轮	第二轮	第三轮	第四轮	第五轮	第六轮	第七轮
1－0	0－5	2－0	0－6	3－0	0－7	4－0
2－7	6－4	3－1	7－5	4－2	1－6	5－3
3－6	7－3	4－7	1－4	5－1	2－5	6－2
4－5	1－2	5－6	2－3	6－7	3－4	7－1

2. 双循环赛

参加比赛的各队之间均相互比赛两次，即为双循环赛。

双循环赛通常分为两个阶段，由两个单循环赛组成。第二循环比赛方法可与第一循环完全相同，也可根据第一循环比赛的成绩，采用抽签方式重新确定各参赛队在第二循环中的比赛序号，然后进行编排。双循环赛的秩序编排方法与单循环赛的秩序编排方法相同。

3. 分组循环赛

分组循环赛是在参赛队伍较多时经常采用的编排方法。通常分为预赛和决赛两个阶段，预赛是把比较多的参赛队伍先分成若干个小组进行比赛，赛出小组名次；决赛是按预赛中各个小组的名次进行相应的比赛，赛出最后名次。

（1）预赛阶段。

预赛的分组循环赛竞赛秩序编排方法一般采用单循环赛编排方法。为了保证各个小组参赛队伍的水平相对平均，最大限度避免分组的队伍实力不公平现象，通常要设立种子队进行编排。分组循环赛一般按分组数或分组数的2倍数确立种子队。

设立种子队抽签分组时，由种子队先抽签，确定各种子队的组别，然后其他各组再抽签进入各个组别。不设立种子队进行抽签分组时，可根据上届比赛名次进行“蛇形”编排，如16个参赛队分成A、B、C、D四个组，进行“蛇形”编排分组（见表12－3）。

表12－3　　“蛇形”编排分组表

第一组	第二组	第三组	第四组
1	2	3	4
8	7	6	5
9	10	11	12
16	15	14	13

（2）决赛阶段。

决赛阶段的比赛可以有多种不同的编排方法，包括同名次赛、循环赛、淘汰赛及淘汰附加赛（具体详见混合制编排方法，此处不再赘述）。

4. 循环制比赛日程的编排

依据排好的比赛秩序表，按规程规定的方法将数字换成队名，然后填于秩序表中，最后编好比赛日程表（见表 12-4）。编排比赛日程表时要尽力做到各队的比赛场地和比赛时间机会均等。

表 12-4　比赛日程表

日期	时间	组别	比赛队	场地
6 月 27 日	9：00	女	南昌-厦门	1
6 月 27 日	9：40	女	北京-阜阳	2
6 月 27 日	10：20	男	上海-苏州	3
6 月 27 日	11：00	男	福州-南京	4

5. 循环制成绩计算方法

（1）胜一场得 2 分，负一场得 1 分，弃权得 0 分，按积分多少决定名次。积分多者名次列前。

（2）如遇两队或两队以上积分相等，按计算 C 值的办法决定名次，C 值高者名次列前。C 值$=A$（胜局总数）$\div B$（负局总数）。

如 C 值仍相等，则按计算 Z 值的办法决定名次，Z 值高者名次列前。Z 值$=X$（总得分数）$\div Y$（总失分数）。

（三）淘汰赛

淘汰赛主要是在参赛队数较多，比赛时间短且比赛场地极其缺少时采用。淘汰赛具有强烈的对抗性，输一次即失去比赛的资格，不利于锻炼队伍。目前，基层气排球比赛的参赛队数多，经常采用淘汰赛制。淘汰赛通常分为单淘汰赛和双淘汰赛两种。

1. 单淘汰赛

参赛队按排定的秩序进行比赛，胜队进入下一轮比赛，负队被淘汰，赛至最后场比赛胜者为冠军，负者为亚军，即为单淘汰赛。单淘汰赛比赛秩序的编排如图 12-1 所示。要决出 3、4 名和其他名次，可增设附加赛（见图 12-2）。

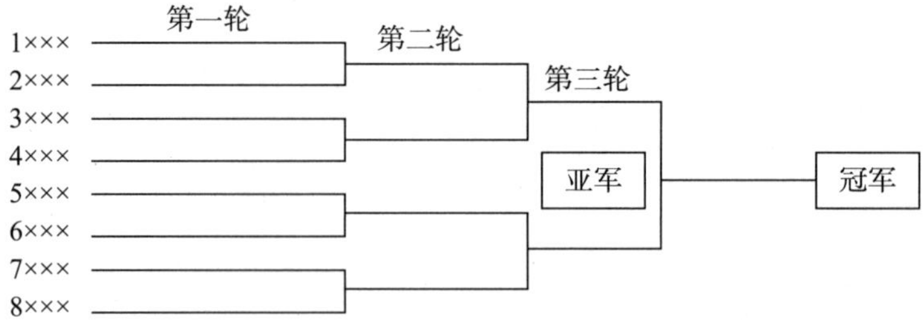

图 12-1　单淘汰赛秩序

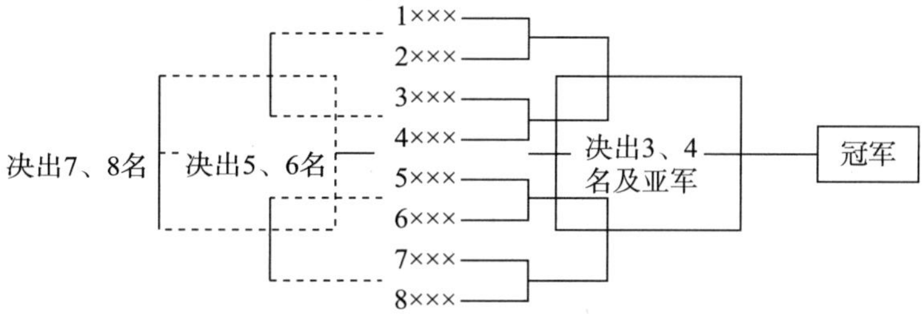

图 12-2 单淘汰附加赛对阵秩序

(1) 单淘汰赛比赛场数：等于参赛队数减 1，如 8 个队参赛，则比赛场数等于 7 场。

(2) 单淘汰赛轮数计算方法：2 的乘方数即比赛轮数（通常选择参赛队数最接近的 2 的乘方数）。如 8 个队参赛，为 $8=2^3$，即比赛 3 轮；30 队参赛，为 $32=2^5$，即比赛 5 轮；14 个队参赛，为 $16=2^4$，即比赛 4 轮。

(3) 单淘汰赛编排中如何设定种子队：单淘汰赛虽有对抗性强、容量大、节约时间等优点，但在理论和实践上表现出一系列不合理性，最突出的是比赛偶然性大，因此，比赛中常用设立种子队的方法来保证一些队不在前几轮中被淘汰。种子队一般由排名在前的队担任，种子队的数目一般是参赛队数的 1/6 或 1/12。种子队在编排中的具体位置可以通过查找“种子队位置表”获得。

(4) 单淘汰赛如何确定轮空队位置：当参赛队不是 2 的乘方数时，则须安排一部分具体数字的位置轮空，目的是使第一轮比赛队数正好是 2 的乘方数，以克服单淘汰赛比赛秩序的不完整性。轮空数目等于编排采用的数字位置减去参赛队数。如 14 个队比赛，则 16－14＝2，即有 2 个轮空数。轮空队在编排秩序中所占的具体数字位置可以通过查找“轮空位置表”获得。

例如，14 个队比赛的编排方法：首先设立 2 个种子队，通过查表，获得编排秩序中具体数字 1、16 分别是种子队所处位置；其次确定轮空数为 2 个，通过查表，分别获得秩序表中具体数字 2、15 是轮空位置。具体编排秩序见图 12-3。

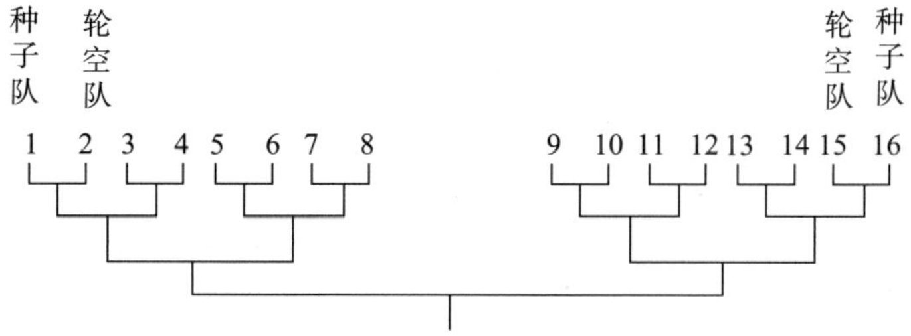

图 12-3 单淘汰赛中确定种子队和轮空队

2. 双淘汰赛

参赛队按照排定的秩序进行比赛，失败两次才被淘汰，称为双淘汰赛。

(1) 双淘汰赛的场数计算：比赛总场数＝$2X-3$（X 为参赛队数）。

(2) 双淘汰赛的编排方法见图 12-4、图 12-5。

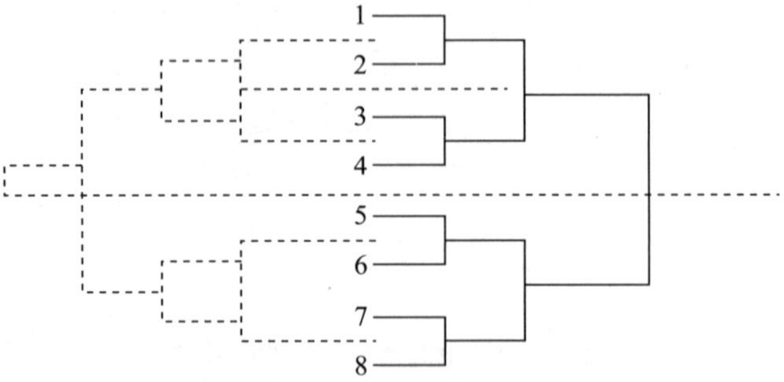

图 12－4　不交叉排表

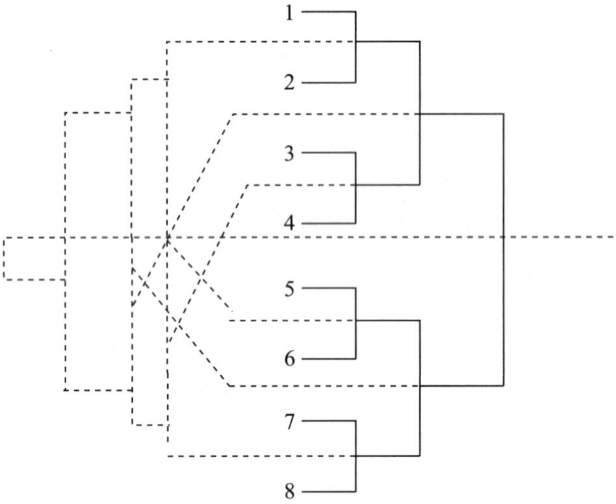

图 12－5　交叉排表

采用不交叉法，便于解决同单位的队伍过早相遇问题；采用交叉法，可避免两队重复比赛现象。

（四）混合制

混合制是结合淘汰赛制和循环赛制的一种竞赛办法。在气排球比赛中，常见的有如下几种：

（1）第一阶段先分组进行单循环比赛：将参赛队分为若干个组，进行单循环赛赛出各个小组名次。当队数超出 12 个时，经常采用分组单循环比赛方法。

（2）第二阶段交叉决赛办法：在第一阶段循环赛的基础上进行第二阶段决赛。第一阶段各个小组前 2 名交叉决出 1～4 名，各小组 3、4 名决出 5～8 名，以后名次决赛办法依此类推。第一天先进行交叉赛，第二天胜者同胜者、负者同负者决赛。具体编排方法见图 12－6。

（3）第二阶段佩奇制决赛办法：在第一阶段各小组名次基础上举行的第二阶段决赛办法，比赛编排方法见图 12－7。

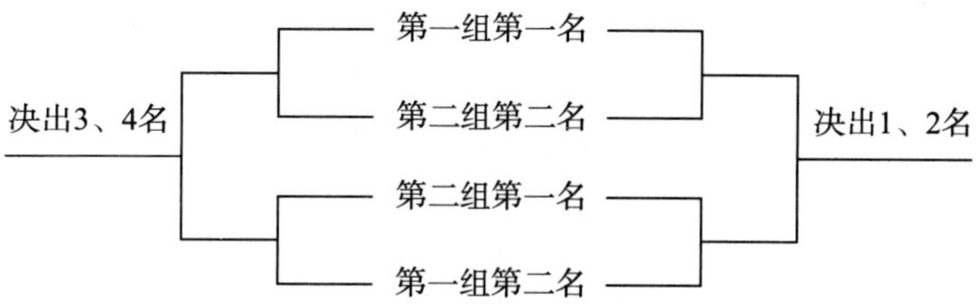

图 12－6　第二阶段交叉决赛编排方法

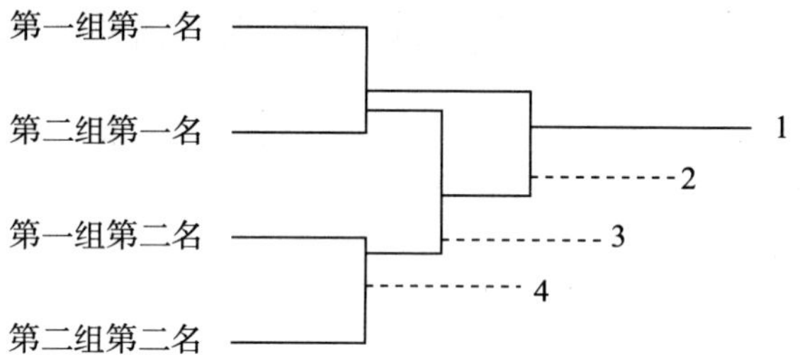

图 12－7　第二阶段佩奇制编排方法

第十三章　气排球竞赛规则与裁判工作

第一节　气排球竞赛规则与裁判工作概述

一、规则的作用

规则是运动技术的统一规范与准则，是竞赛的主要法律文件。气排球竞赛规则由中国排球协会审定颁布。

第一，规则保证了比赛公平地进行，体现在比赛条件均等、参赛人数相等、比赛机会均等。

第二，规则促进了运动技术水平的提高和合理发展，体现在规则的制定要符合技术与战术的发展规律和运动特点，规则的修改要促进技术与战术的发展。

第三，规则具有同一性与统一性，具体是指比赛条件规格化、比赛方法与形式的一致性、比赛尺度的一致性。

第四，规则具有权威性与严肃性，体现在文字准确，文本有高度的概括性、指导性。

二、对气排球发展有重大影响的规则修改条文

自 1984 年气排球运动问世以来，随着参与者的条件和气排球特性的改变及发展的需要，气排球规则也在不断地修改，其目的：一是促进气排球运动技术、战术的发展；二是保证气排球比赛的观赏性和连续性；三是保证参与者的安全，避免伤害事故。

1986 年，呼和浩特铁路局老年人根据前一年在推广过程中发现的气排球重量轻、定向差、传托不到位等问题，将场地由 5 米×10 米扩大为 6 米×12 米，场上队员由 4 人增至 5 人，增加球体重量，确定球网高度为男子 2 米、女子 1.8 米，并初步拟定了一套比赛规则。

2005 年，由于第一套规则相对比较简单，在比赛实践中常常出现规则中未出现的情况，中国老年人体育协会结合气排球比赛的实践与需求，制定了《老年气排球竞赛规则》，规则中就场地面积、球网高度、比赛用球做了具体规定，并对比赛方法和比赛行为进行了修订。规则规定为控制运动量和赛时，采用三局两胜制，先得 21 分为胜一局，当比分为 20：20 时，先获得 21 分即该局获胜；为避免一人大力发球而连续得分，规定每名队员只能发一次球，当发球队胜一球时，必须轮转发球；为保证攻守平衡，规定队员在前场区击球，球过网时，必须有明显的弧度；不能过网拦网等。

2012 年 3 月，随着气排球参与人群层面的扩大，为了增加气排球比赛的观赏性、连续性，进一步促进技术、战术发展，中国老年人体育协会又对 2005 年的规则做了改动。为适应不同年龄群体的需要，增加了其他年龄组的网高规定，男子为 2.0～2.1 米，女子为 1.8～1.9 米；明确了场上队员的前、后（左、右）关系，并应根据脚的着地部位判定；放宽了对过中线、触网的判罚；对拦网的定义做了新的说明，取消了“被动阻挡”“手腕、前臂不得主动用力下压”“特殊击球”等条款，增加了“对方所有的进攻性击球（前排或后排的球）均可拦网”；对在前场区进攻性击球的弧度提出了更明确的要求：“球的飞行轨迹没有高于击球点，球过网时没有明显向上的弧度（包括水平飞向过网），均判为进攻性击球犯规”；为使击球后的飞行速度变慢，利于防守，规定球的气压为 0.16～0.17 千克/平方厘米；为使比赛更精彩，第三局（决胜局）以先得到 15 分同时超过对方 2 分的球队获胜，当比分为 14：14 时，比赛继续进行至某队领先 2 分为止。

随着气排球运动的快速发展，参与人群层面的不断扩展，全国统一、规范的气排球竞赛规则出台成为一种迫切需求。中国老年人体育协会、国家体育总局社体中心、中国排球协会召集各方专家，历时两年，总结原有气排球运动发展经验，继承、归纳原有规则的经验与优点，于 2013 年 11 月正式制定出版了由中国排球协会审定的我国第一部《气排球竞赛规则》。这部规则考虑到参赛者的年龄、体能、心理、运动量等需求，为充分发挥他们的技术、战术空间，调动自身能力，做了如下设置：老年组采用五人制比赛，其他年龄组可以采用四人制比赛；为了保护老年人安全，避免伤害事故，规范了对触网犯规和过中线犯规的判罚；进一步明确了参赛者的责任和权利，同时，加大了对不良行为的判罚；等等。

三、裁判员的作用

（1）裁判员既是比赛的参加者亦是组织者，他必须熟悉比赛规则和规程，才能使比赛过程有序进行。

（2）裁判员为使比赛公平、公正地进行，必须正确理解和准确执行规则精神，使比赛结果成为运动水平的客观反映。

（3）裁判员要熟悉技术与战术的发展趋势，在执行裁判任务时，明确鼓励什么、限制什么，从而在技术规范上对气排球技术发展起到促进作用。

（4）裁判员是比赛场上体育道德行为规范的实践者和教育者。

气排球比赛除比赛条件外，还应有良好的竞赛环境。无论是参加比赛的运动员、教练员还是裁判员，都应努力实践，做一名比赛场上的体育道德行为规范倡导者。

第二节　气排球主要竞赛规则与裁判方法

一、比赛的计分方法

（1）得 1 分。比赛采用每球得分制。当某队使球成功地落在对方场区、对方犯规或对方受到判罚时，该队得 1 分。

（2）胜一局。比赛前两局以先得 21 分为胜一局，先得 21 分的队即该局获胜。目前，基层比赛都根据此规则执行。如果前两局比分为 1∶1，决胜局以先得 15 分并超过对方 2 分的队获胜（如当比分为 14∶14 时，应打到 16∶14 或 17∶15 为止）。任何一方先得 8 分时交换场地。

（3）胜一场。比赛采用三局两胜制，胜两局的队为胜一场。如果 1∶1 平局，则进入决胜局。

（4）弃权与阵容不完整。

1）弃权：如某队被召唤后拒绝比赛或无正当理由未准时到场，则宣布该队弃权。对方以每局 21∶0 的比分和 2∶0 的比局获胜。

2）阵容不完整：如某队被宣布一局或一场比赛阵容不完整，则输掉该局或该场比赛，应给予对方该局或该场比赛所得的分数和局数。阵容不完整的队保留其所得分数和局数。

二、比赛的组织

（一）抽签

比赛开始前和决胜局比赛前，第一裁判员组织双方队长参加抽签，决定第一局或决胜局发球的队和场区，第二裁判员跟随参加抽签。

抽签获胜的一方可以在发球或接发球、场区中进行选择，另一方在获胜方选择后，挑选余下的部分。

（二）准备活动

两队合练 5 分钟。第一裁判员宣布活动时间。

（三）比赛者的权利和义务

1. 队长的权利和义务

应在记分表上注明谁为队长，且应有队长标志。比赛开始前，队长在记分表上签字并代表本队抽签，应对全队成员的行为和纪律负责。如队长被换下场，可指定另一名队员担任场上队长，代其行使职权。比赛中，成死球时，仅有场上队长可以请求对规则和规则的执行进行解释，如对裁判员的解释不满意，可以选择抗议并立即向第一裁判员声明，保留其在比赛结束时将正式抗议写在记分表上的权利；请求核对双方队员的位置；请求检查地板、球网和球等；请求暂停和换人。比赛结束时，队长要感谢裁判员并在记分表上签字承认比赛结果。

2. 教练员的权利和义务

教练员可以在教练员活动区站立或走动，进行场外指导，但不得干扰或延误比赛。比赛前，教练员在记分表上登记和检查队员姓名、号码并签名；每局比赛前填写上场队员位置表，签名后交给第二裁判员或记录台。比赛中，可以请求暂停和换人。

三、场上位置

发球队员击球时，双方队员（发球队员除外）必须在本场区内按轮转次序站位。

（一）场上队员位置

1. 五人制

场上位置排列为前排 3 人，即 2 号位（右）、3 号位（中）、4 号位（左）；后排 2 人，即 5 号位（左）、1 号位（右）。此上为同排队员，2 号、1 号位及 4 号、5 号位的队员为同列队员（见图 13－1）。

2. 四人制

位置排列为前排 2 人，即 2 号位（右）、3 号位（左）；后排 2 人，即 1 号位（右）、4 号位（左）。此上为同排队员，2 号、1 号位及 3 号、4 号位为同列队员（见图 13－2）。

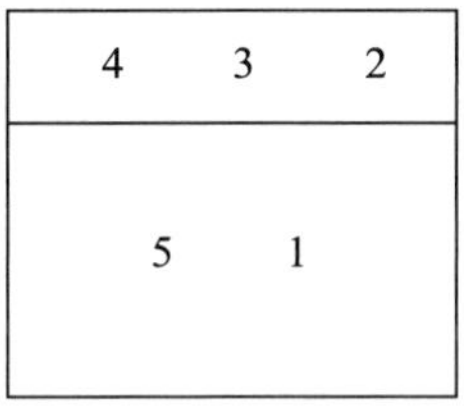

图 13－1　五人制场上队员位置

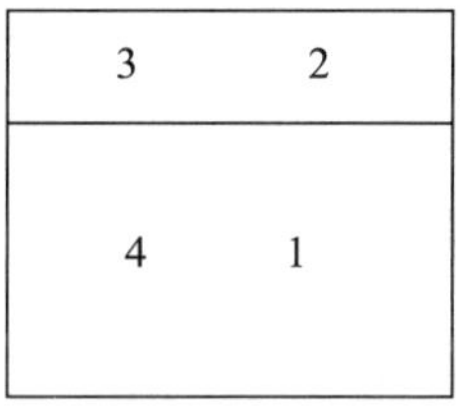

图 13－2　四人制场上队员位置

（二）位置的判定

队员的位置应根据脚的着地部位来判定。每名前排队员至少有一只脚的一部分比同列后排队员的双脚距中线更近（见图 13－3）。每名前排右边（或左边）队员至少有一只脚的一部分比同排中间（四人制为左边或右边）队员的双脚距右边（四人制为左边）线更近。每名后排右边（或左边）队员至少有一只脚的一部分比左边（或右边）队员的双脚距右边（或左边）线更近（见图 13－4）。

（三）位置错误犯规

发球队员击球瞬间，若双方队员不在规定的位置上，则构成位置错误犯规。判断时应注意：（1）位置错误只有在发球击球瞬间才可能发生；（2）双方队员的场上位置，应根据其脚的着地部分确定；（3）发球犯规与对方位置错误同时发生，则判发球犯规，发球后犯规（如界外球、发球未过网、发球掩护等），而对方出现位置错误，则判位置错误犯规。

判罚：由第一裁判员（视发球队员）和第二裁判员（视接发球队员）共同负责裁定，队员的相互位置关系依据场上位置表所确定的队员位置关系而确定。判发球犯规或对方位置错误犯规，失 1 分，队员立即站到正确位置。

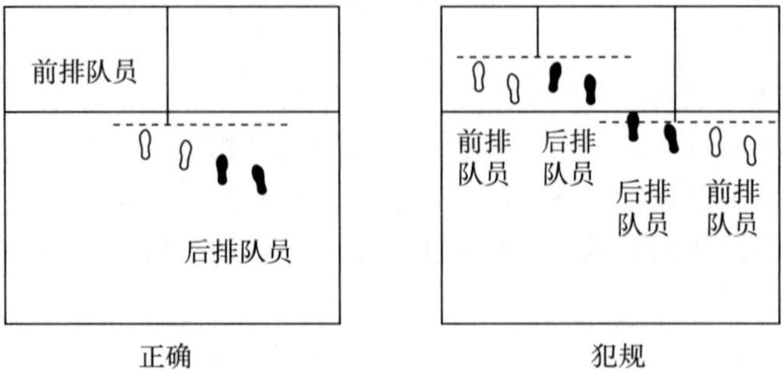

图 13-3　前后排队员位置正、误判断

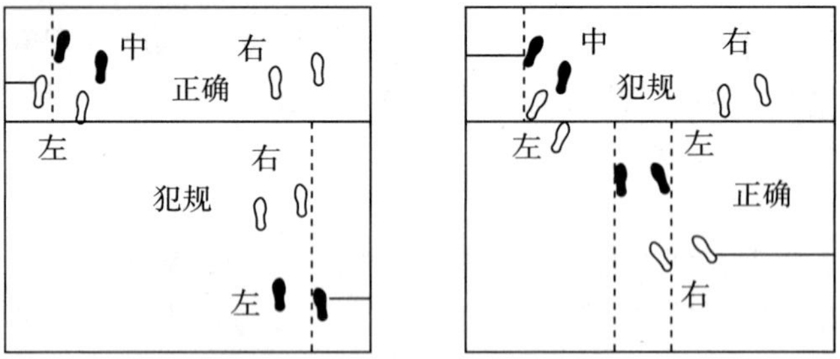

图 13-4　左右队员站位正、误判定

四、发球

（一）发球的定义

后排右（1号位）队员在发球区将球击出而进入比赛的行动称为发球。

第一裁判员检查发球队员已握球在手且双方队员都已做好比赛准备后，则鸣哨发球。

（二）发球犯规与判断

1. 发球击球时的犯规

（1）发球次序错误。发球次序应按照位置表上的顺序进行。发球队胜一球或接发球队胜一球时，均须按顺时针方向轮转一个位置发球。未按照正确的发球次序发球，则判发球次序错误。

判罚：主要由记录员发现该犯规。记录员应在球发出后立即鸣哨中断比赛并报告第二裁判员。第一裁判员如确认犯规，也可鸣哨判罚。判发球队失1分，然后让该队恢复正确位置。记录员如能准确地确定在发球次序过程中的得分，则取消该队在误发过程中所得分数，对方得分有效；如记录员不能确定发球次序错误从何时发生，则只给一次犯规的判罚。

（2）发球时球未抛起或未使球清楚离开就击球。发球时球被抛起或持球手撤离后，必须在球落地前，用一只手或手臂将球击出。如球未清晰离手，则判球未抛起犯规。

判罚：由第一裁判员负责裁定，判发球犯规失1分并失去发球权。

（3）发球区外发球。发球队员在击球或起跳击球时，不得踏及场区（包括端线）和发球区以外地面，否则判发球区外发球犯规。发球队员在击球前允许在发球区外助跑，但击球（或起跳）时应在发球区内。击球后发球队员可以踏入场内或踏出区外。

判罚：由第一裁判员和同侧的司线员负责裁定，判发球犯规失 1 分。

（4）发球 8 秒钟犯规。第一裁判员鸣哨后 8 秒钟内发球队员必须将球击出，否则判发球 8 秒钟犯规。发球队员将球抛起或撤离后，球未触及发球队员身体任何部分而落地，裁判员应允许发球队员再次发球，但两次发球的时间应连续计算在 8 秒钟时间内（包括发球队员未发球，换由另一队员发球）。

判罚：由第一裁判员负责裁定，判发球犯规失 1 分。

（5）双手击球或单手将球抛出、推出。

（6）球抛起后，在下落时触及发球队员身体任何部位。

2. 发球击球后的犯规

（1）发球未过网。球触及发球队员或球的整体没有从过网区内通过球网的垂直平面，均为发球未过网。

判罚：由第一裁判员裁定，判发球犯规失 1 分。

（2）界外球。球接触地面部分完全在界线以外；球触及场外物体、天花板或非场上比赛成员等；球触及标志杆、网柱或标志带以外的网、网绳等；球的整体或部分从过网区以外过网；球的整体从网下穿过。以上情况均判界外球。球触及比赛场区的地面（包括界线）为界内球。

判罚：由第一裁判员、第二裁判员、司线员共同负责裁定，判发球犯规失 1 分。

（3）发球掩护。发球时，发球队队员个人或集体密集站位或挥臂跳跃、左右移动以阻挡、遮挡球的飞行路线，且发出去的球从他或他们上空飞过，则构成个人或集体发球掩护犯规。

判罚：由第一裁判员负责裁定，判发球队犯规失 1 分。

五、击球时的犯规与判断

（一）四次击球

比赛中每队最多连续触球三次（拦网除外），将球从球网上沿击过，如超过三次击球，则判四次击球犯规。不论队员是主动击球还是被动触球，均算该队员击球一次判罚，由第一裁判员负责裁定，第二裁判员协助判定，判犯规队失 1 分。

（二）持球

队员必须将球击出，不得接住或抛出，击出的球可以向任何方向弹出，否则判持球犯规。判断时应注意：

（1）清楚击球与持球间的区别，击球是一个单一的动作，而持球是使球在手上停滞后再抛出，而不是清晰地击出。

（2）进攻性击球时，吊球是允许的，但触球必须清晰。

（3）队员在拦网时有握或抛的动作，裁判员必须判其持球。

判罚：只有第一裁判员负责裁定持球犯规，判犯规队失 1 分。

（三）连击

一名队员连续击球两次或球连续触及身体的不同部位（拦网和同一动作时除外），均判连击犯规。判断时应注意：

（1）在第一、二、三次击球时，允许身体不同部位在同一个动作中连续触球。

（2）要排除在一个拦网动作中球迅速且连续触及一名或更多的拦网队员的情况。拦网后，即使是集体拦网，触过球的队员仍可再做一次击球。

（3）判断连击犯规应以视觉判断为主，要看清击球一瞬间是否造成连击犯规，而不用考虑击球前、后的动作。

判罚：由第一裁判员负责裁定，第二裁判员协助判定，判犯规队失 1 分。

（四）借助击球

队员在赛场内借助同伴或其他物体的支持进行击球，为借助击球犯规。判断时应注意：

（1）一名队员可以拉住或挡住另一名即将造成犯规的同队队员（如触网、过中线等）。

（2）队员由球后拉住网柱、挡板、裁判台等保护动作，不算犯规。

判罚：由第一裁判员负责裁定，第二裁判员协助判定，判犯规队失 1 分。

（五）同时击球

同队的两名（或三名）队员同时触到球时，被记为两次（或三次）触球（拦网除外）。如果只有其中一名队员触球，则只记一次。

如果是两名不同队的队员在网上同时触球，比赛继续进行，获球一方仍可击球三次。如果该球落在某场区之外，则判对方击球出界。

判罚：由第一裁判员负责裁定，第二裁判员协助判定，判犯规队失 1 分。

六、进攻性击球犯规与判断

除发球和拦网外，所有直接击向对方的球都是进攻性击球。包括扣球、吊球，第一、二、三次击球，以及本队队员间进行配合的有过网趋向的传球等。进攻性击球时，球的整体通过球网垂直面（包括触及球网后再进入对方场区）或触及对方拦网队员的手，则认为完成进攻性击球。

（一）过网击球

在对方进攻性击球前、后或击球时，本方队员在对方空间触及球，则为过网击球犯规。

判罚：由第一裁判员负责裁定，判犯规队失 1 分。

（二）前场区进攻性击球犯规

在前场区，完成进攻性击球、击球过网时没有明显向上的弧度（包括平行飞向过网的球），即判定为前场区进攻性击球犯规。

对对方的进攻性击球拦网时，拦网动作改为击球动作，且球整体过网时没有明显向上的弧度，应判进攻性击球犯规。

判罚：主要由第一裁判员判定，判犯规队失 1 分并失去发球权。

（三）击发球犯规

无论是在前场区还是在后场区，不能对对方的发球（在球的整体高于球网上沿时）进行进攻性击球，否则判为犯规。

判罚：由第一裁判员负责裁定，判犯规队失 1 分并由对方继续发球。

七、球网附近的球

（1）球过网的规定。球的整体必须通过球网上空的过网区进入对方场区。过网区是球网垂直面，其范围下至球网上沿，两侧至标志杆及其延长线，上至天花板。

（2）球触球网的规定。球通过球网时可以触网；球入网后，可以在三次击球内再次击球。

判罚：主要由第一裁判员进行判罚，球过球网时司线员进行协助，判犯规队失 1 分。

八、球网附近的队员

（一）过中线

1. 五人制

队员除脚以外，身体任何部位触及对方场区为犯规。

比赛中断后，队员可进入对方场区，因此必须清楚地判断是先成死球还是先过中线。

2. 四人制

比赛进行中队员整只脚越过中线并接触对方场区时，为过中线犯规。判断时应注意：

（1）队员的一只（两只）脚部分越过中线触及对方场区的同时，其余部分接触中线或置于中线上空是允许的。

（2）与对方有身体接触但不一定妨碍对方的合法击球试图，即便没有身体接触也可能造成妨碍。

判罚：过中线犯规主要由第二裁判员负责裁定，发现犯规后立即鸣哨并做出手势。第一裁判员同样有权判定，判犯规队失 1 分并失去发球权。

（二）触网

1. 五人制

五人制中，触网即犯规，在比赛过程中，任何情况下都不得触网。

2. 四人制

在比赛进行中，队员触网不是犯规，但以下干扰比赛的情况除外：

（1）击球时，触及球网上沿的网带。

（2）触及球网以上的 80 厘米标志杆。

（3）击球时借助球网的支持。

（4）造成对本方有利。

（5）妨碍对方合法的击球试图。

判断时应注意：

（1）队员击球后，在不干扰比赛进行的情况下，可以触及网柱、网绳和网全长以外的任何其他物体。

（2）由于球击入球网而造成网触及队员，不判犯规。

（3）成死球后队员触网，不判犯规。

判罚：第一裁判员负责观察进攻队及双方队员网上沿触网犯规，第二裁判员负责观察双方队员在网上沿以下触网犯规，判犯规队失 1 分。

九、拦网犯规

（一）拦网定义

拦网是队员靠近球网，在球网处阻挡对方进攻性击球的行动。与触球点是否高于球网无关，但触球时必须有身体的一部分高于球网上沿。只有前排队员可以拦网。

触及球的拦网行动被认为完成拦网。允许拦网队员的手过网拦网，但必须在对方进行攻击性击球后才能触球。

（二）拦网犯规的判断

1. 过网拦网

五人制：对方队员进攻性击球前、击球时或击球后，拦网队员在对方空间拦网触球，则判过网拦网犯规。

四人制：对方进攻性击球前或击球时在对方空间拦网触球为过网拦网犯规。判罚由第一裁判员负责，判拦网队犯规失 1 分。

2. 后排队员拦网

后排队员靠近球网，在高于球网处阻拦对方来球并触及球，为后排队员拦网犯规。判断时应注意以下几点：

（1）当后排队员参加集体拦网时，只要具备上述三条中的前两条（靠近球网，高于球网处阻拦），虽然本人未触球，但集体拦网成员中的任一队员触及了球，即被认为参加集体拦网的队员都触及了球，因此判定后排队员拦网犯规。

（2）后排队员在球网附近、低于球网上沿触及对方来球，由于缺少了上述条件中的一个，故不能判为后排队员拦网犯规。

（3）造成后排队员拦网犯规的一般是后排插上队员，因此，对后排插上队员应特别注意。

判罚：由第一、第二裁判员共同负责裁定。第二裁判员发现后应立即鸣哨并做出犯规手势，判犯规队失 1 分并失去发球权。

3. 拦发球

拦对方发过来的球为拦发球犯规。只要队员在球网附近并高于球网上沿阻挡对方发过来的球，不论是拦起还是拦死，只要触球即犯规。

判罚：由第一裁判员负责裁定，判犯规队失 1 分并由对方继续发球。

十、界内、外球的规定与裁判方法

（一）界内、外球的规定

1. 界内球

球触及比赛场区的地面包括界线为界内球。

2. 界外球

（1）球接触地面的面积完全在界线以外。

（2）球触及场外物体、天花板或非场上的成员等。

（3）球触及标志杆以及标志杆以外的球网、网绳或网柱。

（4）球的整体从网下穿过。

（5）球的整体或部分从过网区以外过网。

（二）对界内、外球的裁判方法

（1）对界内、外球，第一、第二裁判员根据自己的位置和职权范围做出相应的判断。

（2）司线员对界内、外球应做出判断并出示相应的旗示。

击球时，球的整体或部分从过网区外进入对方无障碍区，队员可以将球从同侧非过网区击回，对方不得阻碍。

十一、比赛间断

（一）正常的比赛间断

正常的比赛间断有暂停和换人。由教练员或队长用正式手势在死球时第一裁判员鸣哨前发出请求。

1. 暂停

（1）每局比赛中，每队最多有两次暂停机会，每次时间为 30 秒。

（2）一次或两次暂停与双方各一次换人相连续，中间无须经过比赛。

（3）暂停时，队员必须离开比赛场区到球队席附近的无障碍区。由第二裁判员掌管，第一裁判员也有权掌管。

2. 换人

五人制比赛中，每局每队最多可换 5 人次。四人制比赛中，每局每队最多可换 4 人次。同一个队未经比赛过程不得连续请求换人，但在同一次换人中，可换 1 人或多人时所换队员不受位置限制，可任意换人。

特殊换人：因队员受伤或生病不能继续比赛时，首先进行合法换人，如果不能进行合法换人，就采取特殊换人。特殊换人不作为合法换人的次数，任何队员均可替换受伤队员，但受伤队员不可在本场比赛中返回赛场上。

由第二裁判员负责裁定，第一裁判员也有权裁定。

（二）例外的比赛间断

1. 队员受伤

比赛中如出现严重伤害事故，裁判员应立即鸣哨中断比赛，允许医务人员进入场地。该球重新开始。处理时应注意：

（1）首先应进行合法换人，如不能，允许进行特殊换人。

（2）如特殊换人不能进行，则给予受伤队员 5 分钟的恢复时间。

（3）如 5 分钟后仍不能进行比赛，则该队被宣布阵容不完整。

2. 外界因素

比赛中出现任何外界干扰（如非比赛球滚入场内、杂物抛进场内等），应立即中断比赛，该球重新进行。

3. 拖延比赛

任何意外的情况阻碍比赛时（如室外比赛遭遇暴风雨、网柱或网绳断裂、照明灯断电等），第一裁判员、比赛组织者和主管委员会成员共同采取措施恢复比赛。处理时应注意：

（1）一次或数次间断时间不超过 2 小时。

原场地恢复比赛：间断的一局保持原比分、原队员和原场上位置，已结束的各局保留比分。

换场地恢复比赛：间断的一局应取消，但保持该局开始时的阵容和位置，已结束的各局保留比分。

（2）一次或数次间断时间超过 2 小时，全场比赛重新开始。

（三）不符合规定的间断请求

（1）超过规定次数的暂停。

（2）超过规定次数的换人。

（3）同一队未经比赛过程再次换人。

（4）其他无权成员提出间断请求。

（5）第一裁判员鸣哨发球的同时或之后请求间断。

判断时应注意：以上不符合规定的请求，如不影响和延误比赛，应予以拒绝，不判罚；但在同一局中再次出现，则判“延误比赛”犯规。

判罚：由第二裁判员拒绝，第一裁判员判罚，判犯规队失 1 分。

十二、延误比赛

（一）延误比赛的定义

一个队拖延比赛继续进行的不正当行动称为延误比赛。

（二）延误比赛的类型

（1）换人延误比赛：换人队准备上场队员未按要求做好换人上场准备（穿好服装、拿好换人牌），并在教练员提出请求后未及时跑向换人区。

（2）在裁判员鸣哨恢复比赛后，拖延暂停时间。

（3）同一局中再次提出不符合规定的请求。

（4）球队成员拖延比赛顺利进行：场上队长向裁判员持续询问；其他队员向裁判员询问；发球队员拖延发球时间。

（5）请求不合法的替换。

（三）延误比赛的判罚

只有第一裁判员才可对延误比赛进行判罚。延误比赛的判罚见表 13 - 1。

表 13 - 1　延误比赛的判罚

种类	发生次数	违反者	判罚	牌	结果
延误	第一次	同队的任一队员	延误警告	手势、黄牌	不予判罚，防止重犯
延误	第二次（及其后的）	同队的任一队员	延误判罚	手势、红牌	失 1 分

1. 延误警告

一场比赛中，对某一队的第一次延误比赛给予黄牌“延误警告”，不予判罚，防止重犯。

2. 延误判罚

一场比赛中，同一队任何一名队员或其他成员出现第二次及其后的延误犯规，则判“延误判罚”犯规，由第一裁判员出示红牌，判犯规队失 1 分。

十三、不良行为以及判罚

（一）不给予处罚的不良行为

轻微的不良行为不判罚，但第一裁判员有责任用手势或口头对场上队长给予警告，防止该队再发生导致判罚的不良行为。对轻微不良行为的警告分两种：（1）通过场上队长给予警告；（2）向相关队员出示黄牌，并记录在记分表上，无其他判罚。这个正式的警告本身不是判罚，但是标志着相关队员已达到判罚的程度。

（二）给予处罚的不良行为

按不良行为的程度，球队成员对裁判员、对方队员、同队队员或观众等的不良行为分为三类：

（1）粗鲁行为：违背道德准则或不文明举止。

（2）冒犯行为：诽谤、侮辱的言语或形态，或有任何轻蔑的表示。

（3）侵犯行为：人身攻击、侵犯或威吓等。

处罚的等级：

（1）判罚：对任何成员的粗鲁行为给予失 1 分判罚，出示红牌，对方得 1 分。

（2）判罚出场：同一成员在一场比赛中的第二次粗鲁行为、某成员第一次出现冒犯行为，判罚出场，即取消一局比赛资格，裁判员持红牌、黄牌举起。该成员不得继续参加该局的比赛。教练员如果被判罚，则失去该局的指挥权。

（3）取消比赛资格：同一成员在一场比赛中的第三次粗鲁行为或冒犯行为、某成员第一次出现侵犯行为，即取消比赛资格，裁判员一手持红牌、一手持黄牌。任何成员被取消比赛资格，必须立即进行合法的替换，离开比赛控制区，不得继续参加该场比赛。

（三）处罚的实施

（1）不良行为的判罚是针对个人的，对全队比赛有效，记录在记分表上。

（2）同一成员在同一场比赛中重犯不良行为时，按判罚等级加一级判罚（该成员接受的判罚要重于前一次）。

十四、局间休息与交换场区

（一）局间休息

第一局结束后休息 2 分钟，决胜局前休息 3 分钟。

（二）交换场区

第一局结束后，比赛队交换场区。决胜局（第三局）中，当某队先得 8 分时，两队交换场区，不休息，队员在原来的位置上继续比赛。如果未能及时交换场区，一经发现立即交换，保留两队已得分数。

十五、气排球裁判员的鸣哨、手势与旗示

裁判员的鸣哨、手势与旗示不仅能表明裁判员的判断和裁决，反映裁判员的敏捷和果断，而且可以指挥比赛有序进行，促进队员技术和战术的发挥。

（一）鸣哨

（1）在比赛中，只有第一裁判员和第二裁判员可以鸣哨。第一裁判员鸣哨指示发球，开始比赛。第一裁判员和第二裁判员确认犯规并判明其性质，鸣哨终止比赛。

（2）在比赛中断期间，第一裁判员和第二裁判员可以鸣哨表示同意或拒绝某队的请求。

（3）裁判员应备用单音哨和双音哨各一只，可避免与其他赛场哨音相同，也可作为备用哨。

（4）哨子应挂在胸前，不能握在手中。需讲话时要吐出哨子，不能咬着哨子讲话。

（5）不同哨音的语言含义不同：

1）发球、发球失误、发球直接得分时，鸣哨要清脆、短促。

2）击球、触网、过中线、位置错误等犯规时，哨音要重且脆，并且要稍长些。赛前召集双方队长、比赛开始与结束、请求暂停、换人、宣布准备活动开始或结束等，鸣长哨。

（6）第一裁判员、第二裁判员的哨音应有区别，不必重复鸣哨。

（二）手势与旗示

1. 手势的使用

裁判员鸣哨终止比赛后，应立即以法定手势表明：

（1）如果第一裁判员鸣哨，他应指出应发球的队、犯规的性质、犯规的队员（必要时）。第二裁判员重复其手势。

（2）如果第二裁判员鸣哨，他应指出犯规的性质、犯规的队员（必要时）。跟随第一裁判员指出发球队。

2. 手势与旗示的使用要求

（1）裁判员只能用法定手势，避免使用其他手势。但在特殊场合，一些辅助手势可以使队员更加清楚裁判的意图。

（2）当第二裁判员鸣哨判罚犯规时（如球出界），一定要注意手的方向与犯规队一致，左方的队员使球出界出左手示意，右方的队员使球出界出右手示意。另外出示手势前，位置要移动到犯规队一方。

（3）裁判员鸣哨必须及时，手势也要坚决果断。其中，必须注意的两点为：裁判员的决断不能受观众及队员的干扰和影响；当裁判员自己意识到或经别的裁判员提醒认识到判断错误时，要立即对错误进行纠正。

（4）司线员旗示所展示的信息对参赛者和观众而言非常重要，第一裁判员一定要非常关注。当司线员的判断错误时，第一裁判员可以进行纠正。司线员要时刻关注球的移动路线，尤为关注触手出界的判断。

（5）当第三次击球后球没有越过网的垂直面时，若是最后一次击球的同一队员再次触球，手势为连击；若是另外一名队员触球，手势为四次击球。

（三）裁判员的法定手势（旗示）

1

表示的性质	允许发球	出示手势者	一裁
动作方法	指出发球方向	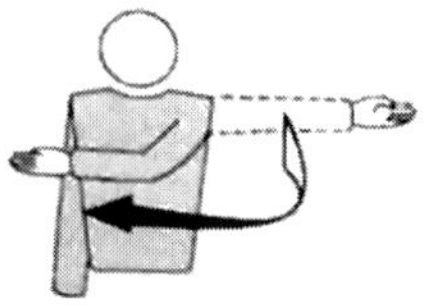	

2

表示的性质	发球队	出示手势者	一裁、二裁
动作方法	平举与发球队同侧的手臂		

3

表示的性质	交换场区	出示手势者	一裁
动作方法	两臂屈肘，在身体前后旋转	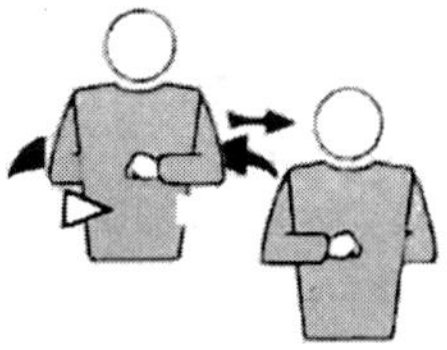	

4

表示的性质	暂停	出示手势者	一裁、二裁
动作方法	一臂屈肘抬起，手指向上，另一手掌放在该手指尖上，然后指明提出请求的队		

5

表示的性质	换人	出示手势者	一裁、二裁
动作方法	两臂屈肘在胸前绕环		

6

表示的性质	不良行为的判罚	出示手势者	一裁
动作方法	一手持黄牌举起		

7

表示的性质	判罚出场	出示手势者	一裁
动作方法	一手持红牌举起		

8

表示的性质	取消比赛资格	出示手势者	一裁
动作方法	一手持红、黄牌举起		

9

表示的性质	一局（场）比赛结束	出示手势者	一裁、二裁
动作方法	两臂在胸前交叉，手伸开，掌心向内		

10

表示的性质	发球时球未抛起	出示手势者	一裁
动作方法	一臂慢慢举起，掌心向上	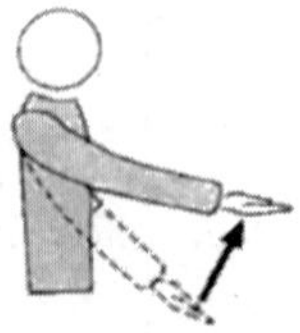	

11

表示的性质	发球延误	出示手势者	一裁
动作方法	举起八个手指并分开，掌心向前		

12

表示的性质	发球掩护或拦网犯规	出示手势者	一裁、二裁
动作方法	两臂上举，掌心向前	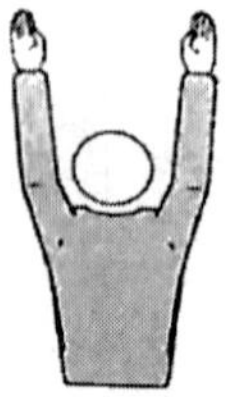	

13

表示的性质	位置或轮转错误	出示手势者	一裁、二裁
动作方法	一手指在体前水平绕环		

14

表示的性质	界内球	出示手势者	一裁、二裁
动作方法	手臂和手指向地面		

15

表示的性质	界外球	出示手势者	一裁、二裁
动作方法	两臂屈肘上举，掌心面向身体	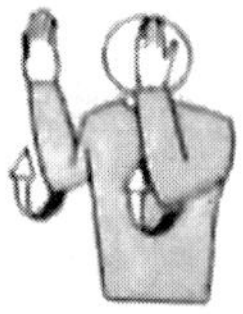	

16

表示的性质	持球	出示手势者	一裁
动作方法	屈肘慢举前臂，掌心向上		

17

表示的性质	连击	出示手势者	一裁
动作方法	举起两个手指并分开，掌心向前		

18

表示的性质	四次击球	出示手势者	一裁
动作方法	举起四个手指并分开，掌心向前		

19

表示的性质	队员触网和发球没有过网	出示手势者	一裁、二裁
动作方法	一手触犯规队一侧的球网	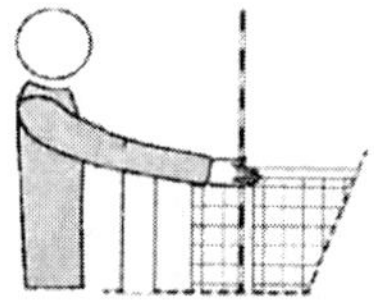	

20

表示的性质	过网	出示手势者	一裁
动作方法	手臂置于球网上空，掌心向下	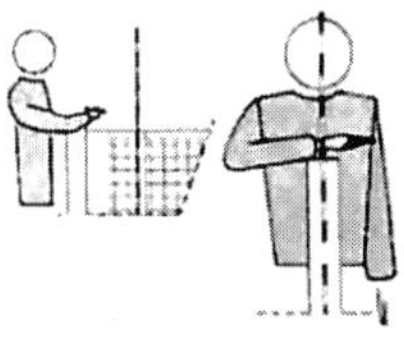	

21

表示的性质	进攻性击球犯规	出示手势者	一裁
动作方法	一臂上举，前臂向下摆动	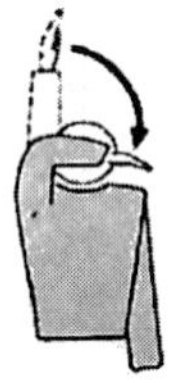	

22

表示的性质	进入对方场区或球从网下通过	出示手势者	一裁、二裁
动作方法	指向中线	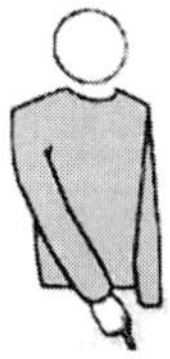	

23

表示的性质	双方犯规	出示手势者	一裁
动作方法	两臂屈肘，竖起拇指		

24

表示的性质	触手出界	出示手势者	一裁、二裁
动作方法	用一手掌摩擦另一屈肘上举的指尖	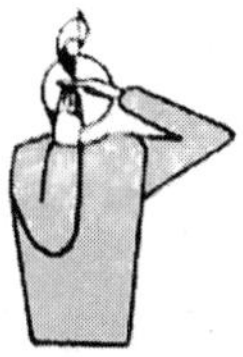	

25

表示的性质	延误警告和判罚	出示手势者	一裁
动作方法	两臂屈肘举起，用一手掌遮盖另一手腕，掌心面向身体（警告），或用黄牌指手腕（判罚）		

26

表示的性质	界内球	出示手势者	司线员
动作方法	向下示旗		

27

表示的性质	界外球	出示手势者	司线员
动作方法	向上举旗		

28

表示的性质	触手出界	出示手势者	司线员
动作方法	一手举旗，另一手置于旗顶		

29

表示的性质	发球时脚的犯规或球触及标志杆等	出示手势者	司线员
动作方法	一手举旗晃动，另一手指向相关线或标志杆等		

30

表示的性质	无法判断	出示手势者	司线员
动作方法	两臂在胸前交叉		

第三节　气排球裁判员的主要工作

一、气排球裁判员的主要工作职责

气排球正式比赛的裁判员由第一裁判员和第二裁判员各一名、两名司线员和一名记录员组成，另配有播音员等辅助人员。

（一）第一裁判员的工作职责

第一裁判员的位置一般在高于球网的裁判台上，他的视平线必须高出球网上沿约50厘米。他的工作职责主要有以下几方面。

1. 赛前工作职责

（1）主持临场裁判员、司线员、辅助人员的工作会议。

（2）检查场地、器材、比赛用球和队员的比赛服、用具等。

（3）主持抽签，掌握准备活动时间（分练、合练）。

（4）向第二裁判员、司线员提出具体配合要求。

（5）核对记分表上的队员号码是否有误。

（6）入场仪式前，向技术代表请示比赛是否开始。

（7）主持入场仪式。

（8）介绍裁判员后，进入工作位置。

（9）观察第二裁判员和记录员，核对队员场上位置、双方队长号码，明确前、后排队员位置等。

（10）记录员和第二裁判员用双手上举表示工作就绪后，鸣哨发球。

2. 赛中工作职责

比赛中对以下犯规进行判定：

（1）发球犯规、发球队位置错误犯规，包括发球掩护。

（2）比赛击球犯规。

（3）触及球网和高于球网的犯规。

（4）进攻性击球犯规。

（5）过网拦网犯规。

（6）过中线进入对方场区犯规。

（7）球的整体从网下空间穿越犯规。

（8）后排队员拦网犯规。

3. 赛后工作职责

（1）主持退场仪式。

（2）接受双方队长、教练员的致谢。

（3）督促双方队长签字。

（4）如果队长声明抗议，可以提出申诉并登记在记分表上。

（5）致谢合作的裁判员。

（6）检查记分表并签字。

4. 第一裁判员应注意的问题

（1）第一裁判员站在裁判台上，在比赛过程中必须保持与其他裁判员（第二裁判员、记录员、司线员）的合作，并赋予他们在其职责范围内工作的权利。例如：

1）鸣哨成死球时，第一裁判员应迅速环视一下其他裁判员，再用规定手势做出最终判定。

2）当球击在界线附近时，第一裁判员首先要观察相关司线员的旗示。第一裁判员有更改其他裁判员判断的权利，但须慎重。

3）比赛期间，第一裁判员一定要时常观察第二裁判员（尽量在每次死球和发球哨鸣哨前）。第二裁判员在需要的时候可能做出四次击球、连击等提示。

（2）对触手出界的判断主要由第一裁判员和司线员负责，当球通过拦网队员或后排防守队员飞出界外时，第一裁判员应先观察司线员的旗示再做出最终判断。

（3）第一裁判员应保证第二裁判员和记录员有足够的时间完成其管理和登记工作。

（4）第一裁判员可以改变自己或其他裁判员的判定。如果已做出判定（鸣哨）之后看到其他裁判员（第二裁判员、司线员或记录员）有不同的判断，则：

1）如果确定自己是正确的，就坚持判定。

2）如果意识到自己错了，就改变判定。

3）如果认为是双方犯规，应做出重新比赛的判定。

4）如果认为其他裁判员的判定是错误的，可以改判。

5）如果第一裁判员发现某一裁判员不能胜任其工作，须将其撤换。

（5）只有第一裁判员有权对不良行为进行判罚。如果其他裁判员发现任何不良行为，可以向第一裁判员示意并上前据实报告，由第一裁判员决定是否处罚。

（二）第二裁判员的工作职责

第二裁判员的位置在第一裁判员的对面，即记录台前约3平方米的无障碍区中。其主要工作职责包括以下几方面。

1. 赛前工作职责

（1）参加临场裁判员、司线员、辅助人员的工作会议。

（2）检查场地、器材、比赛用球，丈量网高，整理标志杆、标志带、球网，检查比赛控制区的物件摆放。

（3）核对记分表、队员姓名和号码。

（4）收取位置表，分别交给记录员。

（5）介绍裁判结束后，掌握比赛用球（决胜局时要掌管球）。

（6）开局前核对场上位置无误。

（7）与记录员联系是否准备就绪，将比赛用球发给发球队员，双手上举示意第一裁判员检查完毕（每次比赛中断都应按此程序进行）。

（8）开局前、决胜局交换场地后或必要时，检查场上队员的实际位置是否与位置表相符。

2. 赛中工作职责

（1）协助第一裁判员对其近端的触手出界和明显的连击、持球、四次击球犯规的判断，但只做手势，不得鸣哨。

（2）监督记录员工作。

（3）掌握暂停和换人的次数，并将第二次暂停和第五次（五人制）或第四次（四人制）换人通知第一裁判员和有关教练员。

（4）发现队员受伤，可允许特殊换人或5分钟的恢复时间。

（5）检查比赛场地地面条件（主要是前场区）、比赛用球是否符合比赛要求。

（6）对下列犯规鸣哨并做出手势：

1）接发球队的位置错误；

2）队员触及球网下部和第二裁判员一侧的标志杆；

3）队员网下穿越进入对方场区和空间；

4）后排队员拦网犯规；

5）球触及场外物体；

6）球的整体或部分从过网区外过网，飞人对方场区，或触及一侧的标志杆；

7）第一裁判员难以观察时，球触及地面。

3. 赛后工作职责

（1）督促双方队长签字。

（2）在记分表上签字。

4. 第二裁判员应注意的问题

（1）第二裁判员必须具备与第一裁判员相同的技能，第一、第二裁判员要进行交流、沟通，做到彼此心中有数，第二裁判员知道第一裁判员什么时候最需要自己帮助。

（2）第二裁判员应认真履行规则赋予的责任和权利，发现其职责内的犯规必须鸣哨判罚。

1）第二裁判员做所有的手势时必须站在下一接发球方。

2）对于靠近第二裁判员一侧的触手出界，应主动配合，手势不宜过大，以第一裁判员能看见而其他人看不见为好。

3）第二裁判员不要经常做持球、连击、四次球的手势，这样会干扰第一裁判员的判断，也会被球队发现从而造成不必要的麻烦，除非是背对第一裁判员的犯规，可以小手势提示，不得坚持。

4）比赛中，第二裁判员哨音要响亮、及时。

（3）在网附近的来回球中，第二裁判员专注于拦网一方的触网犯规、过中线犯规，以及其他犯规行为。

（4）第二裁判员应随时注意比赛前和比赛中队员的位置与位置表是否相一致。比赛开始时，第二裁判员要以位置表为依据，与记录员一起对队员的站位仔细核实，确认之后向第一裁判员示意。

（5）第二裁判员必须注意，无障碍区必须无障碍，能引起队员受伤害的物品都要清理干净。

（6）暂停时，第二裁判员应注意：

1）确定队员回到球队附近；

2）必要时检查记录员工作；

3）接受或向第一裁判员提供某种信息。

（7）第二裁判员在比赛结束后应检查记分表并签字。

（三）记录员的职责

记录员应坐在第一裁判员对面的记录台处。

1. 赛前工作职责

（1）按照规定程序登记比赛和比赛队的情况，包括队员的姓名、号码，并获得双方队长和教练员的签字。

（2）根据位置顺序表登记各队的比赛阵容。

2. 赛中工作职责

（1）记录得分。

（2）掌握各球队发球次序，在球队提出关于发球次序的询问时，及时、准确地告知发球队或发球队员。如果发现错误，应在发球后立即通知裁判员。

（3）以手势认可换人的请求，掌握并登记暂停和换人次数，并通知第二裁判员。

（4）每局结束及决胜局某队获得 8 分时，向裁判员宣布。

（5）记录各种判罚和不符合规定的请求。

（6）在第二裁判员指导下记录其他事件，如特殊换人、恢复时间、被拖延的间断、外因造成的间断等。

3. 赛后工作职责

（1）登记最终结果。

（2）如果有队伍提出抗议并得到第一裁判员同意后，允许队长将有关抗议的内容写在记分表上。

（3）自己在记分表上签字后，取得双方队长和裁判员的签字。

（四）司线员的职责

两名司线员各自站在第一裁判员和第二裁判员右侧非发球区的两个场角端，距场角 0.5 米～1 米处，各自负责其一侧的端线和边线。

（1）按旗示要求执行相关职责。

（2）当球落在自己负责的线附近时，示意“界内”或“界外”。

（3）触及接球人身体后的出界，示意“触手出界”。

（4）示意球触及标志杆、发球后球从过网区外过网等。

（5）示意发球队员脚的犯规。

（6）队员击球或干扰比赛，触及他一侧的标志杆时，应示意。

（7）球从标志杆外过网并进入对方场区或触及他一侧的标志杆，应示意。

（8）在第一裁判员询问时，重复旗示。

二、气排球裁判员的临场分工与配合

裁判员在临场执行裁判工作中为防止误判，必须加强预判、合理取位、明确分工、密切配合。当每次死球时，要相互环视交流，以加强判断的准确性，尤其是当裁判员判断不一致时，第一裁判员应慎重、迅速、果断地做出最后判定，必要时可与其他裁判员交换意见后再做出判定。

（一）扣球与拦网时的配合

第一裁判员：应重点负责扣球一方球网上沿和近端犯规情况。其目光应先是集中在拦网队员的手上，余光注意扣球队员的击球，再随球移动。

第二裁判员：应重点负责拦网一方球网上沿以下及近端犯规情况。其目光应先由下至上，再由上至下，并在球网和中线稍作停留，再把目光迅速转向击球方向。

（二）发球时的配合

第一裁判员：主要负责发球队是否犯规，发球一方的位置是否错误和是否有发球掩护等。

第二裁判员：主要负责接发球一方的位置是否错误。

（三）球飞向第二裁判员一侧无障碍区时的配合

第二裁判员应快速移动到球飞向的对面，协助司线员判断球的整体或部分是否从延长空间进入对方无障碍区，也可防止第二裁判员干扰队员击球。

（四）请求暂停或换人时的配合

在暂停和换人时，第一裁判员应给予记录员足够的登记时间，待登记完毕示意后，再鸣哨继续比赛。当第一裁判员鸣哨发球时或鸣哨发球后，第二裁判员不得允许某队请求暂停或换人，如第二裁判员错误地鸣哨，第一裁判员应拒绝，并立即恢复比赛。

换人时，第二裁判员确认后即鸣哨、取位并做手势，联络记录员（是否合法，合法举单手）。替换登记完毕后，记录员向第二裁判员举双手示意，第二裁判员再向第一裁判员示意。暂停时，第二裁判员确认后立即鸣哨并做出手势，联络记录员（是否合法）。暂停时间到则鸣哨示意队员入场，必要时将暂停次数通知教练员，第二裁判员再向第一裁判员示意。

（五）不符合规定的请求时的配合

当第一次请求没有影响和延误比赛时，第一、第二裁判员应予以拒绝。在同一场中再次发生，应由第一裁判员予以“延误判罚”（红牌），记录员登记在记分表上。

（六）延误比赛时的配合

第一次出现延误比赛时，第一裁判员予以“延误警告”（黄牌），记录员登记在记分表上。在同一场中再次发生，应由第一裁判员予以“延误判罚”（红牌），记录员登记在记分表上。局前和局间的“延误判罚”，记录员登记在下一局中。

三、气排球裁判员临场工作程序

（一）比赛前的工作

所有裁判员至少应提前半小时到达比赛场馆，进行各项比赛准备。

1. 赛前准备会

由第一裁判员负责召集，相互介绍并提出具体要求。

2. 赛前检查

第一、第二裁判员在赛前20分钟应进入比赛场地，对比赛的器材和设备进行检查，司线员进行协助。

3. 正式比赛的仪式（赛前10分钟）

（1）赛前10分钟，裁判员检查球网的高度、松紧度、标志杆和标志带的位置。

（2）赛前9分钟，第一裁判员召集双方队长在记录台选边。

（3）赛前8分钟，正式准备活动。第一裁判员鸣哨，并做出开始正式准备活动的手势。正式准备活动为两队合练5分钟。裁判员检查比赛球、记分表、队员服装和所有其他比赛用（包括备用）器材。裁判员向司线员提出工作要求。

（4）赛前6分钟，第二裁判员把有教练员签字的位置表交给记录员并在记分表上进行登记。两队的教练员应把第一局的位置表交给裁判员。

(5) 赛前 3 分钟，第一裁判员鸣哨终止准备活动，比赛队立即停止准备活动回到队员席。裁判员再次丈量网高。所有比赛队员着正式比赛服装在队员席就座。

(6) 赛前 2 分钟，宣布比赛开始。在两名裁判员的带领下（位于球网两侧），每队全体球员入场，列横队站在场地中央，面向记录台。广播员宣布比赛名称与双方队名，介绍裁判员；裁判员介绍完毕后，第一裁判员鸣哨，双方队员在球网两侧握手致意；裁判员就位；双方队员站位；第二裁判员核对位置表，核对完毕并看到记录员也核对位置完毕后，把比赛球交给发球员。

(7) 比赛开始。第一裁判员看到一切准备就绪后，鸣哨发球。

(二) 比赛中局间休息及比赛结束后的工作

1. 一、二局间休息

(1) 当记录的时间到达 1 分 30 秒时，记录员按响蜂鸣器（基层比赛机动）。

(2) 当记录的时间到达 1 分 30 秒时，比赛队在第二裁判员的示意下，按位置表的顺序站好场上位置。

(3) 第二裁判员核对场上位置。

(4) 由第二裁判员把球交给发球队员。2 分钟时，第一裁判员鸣哨开始比赛。

2. 二、三局间休息

(1) 第二局比赛结束时，两队比赛队员站在本场区端线处，第一裁判员鸣哨后，队员直接回到球队席。

(2) 决胜局休息时，裁判员召集双方队长到记录台边选边。

(3) 当记录的时间到达 2 分 30 秒时，记录员按响蜂鸣器（或鸣哨示意）。

(4) 当记录的时间到达 2 分 30 秒时，比赛队在第二裁判员的示意下，按位置表的顺序站好场上位置。

(5) 第二裁判员核对场上位置，然后把球交给发球队员。3 分钟时，第一裁判员鸣哨开始比赛。

3. 比赛结束后的工作

(1) 比赛结束时，每队场上比赛队员回到各自端线处，第一裁判员示意后，队员到网前相互致意，并离开比赛区，回到本队球队席位置。

(2) 两名裁判员站在第一裁判员所在一边的边线处，待队员相互致意后，退场到记录台处进行工作总结。

(3) 比赛后的小结。

第四节　气排球场地、器材与设备

一、比赛场地

气排球比赛场地包括比赛场区和无障碍区。比赛场区为长 12 米、宽 6 米的长方形（见图 13 - 5）。场地的地面必须平坦、水平，并不得有任何可能伤害队员的隐患。其四周

必须有 2 米宽的无障碍区，从地面向上至少有 7 米的无障碍空间。（非正式比赛，面积可适当调整）

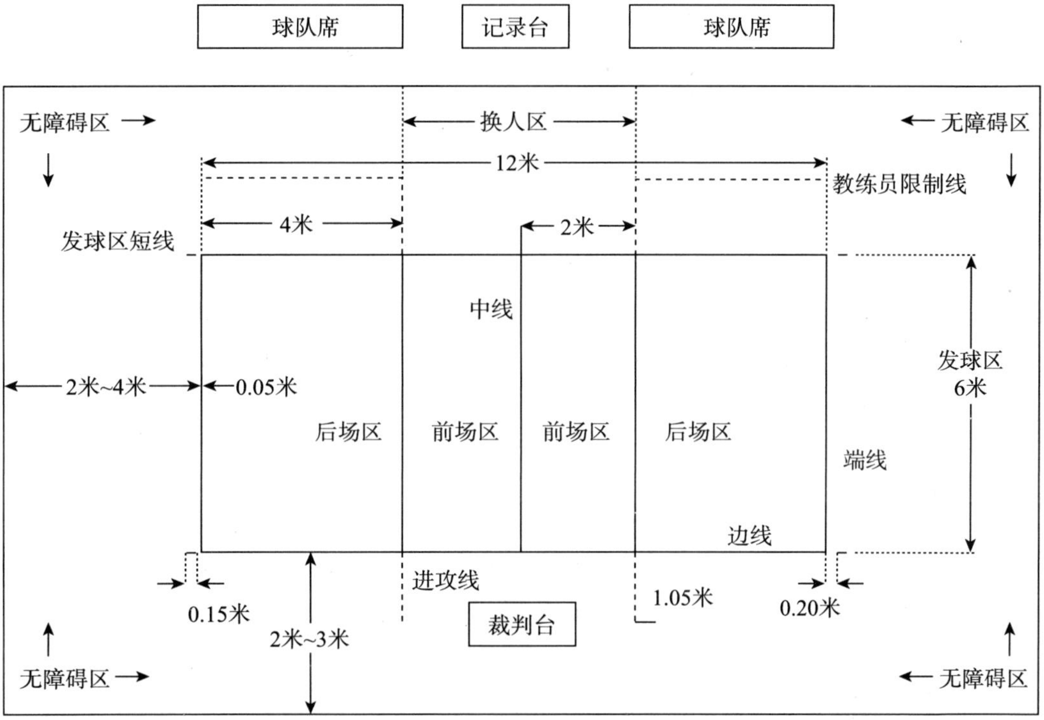

图 13－5　比赛场地

（一）比赛场地的画线

场地上所有的线均宽 5 厘米，有边线、端线、中线、进攻线、进攻线延长线、发球区短线。

1. 界线

两条边线和两条端线划定了比赛场区。边线和端线都包括在比赛场区面积之内，长线为边线，两条短线为端线。

2. 中线

中线连接两条边线的中点。中线将比赛场区分为长 6 米、宽 6 米的两个相等场区。

3. 进攻线

每个场区各有一条距中线 2 米的进攻线。进攻线（包括进攻线的宽度）前为前场区。进攻线与端线之间为后场区。进攻线外两侧各画长 15 厘米、间距 20 厘米的三段虚线，为进攻线延长线。两条进攻线延长线与记录台一侧边线外的范围为换人区。

4. 发球区短线

端线后两条边线的延长线各有一条长 15 厘米、距离端线 20 厘米的短线，为发球区短线。两条短线（含短线宽度）之间的区域为发球区，发球区深度延至无障碍区的终端。

5. 教练员限制线

由一组长 15 厘米、间隔 20 厘米的虚线组成，虚线自进攻线的延长线至端线延长线，距边线 1.05 米并平行于边线。限制线是限制教练员的活动区域。

（二）裁判台

裁判台设在球网的一端，面向记录台，一般使裁判员的水平视线高出球网 50 厘米左右为宜。

二、场地画法及检测

（一）场地画法

先在场地中间画一条 6 米长的中线 MN，取中点 O 为圆心，以 6.71 米为半径向 4 个场角画弧。再分别以 M 点、N 点为圆心，以 6 米为半径画弧，分别同前面的 4 个弧线相交，共成 A、B、C、D 四个点。连接这四个点便形成了场区的边线和端线。

再分别以 M 点、N 点为圆心，以 2 米为半径，在各边线上截取 E、F、G、H 四个点，连接 EG、FH 形成进攻线。详见图 13－6。

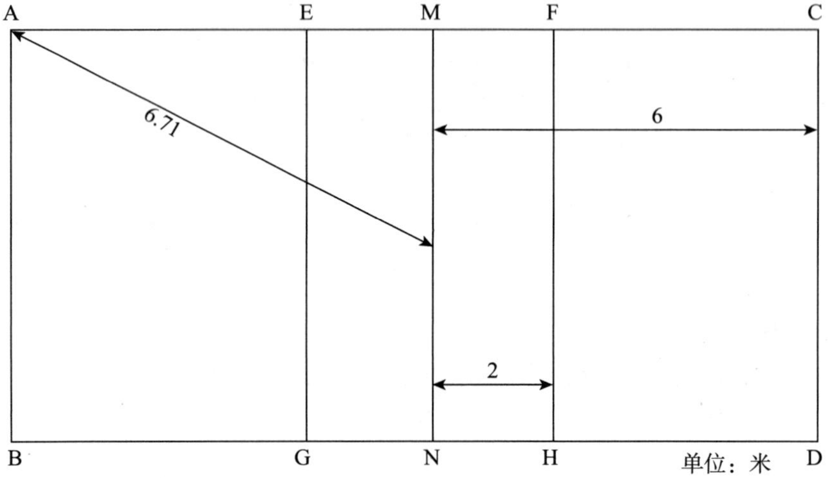

图 13－6　场地画法

（二）场地的检测

（1）界线全部为 5 厘米宽。

（2）两个场区对角线之间的距离必须一致。

（3）线的颜色与场区和无障碍区的原色应有明显区别。

（4）若正式比赛场地上有其他体育项目的画线，其颜色应与气排球比赛界线有所区别。

（5）中线平均分在双方场区面积内。

场地检测示意见图 13－7。

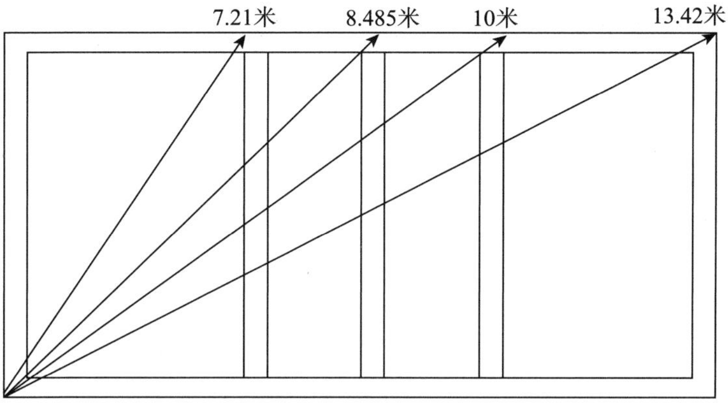

图 13－7　场地检测示意

注：丈量中线是以中点计算，其他各线均以外沿计算。

三、器材与设备

（一）球网和网柱

1. 球网

球网架设在中线上空，在中线的垂直面上，为黑色。全长 7 米、宽 1 米，网孔面积为 10 平方厘米。网的上沿缝有 5 厘米宽的白色双层帆布带，中间用柔软的钢丝绳穿过，网的下沿用绳索穿起，上下沿拉紧并固定在网柱上。球网的两端各系一条宽 5 厘米、长 1 米的标志带，垂直于边线。两条标志带的外沿、球网的不同侧面分别设置长 180 米、直径 10 毫米、有韧性的标志杆，高出球网 80 厘米。标志杆每 10 厘米应涂有红白相间的颜色。

球网的张力适中，拉紧后可使球反弹，但又不能弹性过大。第一裁判员应用球掷向球网的方法进行检查，视球反弹情况判定是否符合要求。不能使用中间凸起的球网或网眼破损的球网。

球网高度：五人制比赛，男子 2 米，女子 1.8 米；四人制比赛，男子 2.1 米，女子 1.9 米（现多地中年组五人制的比赛也采用此高度）。球网高度应用量尺从场地中间丈量，球网两端（边线上空）的高度必须相等，不得超过规定网高 2 厘米。

2. 网柱

两根高 2.22 米的网柱用圆形光滑的金属材料制成（可调节高度），分别架设在两条边线外 0.5 米～1 米的中线延长线上。比赛之前或比赛期间，裁判员必须检查网柱和裁判台有没有对队员构成危险的因素（如网柱突出的绞盘、挂钩等）。

（二）其他器材与设备

（1）黄牌和红牌。第一裁判员判罚用。

（2）司线旗。一般为红色，尺寸为 40 厘米×40 厘米。

（3）换人号码牌。比赛换人使用，号码一般为 1～19 号。

（4）比分显示牌。

（5）气排球比赛位置表、比赛成绩表、简易记分表、正式记分表。

（6）裁判台。长约 80 厘米，宽约 70 厘米，高度调节范围在 1.10 米～1.20 米的升降台。

（7）记录台。

（8）球队席长凳。

（9）记录夹、三角尺、记录笔。

（10）广播器材。

（11）网高丈量尺。

参考文献

1. 黄汉升. 球类运动——排球 . 北京：高等教育出版社，2009.

2. 虞重干. 排球运动. 北京：人民体育出版社，2009.

3. 陈铁成. 气排球. 厦门：厦门大学出版社，2014.

4. 程战铭. 排球. 苏州：苏州大学出版社，1996.

5. 中国排球协会，中国老年人体育协会气排球专项委员会. 中国气排球. 北京：人民体育出版社，2015.

6. 中国排球协会. 气排球竞赛规则. 北京：北京体育大学出版社，2013.

7. 于贵和. 软式排球、沙滩排球、气排球理论与方法. 北京：北京师范大学出版社，2009.

8. 钟秉枢. 跟专家练排球. 北京：北京体育大学出版社，1998.

9. 国家体育总局. 中国体育教练员岗位培训教材——排球. 北京：人民体育出版社，2003.

10. 黎禾. 排球训练教程. 北京：高等教育出版社，2008.

11. 黄汉升. 球类运动——排球. 北京：高等教育出版社，2015.

12. 卢元镇. 中国体育文化纵横谈. 北京：北京体育大学出版社，2005.

13. 黄辅周，等. 排球. 北京：北京体育学院出版社，1991.

14. 马启伟. 体育心理学. 北京：高等教育出版社，1996.

15. 张瑞林. 体育与健康. 济南：山东大学出版社，2002.

16. 杨忠伟. 体育运动与健康促进. 北京：高等教育出版社，2004.

17. 田野. 运动生理学高级教程. 北京：高等教育出版社，2003.

18. 全国体育学院教材委员会. 运动生理学. 北京：人民体育出版社，2003
19. 全国体育学院教材委员会. 运动训练学. 北京：人民体育出版社，2008.
20. 全国体育学院教材委员会. 运动医学. 北京：人民体育出版社，2005.
21. 肖国强. 运动能量代谢. 北京：人民体育出版社，1997.
22. 全国体育院校教材委员会. 排球. 北京：人民体育出版社，1998.
23. 杨龙. 排球规则的新变化与今后的攻防格局. 北京：体育与科学，1995.
24. 徐建英，等. 运动性伤病与防治. 北京：北京体育学院出版社，1991.
25. 陈智勇. 现代大学体育教程. 北京：北京体育大学出版社，2004.
26. 李安格，等. 现代排球. 北京：人民体育出版社，1995.
27. 朱舰，等. 世界排球市场化. 北京：北京体育大学出版社，2002.
28. 连道明. 软式排球运动. 北京：人民体育出版社，2002.
29. 高子琦，等. 排球裁判法图解. 北京：北京体育大学出版社，2002.
30. 钟秉枢，等. 排球技巧图解. 北京：北京体育大学出版社，2003.
31. 全国体育院校教材委员会. 排球. 北京：人民体育出版社，1998.
32. 钟秉枢. 排球. 北京：北京体育大学出版社，1998.

图书在版编目（CIP）数据

气排球/李莹编著．—北京：中国人民大学出版社，2018.5
ISBN 978-7-300-25787-7

Ⅰ．①气…　Ⅱ．①李…　Ⅲ．①排球运动-基本知识　Ⅳ．①G842

中国版本图书馆 CIP 数据核字（2018）第 095097 号

气排球
李　莹　编　著
Qipaiqiu

出版发行	中国人民大学出版社		
社　　址	北京中关村大街 31 号	**邮政编码**	100080
电　　话	010－62511242（总编室）		010－62511770（质管部）
	010－82501766（邮购部）		010－62514148（门市部）
	010－62515195（发行公司）		010－62515275（盗版举报）
网　　址	http://www.crup.com.cn		
经　　销	新华书店		
印　　刷	唐山玺诚印务有限公司		
规　　格	185 mm×260 mm　16 开本	**版　　次**	2018 年 5 月第 1 版
印　　张	11.75	**印　　次**	2024 年 1 月第 6 次印刷
字　　数	270 000	**定　　价**	32.00 元